轻伤害案件
办案指引

苗生明◎主　编

罗庆东　周惠永　纪丙学◎副主编

中国检察出版社

图书在版编目（CIP）数据

轻伤害案件办案指引 / 苗生明主编 . -- 北京：中国检察出版社，2025. -- ISBN 978-7-5102-3094-3

Ⅰ . D923.15

中国国家版本馆 CIP 数据核字第 20245WN996 号

轻伤害案件办案指引

主　　编：苗生明

副主编：罗庆东　周惠永　纪丙学

责任编辑：王　欢

技术编辑：王英英

美术编辑：徐嘉武

出版发行：中国检察出版社

社　　址：北京市石景山区香山南路 109 号（100144）

网　　址：中国检察出版社（www.zgjccbs.com）

编辑电话：（010）86423780

发行电话：（010）86423726　86423727　86423728
　　　　　（010）86423730　86423732

经　　销：新华书店

印　　刷：唐山玺诚印务有限公司

开　　本：710 mm×960 mm　16 开

印　　张：24.25

字　　数：321 千字

版　　次：2025 年 3 月第一版　　2025 年 3 月第一次印刷

书　　号：ISBN 978-7-5102-3094-3

定　　价：68.00 元

前　言

习近平总书记反复强调，努力让人民群众在每一个司法案件中感受到公平正义。轻伤害案件多因婚姻、家庭、邻里纠纷或者偶然事件引发，是常见多发案件，能否依法妥善处理，直接关系到人民群众对公平正义的感受，关系到人民群众的法治获得感。从刑法规定来看，轻伤害案件法定刑是 3 年以下有期徒刑，属于轻罪案件。虽是发生在人民群众身边的"小案"，但对很多当事人来说却是"天大的事情"，如果处理不当，就容易埋下隐患或者激化矛盾，引发更大的恶性事件。如何落实"三个善于"的要求，高质效办好每一个案件，是刑事检察工作践行习近平法治思想需要深入研究的课题。

为深入贯彻落实宽严相济刑事政策，深化适用认罪认罚从宽制度、刑事和解制度，加强办案指导，不断提升轻伤害案件办案质效，最高人民检察院、公安部联合印发《关于依法妥善办理轻伤害案件的指导意见》（以下简称《指导意见》）。《指导意见》分六部分共 24 条，强化问题导向、突出重点，针对司法实践中办理轻伤害案件存在的问题作出了权威指引。近日，为强化伤害类案件技术性证据审查实质化，进一步提升该类案件审查办理的专业化、规范化水平，最高人民检察院结合工作实际，制发了《人民检察院办理伤害类案件技术性证据实质审查工作规定》（以下简称《工作规定》）和《伤害类案件人体损伤程度鉴定意见专门审查指引》（以下简称《审查指引》）。但在司法实践中，我们发现有的办案人员在具

1

体适用时还存在理解、把握不够精准，办案质效有待进一步提升等问题。

为进一步加强办案指导，我们立足司法工作实际，组织编写了《轻伤害案件办案指引》一书。本书共包括五部分。第一章是权威解读，对《指导意见》《工作规定》《审查指引》逐条解析，阐释了条文制定背景和具体涵义。第二章是典型案例，汇编、选编了一批轻伤害案例，包括最高人民检察院、最高人民法院已经发布的指导性案例、典型案例，还有部分参阅案例。这些案例具有共性特点，注重在查清事实、厘清法律关系的基础上准确适用法律；注重借助各方力量，充分运用认罪认罚从宽制度、刑事和解制度促进矛盾纠纷解决和犯罪治理；注重全面贯彻落实宽严相济刑事政策，坚持当宽则宽、当严则严，对实践办案具有借鉴参考价值。第三章是理论研究，刊载了部分学者、实务专家撰写的有关轻伤害的文章。第四章是实务经验，选登了一些检察官办理轻伤害案件的体会感受和基层检察机关积累的好的经验做法。最后一部分是附则，全面梳理汇总办理轻伤害案件的相关法律、司法解释和规范性文件。期待本书成为司法实践中轻伤害案件办案必备的工作指南。

本书由最高人民检察院普通犯罪检察厅办公室主任纪丙学同志负责组稿、统稿，副厅长罗庆东同志、周惠永同志分别进行审核，最后由最高人民检察院副检察长苗生明同志审定。囿于时间和水平，本书编写过程中还存在诸多不足之处，敬请读者批评指正。

2024 年 12 月

目　录

第一章　权威解读

第二章　典型案例

【坚持全面调查取证、全面审查案件】

【依法准确区分罪与非罪】

【依法准确区分寻衅滋事罪与故意伤害罪】

第三章　理论研究

第一章

权威解读

最高人民检察院、公安部关于印发《关于依法妥善办理轻伤害案件的指导意见》的通知

（高检发办字〔2022〕167号）

各省、自治区、直辖市人民检察院、公安厅（局），新疆生产建设兵团人民检察院、公安局：

为深入学习贯彻党的二十大精神，全面贯彻习近平法治思想，有力提升轻伤害案件办案质效，积极促进矛盾化解和诉源治理，最高人民检察院、公安部制定了《关于依法妥善办理轻伤害案件的指导意见》。现印发你们，请认真贯彻落实。

最高人民检察院　公安部
2022年12月22日

最高人民检察院　公安部
关于依法妥善办理轻伤害案件的指导意见

为全面贯彻习近平法治思想，践行以人民为中心的发展思想，落实宽严相济刑事政策，提升轻伤害案件办案质效，有效化解社会矛盾，促

进社会和谐稳定，实现办案政治效果、法律效果和社会效果的统一，根据《中华人民共和国刑法》《中华人民共和国刑事诉讼法》等有关规定，制定本意见。

一、基本要求

（一）坚持严格依法办案。人民检察院、公安机关要严格遵循证据裁判原则，全面、细致收集、固定、审查、判断证据，在查清事实、厘清原委的基础上依法办理案件。要坚持"犯罪事实清楚，证据确实、充分"的证明标准，正确理解与适用法律，准确把握罪与非罪、此罪与彼罪的界限，慎重把握逮捕、起诉条件。

（二）注重矛盾化解、诉源治理。轻伤害案件常见多发，如果处理不当，容易埋下问题隐患或者激化矛盾。人民检察院、公安机关办理轻伤害案件，要依法用足用好认罪认罚从宽制度、刑事和解制度和司法救助制度，把化解矛盾、修复社会关系作为履职办案的重要任务。要充分借助当事人所在单位、社会组织、基层组织、调解组织等第三方力量，不断创新工作机制和方法，促进矛盾纠纷解决以及当事人和解协议的有效履行。

（三）落实宽严相济刑事政策。人民检察院、公安机关要以宽严相济刑事政策为指导，对因婚恋、家庭、亲友、邻里、同学、同事等民间矛盾纠纷或者偶发事件引发的轻伤害案件，结合个案具体情况把握好法理情的统一，依法从宽处理；对主观恶性大、情节恶劣的轻伤害案件，应当依法从严惩处，当捕即捕、当诉则诉。

二、依法全面调查取证、审查案件

（四）坚持全面调查取证。公安机关应当注重加强现场调查走访，及时、全面、规范收集、固定证据。建立以物证、勘验笔录、检查笔录、视听资料等客观性较强的证据为核心的证据体系，避免过于依赖言词证据定案。对适用刑事和解和认罪认罚从宽的案件，也应当全面调查取证，查明事实。

（五）坚持全面审查案件。人民检察院应当注重对案发背景、案发起因、当事人的关系、案发时当事人的行为、伤害手段、部位、后果、当事人事后态度等方面进行全面审查，综合运用鉴定意见、有专门知识的人的意见等，准确认定事实，辨明是非曲直。

（六）对鉴定意见进行实质性审查。人民检察院、公安机关要注重审查检材与其他证据是否相互印证，文书形式、鉴定人资质、检验程序是否规范合法，鉴定依据、方法是否准确，损伤是否因既往伤病所致，是否及时就医，以及论证分析是否科学严谨，鉴定意见是否明确等。需要对鉴定意见等技术性证据材料进行专门审查的，可以按照有关规定送交检察、侦查技术人员或者其他有专门知识的人进行审查并出具审查意见。

对同一鉴定事项存在两份以上结论不同的鉴定意见或者当事人对鉴定结论有不同意见时，人民检察院、公安机关要注意对分歧点进行重点审查分析，听取当事人、鉴定人、有专门知识的人的意见，开展相关调查取证，综合全案证据决定是否采信。必要时，可以依法进行补充鉴定或者重新鉴定。

（七）准确区分罪与非罪。对被害人出现伤害后果的，人民检察院、公安机关判断犯罪嫌疑人是否构成故意伤害罪时，应当在全面审查案件事实、证据的基础上，根据双方的主观方面和客观行为准确认定，避免"唯结果论""谁受伤谁有理"。如果犯罪嫌疑人只是与被害人发生轻微推搡、拉扯的，或者为摆脱被害人拉扯或者控制而实施甩手、后退等应急、防御行为的，不宜认定为刑法意义上的故意伤害行为。

（八）准确区分寻衅滋事罪与故意伤害罪。对出现被害人轻伤后果的案件，人民检察院、公安机关要全面分析案件性质，查明案件发生起因、犯罪嫌疑人的动机、是否有涉黑涉恶或者其他严重情节等，依法准确定性，不能简单化办案，一概机械认定为故意伤害罪。犯罪嫌疑人无事生非、借故生非，随意殴打他人的，属于"寻衅滋事"，构成犯罪的，应当以寻衅滋事罪依法从严惩处。

（九）准确区分正当防卫与互殴型故意伤害。人民检察院、公安机关要坚持主客观相统一的原则，综合考察案发起因、对冲突升级是否有过错、是否使用或者准备使用凶器、是否采用明显不相当的暴力、是否纠集他人参与打斗等客观情节，准确判断犯罪嫌疑人的主观意图和行为性质。因琐事发生争执，双方均不能保持克制而引发打斗，对于过错的一方先动手且手段明显过激，或者一方先动手，在对方努力避免冲突的情况下仍继续侵害，还击一方造成对方伤害的，一般应当认定为正当防卫。故意挑拨对方实施不法侵害，借机伤害对方的，一般不认定为正当防卫。

（十）准确认定共同犯罪。二人以上对同一被害人共同故意实施伤害行为，无论是否能够证明伤害结果具体由哪一犯罪嫌疑人的行为造成的，均应当按照共同犯罪认定处理，并根据各犯罪嫌疑人在共同犯罪中的地位、作用、情节等追究刑事责任。

犯罪嫌疑人对被害人实施伤害时，对虽然在场但并无伤害故意和伤害行为的人员，不能认定为共同犯罪。

对虽然有一定参与但犯罪情节轻微，依照刑法规定不需要判处刑罚或者免除刑罚的，可以依法作出不起诉处理。对情节显著轻微、危害不大，不认为是犯罪的，应当撤销案件，或者作出不起诉处理。

三、积极促进矛盾化解

（十一）充分适用刑事和解制度。对于轻伤害案件，符合刑事和解条件的，人民检察院、公安机关可以建议当事人进行和解，并告知相应的权利义务，必要时可以提供法律咨询，积极促进当事人自愿和解。

当事人双方达成和解并已实际履行的，应当依法从宽处理，符合不起诉条件的，应当作出不起诉决定。被害人事后反悔要求追究犯罪嫌疑人刑事责任或者不同意对犯罪嫌疑人从宽处理的，人民检察院、公安机关应当调查了解原因，认为被害人理由正当的，应当依法保障被害人的合法权益；对和解系自愿、合法的，应当维持已作出的从宽处理决定。

人民检察院、公安机关开展刑事和解工作的相关证据和材料，应当随案移送。

（十二）充分适用认罪认罚从宽制度。人民检察院、公安机关应当向犯罪嫌疑人、被害人告知认罪认罚从宽制度，通过释明认罪认罚从宽制度的法律规定，鼓励犯罪嫌疑人认罪认罚、赔偿损失、赔礼道歉，促成当事人矛盾化解，并依法予以从宽处理。

（十三）积极开展国家司法救助。人民检察院、公安机关对于符合国家司法救助条件的被害人，应当及时开展国家司法救助，在解决被害人因该案遭受损伤而面临的生活急迫困难的同时，促进矛盾化解。

（十四）充分发挥矛盾纠纷多元化解工作机制作用。对符合刑事和解条件的，人民检察院、公安机关要充分利用检调、公调对接机制，依托调解组织、社会组织、基层组织、当事人所在单位及同事、亲友、律师等单位、个人，促进矛盾化解、纠纷解决。

（十五）注重通过不起诉释法说理修复社会关系。人民检察院宣布不起诉决定，一般应当在人民检察院的宣告室等场所进行。根据案件的具体情况，也可以到当事人所在村、社区、单位等场所宣布，并邀请社区、单位有关人员参加。宣布不起诉决定时，应当就案件事实、法律责任、不起诉依据、理由等释法说理。

对于犯罪嫌疑人系未成年人的刑事案件，应当以不公开方式宣布不起诉决定，并结合案件具体情况对未成年犯罪嫌疑人予以训诫和教育。

四、全面准确落实宽严相济刑事政策

（十六）依法准确把握逮捕标准。轻伤害案件中，犯罪嫌疑人具有认罪认罚，且没有其他犯罪嫌疑；与被害人已达成和解协议并履行赔偿义务；系未成年人或者在校学生，本人确有悔罪表现等情形，人民检察院、公安机关经审查认为犯罪嫌疑人不具有社会危险性的，公安机关可以不再提请批准逮捕，人民检察院可以作出不批捕的决定。

犯罪嫌疑人因其伤害行为致使当事人双方矛盾进一步激化，可能实施新的犯罪或者具有其他严重社会危险性情形的，人民检察院可以依法批准逮捕。

（十七）依法准确适用不起诉。对于犯罪事实清楚，证据确实、充分，犯罪嫌疑人具有本意见第十六条第一款规定情形之一，依照刑法规定不需要判处刑罚或者免除刑罚的，可以依法作出不起诉决定。

对犯罪嫌疑人自愿认罪认罚，愿意积极赔偿，并提供了担保，但因被害人赔偿请求明显不合理，未能达成和解谅解的，一般不影响对符合条件的犯罪嫌疑人依法作出不起诉决定。

（十八）落实不起诉后非刑罚责任。人民检察院决定不起诉的轻伤害案件，可以根据案件的不同情况，对被不起诉人予以训诫或者责令具结悔过、赔礼道歉、赔偿损失。被不起诉人在不起诉前已被刑事拘留、逮捕的，或者当事人双方已经和解并承担了民事赔偿责任的，人民检察院作出不起诉决定后，一般不再提出行政拘留的检察意见。

（十九）依法开展羁押必要性审查。对于已经批准逮捕的犯罪嫌疑人，如果犯罪嫌疑人认罪认罚，当事人达成刑事和解，没有继续羁押必要的，人民检察院应当依法释放、变更强制措施或者建议公安机关、人民法院释放、变更强制措施。

（二十）对情节恶劣的轻伤害案件依法从严处理。对于虽然属于轻伤害案件，但犯罪嫌疑人涉黑涉恶的，雇凶伤害他人的，在被采取强制措施或者刑罚执行期间伤害他人的，犯罪动机、手段恶劣的，伤害多人的，多次伤害他人的，伤害未成年人、老年人、孕妇、残疾人及医护人员等特定职业人员的，以及具有累犯等其他恶劣情节的，应当依法从严惩处。

五、健全完善工作机制

（二十一）注重发挥侦查监督与协作配合机制的作用。办理轻伤害案件，人民检察院、公安机关要发挥侦查监督与协作配合办公室的作用，加强案件会商与协作配合，确保案件定性、法律适用准确；把矛盾化解贯穿侦查、起诉全过程，促进当事人达成刑事和解，协同落实宽严相济刑事政策；共同开展类案总结分析，剖析案发原因，促进犯罪预防，同时要注意查找案件办理中存在的问题，强化监督制约，提高办案质量和效果。

对于不批捕、不起诉的犯罪嫌疑人，人民检察院、公安机关要加强协作配合，并与其所在单位、现居住地村（居）委会等进行沟通，共同做好风险防范工作。

（二十二）以公开听证促进案件公正处理。对于事实认定、法律适用、案件处理等方面存在较大争议，或者有重大社会影响，需要当面听取当事人和邻里、律师等其他相关人员意见的案件，人民检察院拟作出不起诉决定的，可以组织听证，把事理、情理、法理讲清说透，实现案结事了人和。对其他拟作不起诉的，也要坚持"应听尽听"。

办理审查逮捕、审查延长侦查羁押期限、羁押必要性审查案件的听证，按照《人民检察院羁押听证办法》相关规定执行。

六、附则

（二十三）本意见所称轻伤害案件，是指根据《中华人民共和国刑法》第二百三十四条第一款的规定，故意伤害他人身体，致人损伤程度达到《人体损伤程度鉴定标准》轻伤标准的案件。

（二十四）本意见自发布之日起施行。

《关于依法妥善办理轻伤害案件的指导意见》理解与适用

苗生明　　周惠永　　纪丙学 [*]

为全面贯彻习近平法治思想，践行以人民为中心的发展思想，落实宽严相济刑事政策，提升轻伤害案件办案质效，有效化解社会矛盾，促进社会和谐稳定，实现办案政治效果、法律效果和社会效果的有机统一，最高检、公安部联合制定了《关于依法妥善办理轻伤害案件的指导意见》（以下简称《指导意见》）。为便于司法实践中准确理解与适用，现对《指导意见》的制定背景、经过和主要内容说明如下。

一、《指导意见》的制定背景和经过

轻伤害案件在司法实践中常见多发，全国检察机关年均受理轻伤害案件达到 7 万余件，这些案件多因婚姻、家庭、邻里纠纷或者偶然事件等民间矛盾引发。从刑法规定来看，轻伤害案件法定刑是 3 年以下有期徒刑，属于轻罪案件。根据刑事诉讼法及有关司法解释的规定，检察机关没有提起公诉，被害人有证据证明的轻伤害案件可以提出自诉，也可以直接向法院起诉。同时，根据刑事诉讼法的规定，因民间纠纷引起的轻伤害案件，犯罪嫌疑人、被告人真诚悔罪，通过向被害人赔偿损失、

---

　　* 苗生明，最高人民检察院党组成员、副检察长，二级大检察官；周惠永，最高人民检察院普通犯罪检察厅副厅长、二级高级检察官；纪丙学，最高人民检察院普通犯罪检察厅办公室主任、一级高级检察官助理。

赔礼道歉等方式获得被害人谅解，被害人自愿和解的，双方当事人可以和解。可见，对民间纠纷引发的轻伤害案件，我国法律强调要在注重促进矛盾化解、促进刑事和解的基础上依法从宽处理。

轻伤害案件虽是发生在人民群众身边的"小案"，但对很多当事人来说却可能是"天大的事情"。如果处理不当，就容易埋下隐患或者激化矛盾引发更大的恶性事件。2021 年以来，最高检就对轻伤害案件的办理进行了调研。调研发现，各地检察机关、公安机关在办理轻伤害案件过程中积累了很多好的经验做法，但也不同程度存在一些问题：一是认罪认罚从宽、刑事和解等制度的适用还需进一步加强。从调研情况看，有的检察人员还存在构罪即捕、构罪即诉的办案理念，促成刑事和解、矛盾化解的积极性有待提升。检察机关作出相对不起诉处理的案件中当事人和解的比例不到 20%，个别地区刑事和解率不到 2%，且其中 7 成以上系当事人自行和解。二是当事人申诉信访比例较高。有的当事人因矛盾未化解或者对案件处理不满提出了申诉，从调研情况看，轻伤害申诉案件占到刑事申诉案件近四分之一。三是在法律适用方面。有的案件在正当防卫与故意伤害的认定、在故意伤害罪与寻衅滋事罪的认定，以及共同犯罪的认定上还存在偏差。这些问题都影响了轻伤害案件的办案质效。

习近平总书记指出，努力让人民群众在每一个司法案件中感受到公平正义。轻伤害案件的依法妥善处理，直接关系到人民群众对公平正义的感受，关系到人民群众的法治获得感。

最高检、公安部经充分研究，联合发布了《指导意见》。《指导意见》坚持问题导向，对司法实践中的突出问题明确了有关意见，并征求了全国人大常委会法工委、最高法、司法部等有关部门，以及专家学者的意见；注重从实际出发，既保持与刑法、刑事诉讼法、《人民检察院刑事诉讼规则》《公安机关办理刑事案件程序规定》和相关司法解释的一致性、协调性，又注重借鉴吸收基层经验做法，该明确的明确，该细化的细化，力求务实管用；强调以宽严相济为指导，明确对犯罪嫌疑人、被告人认罪认罚的，当事人双方达成和解的，应当尽量从矛盾化解、分化犯罪、减少对立、促进和谐角度依法从宽处理。对主观恶性大、情节恶劣，严重影响人民群众安全感的，要依法从严惩处。对决定不起诉的，也要根据案件不同情况，依法落实不起诉后非刑罚责任。

二、《指导意见》条文释义

《指导意见》分为六部分共24条，对依法妥善办理轻伤害案件的基本要求，依法全面调查取证、审查案件，积极促进矛盾化解，全面准确落实宽严相济刑事政策，以及健全完善工作机制等作出了具体规定。

（一）关于基本要求

《指导意见》第一部分规定了办理轻伤害案件应当遵循的基本要求，主要包括三个方面：

一是坚持严格依法办案。证据是案件的基石。事实清楚是依法妥善办理轻伤害案件的前提。办理轻伤害案件，要严格遵循证据裁判原则，全面、细致地收集、固定、审查、判断证据，要在查清事实、厘清原委的基础上依法办理。要坚持"犯罪事实清楚，证据确实、充分"的证明标准，正确理解与适用法律，准确把握罪与非罪、此罪与彼罪的界限，依法慎重把握逮捕、起诉条件。

二是注重矛盾化解和犯罪治理。轻伤害案件多因民间矛盾引发，有的甚至是积怨宿仇，如果处理不当，容易埋下问题隐患或者激化矛盾。办理轻伤害案件，要依法用足用好认罪认罚从宽制度、刑事和解制度和司法救助制度，把化解矛盾、修复社会关系、促进犯罪治理作为履职办案的重要任务。化解矛盾时，可以充分借助当事人所在单位、社会组织、基层组织、调解组织等第三方力量参与，不断创新工作机制和方式方法，促进矛盾纠纷解决以及当事人和解协议的有效履行，实现社会内生稳定。

三是全面准确落实宽严相济刑事政策。办理轻伤害案件，要坚持以宽严相济刑事政策为指导，坚持当宽则宽、当严则严，不能"一刀切""片面化"，对因婚恋、家庭、亲友、邻里、同学、同事等民间矛盾纠纷或者偶发事件引发的轻伤害案件，要结合个案具体情况把握好法理情的统一，依法妥善处理；对主观恶性大、情节恶劣的轻伤害案件，应当依法从严惩处，当捕即捕、当诉则诉。

（二）关于依法全面调查取证、审查案件

第二部分规定了要依法全面调查取证、审查案件。针对司法实践中存在的只看伤害后果，而忽视对案件起因、背景等整体情况的考察，对鉴定意见只看鉴定结论而缺少实质审查，"唯结果论""谁受伤谁有理"，以及如何准确区分寻衅滋事罪与故意伤害罪、准确区分正当防卫与互殴型故意伤害、准确认定共同犯罪等问题明确了意见。同时，针对司法实践中轻伤害案件中证人多是亲友、邻里，往往不愿作证或者证言呈现一对一的情况，提出要注重收集客观性较强的证据，尽量减少对言词证据的过度依赖。

1. 坚持全面调查取证、全面审查案件。以往在司法实践中存在取证、审查主要集中在伤害事实，主要强调"有没有伤""谁实施的致伤行为"，在法律文书中对案件起因等也往往简单表述为"因故""因琐事"，缺少了对案件的全面调查、审查，导致当事人对案件处理不满意。《指导意见》明确，公安机关应当注重加强现场调查走访，及时、全面、规范收集、固定证据。建立以物证、勘验笔录、检查笔录、视听资料等客观性较强的证据为中心的证据体系，避免过于依赖言词证据定案。对适用刑事和解和认罪认罚从宽的案件，也应当全面调查取证，查明事实。不能因为双方当事人和解谅解或犯罪嫌疑人、被告人认罪认罚，就降低取证要求。检察机关应当注重对案发背景、案发起因、当事人的关系、案发时当事人的行为、伤害手段、部位、后果、当事人事后态度等方面进行全面审查，综合运用鉴定意见、有专门知识的人的意见等，准确认定事实，辨明是非曲直。

2. 对鉴定意见进行实质性审查。由于鉴定意见专业性较强，司法实践中，有的办案人员没有能力审查或者简单地进行形式审查，只看鉴定结论，忽视对鉴定依据、鉴定过程，以及与其他证据是否印证进行审查，导致因为鉴定出现案件质量问题。《指导意见》强调，办案人员要注重审查检材与其他证据是否相互印证，文书形式、鉴定人资质、检验程序是否规范合法，鉴定依据、方法是否准确，损伤是否因既往伤病所致，是否及时就医，以及论证分析是否科学严谨，鉴定意见是否明确等。在审查过程中，需要专业人员对鉴定意见等技术性证据材料进行专门审查的，可以按照有关规定送交检察、侦查技术人员或者其他有专门知识的人进行审查并出具审查意见。

对鉴定意见进行实质性审查，包括对鉴定意见的程序性和实体性两个方面进行全面审查。程序性审查，主要是对鉴定流程及程序性材料进行审查，包括鉴定文书中的构成要件是否完整，委托受理流程是否合法规范，送检材料是否完整，相关时间记录有无矛盾，原件或复印件是否有证明来源的签章，鉴定机构和鉴定人是否具备资质，鉴定依据的标准是否有效，鉴定意见是否明确等。实体性审查，主要是对鉴定意见本身及其依据的基础性材料进行审查。要重点关注：（1）送检材料中的医学影像学资料或者附件照片是否具备鉴定依据的条件，病历内容是否符合临床演进规律，病史是否完整。鉴定文书摘录的内容与送检材料是否一致，有无遗漏关键内容。（2）所适用的标准是否是鉴定当时有效版本。对于致人损伤的行为发生在 2014 年 1 月 1 日《人体损伤程度鉴定标准》正式实施前后的案件的鉴定，是否符合最高人民法院《关于执行〈人体损伤程度鉴定标准〉有关问题的通知》（法〔2014〕3 号）要求。（3）临床查体的检查方法是否准确、恰当。（4）鉴定时机是否符合《人体损伤程度鉴定标准》4.2 条的规定。需要注意的是，在诉讼需要等特殊情况下提前作出人体损伤程度临时鉴定意见的，是否对有可能出现的后遗症加以说明，或在必要时应进行复检并予以补充鉴定。（5）临床检查项目是否全面并有针对性，检查结果是否可信，主、客观检查结果是否存在矛盾，鉴定人是否过分依赖或单纯引用临床诊断，而非详细分析临床检查结果。（6）是否结合医学影像学、病理学等其他检查结果综合判断新鲜伤、陈旧伤。对是否存在影响鉴定意见的既往伤/病史，以及其性质、严重程度进行论证，是否鉴别存在诈病、造作伤的情形，是否存在可能影响鉴定结果的医疗因素，致伤物推断特征性损伤是否明确，是否根据损伤的部位、形态、特征、分布、程度等对成伤机制进行综合分析。（7）分析论证依据是否充分，论证过程是否客观、科学。鉴定意见所依据的损伤鉴定标准条款是否准确，鉴定意见表述是否明确，有无歧义，是否超范围作出法律事实认定。（8）对其他非鉴定意见类技术性证据进行鉴别，例如有些鉴定机构出具的文书并非鉴定意见，而是以"文证审查"等形式附卷。对于实体性审查，检察官可根据上述要点进行重点关注，如产生疑问，需要专业的知识和技术支持时，可依据《人民检察院刑事诉讼规则》的规定，委托检察技术人员或其他有专门知识的人进行专门审查。

检察官在办案中，根据工作需要，可以邀请检察技术人员同步提前介入，对证据的收集、提取、固定、保管、送检、检验鉴定等全流程进行监督、引导。包括:（1）提示办案人员及时进行现场勘验，及时提取、固定致伤物（工具），引导办案人员及时提取案发前各相关规定要求时间内的监控、与案件发生相关的电子数据等，为全面开展检验鉴定提供客观依据。（2）提示办案人员详细记录被害人及现场其他参与人员的人身情况、衣着情况等，有助于后期法医开展检验鉴定及现场情况分析提供基础证据材料。（3）提示办案人员及时记录、拍照固定受害人及现场其他人员损伤情况，包括损伤的部位、形态、特征、分布、程度，监督其正确使用比例尺等参照工具。（4）提示办案人员及时提取并送检完整的病历材料，如有必要应当提取与本次损伤相关的既往伤病史材料，以区分新旧损伤，避免对鉴定产生干扰，导致错误鉴定。（5）根据案情复杂程度，引导办案人员选择具有相应资质和水平的鉴定机构和鉴定人，避免发生重复鉴定情况。（6）引导鉴定机构或鉴定人选择足够、适当的临床检查方法，监督鉴定人员严格按照标准规范进行。（7）对于疑难复杂或有争议的鉴定事项，提示鉴定人在必要时要及时组织相关专家会诊或者咨询相关专家意见，对专业问题从源头上进行明确。（8）提示办案人员注重分析案情，提示鉴定人员结合案情或其他证据材料，如监控录像等，重点解决成伤机制等专门性问题，避免后期缺少相应鉴定基础。（9）监督侦查人员、鉴定人员在形成鉴定意见的过程中严格按照相关法律、规定、规范等执行和操作。

对同一鉴定事项存在两份以上结论不同的鉴定意见或者当事人对鉴定结论有不同意见时，尤其是，鉴定的结论涉及罪与非罪、罪轻与罪重时，办案人员要注意对分歧点进行重点审查分析，听取当事人、鉴定人、有专门知识的人的意见，开展相关调查取证，综合全案证据决定是否采信以及采信哪一份鉴定意见。必要时，可以依法进行补充鉴定或者重新鉴定。

在审查时，可以重点对鉴定材料、引用标准条款、鉴定时机、理解适用等方面进行比较审查，分析不同鉴定意见其分歧点出现的原因。包括：（1）出具鉴定意见所依据的病历资料是否一致，摘抄病历与原始病历资料是否一致。（2）伤情记录照片是否清晰、来源是否一致，创口或瘢痕长度测量是否因比例尺使用不当导致存在较大误差。（3）鉴定人是否对病历资料中的辅助检查等初始数据信息亲自分析诊断，是否引用了临床上未确诊的诊断意见作为鉴定依据。（4）是否对所有损伤及其并发症进行论证，论证是否充分、合理。如邀请专科、权威专家参与论证，分析论证是否与鉴定事项相关，论证内容是否全面、科学。（5）引用的鉴定标准是否一致。不一致是否由于不同鉴定人对鉴定标准的理解发生分歧，或者关于《人体损伤程度鉴定标准》各地适用意见不同。（6）鉴定时机是否恰当。分析不同鉴定相隔时间，是否因鉴定时机不同而导致鉴定意见不同，避免因恶意利用时间差进行鉴定的情况。（7）参考鉴定机构、鉴定人在专业研究领域拥有科研成果情况，是否参与国家标准、行业标准编制工作，业界口碑等因素，对鉴定意见的科学性、客观性进行比较。

3. 准确区分罪与非罪。司法实践中，一定程度存在"唯结果论""谁受伤谁有理"，认为只要双方发生争执或者肢体冲突，一方出现轻伤后果，就简单地认为对方构成故意伤害罪。《指导意见》明确，对被害人出现伤害后果的，办案人员判断犯罪嫌疑人是否构成故意伤害罪时，应当在全面审查案件事实、证据的基础上，根据双方的主观方面和客观行为准确予以认定。如果犯罪嫌疑人只是与被害人发生轻微推搡、拉扯的，或者只是为摆脱被害人拉扯或者控制而实施甩手、后退等应急、防御行为的，不宜认定为刑法意义上的故意伤害行为。

4. 准确区分寻衅滋事罪与故意伤害罪。根据刑法第293条和最高检、公安部《关于公安机关管辖的刑事案件立案追诉标准的规定（一）的补充规定》的规定，随意殴打他人，致一人以上轻伤或者二人以上轻微伤，破坏社会秩序的，应以寻衅滋事罪立案追诉。对出现被害人轻伤后果的案件，不能简单化办案，一概机械认定为故意伤害罪。《指导意见》指出，办案人员要全面分析案件性质，查明案件发生起因、犯罪嫌疑人的动机、是否有涉黑涉恶或者其他严重情节等，依法准确定性。对犯罪嫌疑人出于寻求刺激、发泄情绪、逞强耍横等无事生非，或者因日常生活中的偶发矛盾纠纷借故生非，随意殴打他人的，属于"寻衅滋事"，构成犯罪的，应当以寻衅滋事罪依法从严惩处。

5. 准确区分正当防卫与互殴型故意伤害。这是司法实践中的难点。故意伤害案件的发生，往往是先出现口角，继而互相推搡，再打斗，出现伤害后果。这种情况下如何认定？是否只要对方有推搡行为就可以防卫，还是对方只要"先动手"就可以防卫，《指导意见》提出，既不能

"泛化"正当防卫，又要切实保护公民的合法权益。办案人员审查时，要坚持主客观相统一的原则，综合考察案发起因、对冲突升级是否有过错、是否使用或者准备使用凶器、是否采用明显不相当的暴力、是否纠集他人参与打斗等客观情节，准确判断犯罪嫌疑人的主观意图和行为性质。对因民间纠纷、矛盾而发生争执，双方均不能保持克制而引发打斗，对于过错的一方先动手且手段明显过激的，如攻击对方头部、面部等要害部位；或者一方先动手，在对方努力避免冲突的情况下仍继续侵害的，还击一方造成对方伤害的，一般应当认定为正当防卫。但是，对于故意挑拨对方实施不法侵害，借机伤害对方的，属于"防卫挑拨"，一般不认定为正当防卫。

6.准确认定共同犯罪。实践中，时常出现多人参与伤害行为，但被害人的伤害后果是由哪一犯罪嫌疑人造成的查不清。有的案件就采取"谁致伤谁负责"，在查不清哪一犯罪嫌疑人造成的情况下，作出存疑处理；还有的案件查清了具体的致伤人，就只追究致伤人，而对其他参与人不予追究，这都不符合共同犯罪的规定和基本理论。办案时，要遵循"部分行为全部责任"的原则，对于二人以上对同一被害人共同故意实施伤害行为，无论是否能够证明伤害结果具体由哪一犯罪嫌疑人的行为造成的，均应当按照共同犯罪认定处理。当然，在具体刑事责任的承担上，可以根据各犯罪嫌疑人在共同犯罪中的地位、作用、情节等区别情况追究刑事责任，比如可以区分纠集人、具体致伤人、一般参与人，参与伤害时持凶器，还是赤手空拳等。

如果犯罪嫌疑人对被害人实施伤害时，对虽然客观上在场，但并无伤害故意和伤害行为的人员，不能认定为共同犯罪。对虽然有一定参与但犯罪情节轻微，依照刑法规定不需要判处刑罚或者免除刑罚的，可以依法作出不起诉处理。对情节显著轻微、危害不大，不认为是犯罪的，应当依法撤销案件，或者作出不起诉处理。

（三）关于积极促进矛盾化解

第三部分规定了要积极促进矛盾化解，这是办理轻伤害案件最显著的特点之一。司法实践中，轻伤害案件常因民间纠纷引发，如果简单地"捕""诉"，可能会激化矛盾，甚至演变成重大恶性事件，《指导意见》强调，要做好矛盾化解、犯罪治理工作，要求依法充分适用刑事和解制度、认罪认罚从宽制度，积极开展国家司法救助。同时，积极推广实践中的经验做法，如检调、公调对接机制，以充分发挥各方面力量促进矛盾化解，尤其是明确了在侦查、检察环节都要积极开展矛盾化解工作。《指导意见》还强调了要注重通过不起诉释法说理修复社会关系，强化不起诉宣布效果。

1. 充分适用刑事和解制度。我国刑事诉讼法专门规定了当事人和解的公诉案件诉讼程序这一特别程序，明确因民间纠纷引起的轻伤害案件，犯罪嫌疑人、被告人真诚悔罪，通过向被害人赔偿损失、赔礼道歉等方式获得被害人谅解，被害人自愿和解的，双方当事人可以和解。刑事和解对于恢复社会关系、妥处社会矛盾、节约司法资源、维护社会和谐稳定具有重要意义。所以，办理轻伤害案件中，要把刑事和解作为办案的重中之重。对符合刑事和解条件的，办案人员可以建议当事人进行和解，并告知相应的权利义务，必要时可以提供法律咨询，积极促进当事人自愿和解。

对当事人双方达成和解并已实际履行的，应当依法从宽处理，符合不起诉条件的，应当作出不起诉决定。对犯罪嫌疑人作出从宽处理后，被害人反悔又要求追究犯罪嫌疑人的刑事责任或者不同意对犯罪嫌疑人从宽处理的，办案人员不能"置之不理"，应当调查了解原因，认为被害人理由正当的，应当依法保障被害人的合法权益，比如出现新证据证实和解并非自愿等。如果经过审查，和解确系自愿、合法的，应当维持已作出的从宽处理决定。检察机关、公安机关开展刑事和解工作的相关证据和材料，应当随案移送，作为从宽处理的依据。

2.充分适用认罪认罚从宽制度。对符合当事人和解程序适用条件的公诉案件，犯罪嫌疑人认罪认罚的，办案人员应当积极促进当事人自愿达成和解。在促进当事人和解谅解过程中，应当向被害方释明认罪认罚从宽、公诉案件当事人和解适用程序等具体法律规定，充分听取被害方意见，鼓励犯罪嫌疑人认罪认罚、赔偿损失、赔礼道歉，促成当事人矛盾化解，并依法予以从宽处理。

3.积极开展国家司法救助。国家司法救助体现了人文关怀，有利于实现社会公平正义，促进社会和谐稳定。办案人员在办理轻伤害案件过程中，对于符合国家司法救助条件的被害人，应当及时开展国家司法救助。比如被害人受到犯罪侵害致人身伤害，急需救治，无力承担医疗救治费用的，以及其他符合国家司法救助条件的。要通过解决被害人因该案遭受损伤而面临的生活急迫困难的同时，促进矛盾化解。

4.充分发挥矛盾纠纷多元化解工作机制作用。办案人员在办理轻伤害案件促进矛盾化解时，可以借助各方力量，比如有的案件借助地方德高望重的长者主持促进了和解。对符合刑事和解条件的，检察机关、公安机关要充分利用检调、公调对接机制，依托调解组织、社会组织、基层组织、当事人所在单位及同事、亲友、律师等单位、个人，促进矛盾化解、纠纷解决。

5.注重通过不起诉释法说理修复社会关系。实践中，有的检察人员宣布不起诉时，地点、方式比较随意，缺少仪式感和权威性。《指导意见》明确，检察机关宣布不起诉决定时，一般应当在检察机关的宣告室等场所进行。根据案件的具体情况，也可以到当事人所在村、社区、单位等场所宣布，并邀请社区、单位的有关人员参加。宣布不起诉决定时，应当就案件事实、法律责任、不起诉依据、理由等释法说理。通过公开宣布不起诉，一方面促进恢复社会关系，有的案件还有助于消除对犯罪嫌疑人的不良影响；另一方面发挥教育警示作用，实现"办理一案、治理一片"的效果。

当然，对于犯罪嫌疑人系未成年人的刑事案件，应当以不公开方式宣布不起诉决定，并结合案件具体情况对未成年犯罪嫌疑人予以训诫和教育。

（四）关于全面准确落实宽严相济刑事政策

第四部分规定了要全面准确落实宽严相济刑事政策。《指导意见》根据刑事诉讼法等规定，结合司法实践情况，列举了可以依法不批捕、不起诉的情形，并提出具备规定的情形，经审查认为犯罪嫌疑人不具有社会危险性的，公安机关可以不再提请批准逮捕。同时，《指导意见》明确强调，对轻伤害案件并非一概不加区分地从宽处理，对那些涉黑涉恶，犯罪动机、手段恶劣的，要依法从严惩处。对犯罪嫌疑人作出不起诉处理的，也不能"不诉了之"，如果需要予以行政处罚、处分的，要依法提出检察意见。此外，还强调了要开展羁押必要性审查，减少"一押到底"的情况。

1. 依法准确把握逮捕标准。办理轻伤害案件时，如果犯罪嫌疑人具有认罪认罚，且没有其他犯罪嫌疑；与被害人已达成和解协议并履行赔偿义务；系未成年人或者在校学生，本人确有悔罪表现等情形之一，公安机关经审查认为犯罪嫌疑人不具有社会危险性的，可以不再提请批准逮捕，检察机关经审查认为犯罪嫌疑人不具有社会危险性的，可以作出不批捕的决定。

如果案件发生后，当事人双方矛盾依然尖锐，一时难以化解，犯罪嫌疑人可能实施新的犯罪或者具有其他严重社会危险性情形的，检察机关可以依法批准逮捕。

2. 依法准确适用不起诉。对于轻伤害犯罪事实清楚，证据确实、充分，犯罪嫌疑人具有本意见第 16 条第 1 款规定情形之一，依照刑法规定不需要判处刑罚或者免除刑罚的，检察机关可以依法作出不起诉决定。

司法实践中，有的犯罪嫌疑人自愿认罪认罚，也愿意积极赔偿被害人损失，并提供了担保，但被害人提出明显不合理的赔偿请求，导致当事人双方矛盾迟迟不能化解。对这种情况，有的犯罪嫌疑人预交赔偿金到检察机关或者第三方机构。对因上述情况，导致一时未能达成和解谅解的，一般不影响对符合条件的犯罪嫌疑人依法作出不起诉决定。

3. 落实不起诉后非刑罚责任。检察机关对犯罪嫌疑人作出不起诉处理，不意味着被不起诉人不再需要承担任何法律责任。检察机关决定不起诉的轻伤害案件，可以根据案件的不同情况，对被不起诉人予以训诫或者责令具结悔过、赔礼道歉、赔偿损失。对被不起诉人需要给予行政处罚、政务处分或者其他处分的，经检察长批准，检察机关应当提出检察意见，连同不起诉决定书一并移送有关主管机关处理，并要求有关主管机关及时通报处理情况。换言之，检察机关作出不起诉决定后，需要对被不起诉人给予非刑罚处罚或者其他处理的，检察机关应当依法追究非刑罚责任或者提出检察意见，不能"不诉了之"。当然，如果被不起诉人在不起诉前已被刑事拘留、逮捕的，或者当事人双方已经和解并承担了民事赔偿责任的，检察机关作出不起诉决定后，一般不再提出行政拘留的检察意见。

4. 依法开展羁押必要性审查。轻伤害犯罪嫌疑人、被告人被批准逮捕以后，检察机关要依法对羁押的必要性进行审查。在审查起诉阶段，如果犯罪嫌疑人认罪认罚，当事人双方达成和解谅解，没有继续羁押必要的，检察机关应当依法释放、变更强制措施。在侦查和审判阶段，如果犯罪嫌疑人、被告人认罪认罚，当事人双方达成和解谅解，没有继续羁押必要的，检察机关应当建议公安机关或者人民法院释放犯罪嫌疑人、被告人或者变更强制措施，避免犯罪嫌疑人、被告人在诉讼中被不当地"一捕了之""一押到底"。

5. 对情节恶劣的轻伤害案件依法从严处理。办理轻伤害案件时，要注意全面准确把握宽与严的辩证关系，坚持区分情形、区别对待，充分考虑案件的危害程度、具体情节和社会公众的心理感受，依法当宽则宽、该严则严。对于因民间纠纷引发的，犯罪嫌疑人认罪认罚、积极赔偿，当事人双方达成和解谅解的，一般应当体现宽缓的政策导向，符合不起诉条件的，可以依法作出不起诉决定。对于虽然属于轻伤害案件，但犯罪嫌疑人涉黑涉恶的，雇凶伤害他人的，在被采取强制措施或者刑罚执行期间伤害他人的，犯罪动机、手段恶劣的，伤害多人的，多次伤害他人的，伤害未成年人、老年人、孕妇、残疾人及医护人员等特定职业人员的，以及具有累犯等其他恶劣情节的，应当依法从严惩处。

（五）关于健全完善工作机制

第五部分规定了健全完善工作机制。《指导意见》规定了要注重发挥侦查监督与协作配合机制的作用，加强案件会商与协作配合，共同开展类案总结分析。对于不批捕、不起诉的犯罪嫌疑人，公安机关、检察机关要加强协作配合，并与其所在单位、现居住地村（居）委会等进行沟通，共同做好风险防范工作。同时，《指导意见》还规定，要以公开听证促进案件公正处理，坚持"应听尽听"。

1. 注重发挥侦查监督与协作配合机制的作用。办理轻伤害案件，检察机关、公安机关要注重发挥侦查监督与协作配合办公室的作用，对疑难案件要注意加强案件会商与协作配合，确保案件定性、法律适用准确；把矛盾化解贯穿侦查、起诉全过程，促进当事人达成刑事和解，协同落实宽严相济刑事政策；共同开展类案总结分析，剖析案发原因，促进犯罪预防，同时要注意查找案件办理中存在的问题，强化监督制约，提高办案质量和效果。

司法实践中，个别犯罪嫌疑人被不批捕、不起诉后又实施了新的犯罪活动，因此，对于不批捕、不起诉的犯罪嫌疑人，检察机关、公安机关要加强协作配合，并与其所在单位、现居住地村（居）委会等进行沟通，共同做好风险防范工作。

2.以公开听证促进案件公正处理。开展公开听证，有助于把案件事实、证据论证清楚，统一认识；有助于促进矛盾化解、提升司法公信，实现办案"三个效果"统一；有助于强化监督制约，防范廉政风险。对于在事实认定、法律适用、案件处理等方面存在较大争议，或者有重大社会影响，需要当面听取当事人和邻里、律师等其他相关人员意见的轻伤害案件，检察机关拟作出不起诉决定的，可以组织听证，把事理、情理、法理讲清说透，实现案结事了人和。对其他拟作不起诉的，也要坚持"应听尽听"。对拟不起诉案件召开听证会，可以视案件情形决定是否邀请社会人士担任听证员。同时，可以根据案件具体情况，对拟不起诉案件听证进行繁简分流。对简单的案件，可以组织简易听证、集中听证。

办理审查逮捕、审查延长侦查羁押期限、羁押必要性审查案件的听证，按照《人民检察院羁押听证办法》相关规定执行。

（六）关于附则

第六部分明确了轻伤害案件的界定、《指导意见》的施行时间。《指导意见》所称的轻伤害案件，是指根据刑法第 234 条第 1 款的规定，故意伤害他人身体，致人损伤程度达到《人体损伤程度鉴定标准》轻伤标准的案件。《指导意见》自发布之日起施行。

最高人民检察院关于印发《人民检察院办理伤害类案件技术性证据实质审查工作规定》和《伤害类案件人体损伤程度鉴定意见专门审查指引》的通知

（高检发办字〔2024〕239号）

各省、自治区、直辖市人民检察院，解放军军事检察院，新疆生产建设兵团人民检察院：

　　为推动实现新时代检察机关高质效办好每一个案件的基本价值追求，强化伤害类案件技术性证据审查实质化，进一步提升伤害类案件审查办理的专业化、规范化水平，最高人民检察院结合工作实际，制定了《人民检察院办理伤害类案件技术性证据实质审查工作规定》和《伤害类案件人体损伤程度鉴定意见专门审查指引》，现印发你们，请认真抓好贯彻落实。贯彻落实中遇到的重要问题、形成的经验做法，请及时层报最高人民检察院。

最高人民检察院

2024 年 10 月 12 日

人民检察院办理伤害类案件
技术性证据实质审查工作规定

第一条 为高质效办好每一个案件，强化伤害类案件技术性证据审查实质化，进一步提升伤害类案件审查办理的专业化、规范化水平，根据法律和有关规定，结合检察工作实际，制定本规定。

第二条 本规定所指伤害类案件，是指行为涉及损害他人身体健康，破坏他人身体机能的刑事案件。

第三条 本规定中技术性证据实质审查，是指人民检察院在案件办理过程中，对案件中的鉴定意见、勘验笔录、检查笔录、视听资料、电子数据等技术性证据及其所依据的基础性材料，运用专业技术知识、逻辑和经验，对其合法性、客观性、关联性和科学性进行全面审查的活动。

第四条 开展技术性证据实质审查，应当遵守法律规定，遵循技术标准和规范，坚持客观公正、全面审查、科学解释原则。

第五条 检察官应当综合全案证据，审查判断技术性证据是否客观、真实反映案件事实，发现和排除技术性证据与其他证据之间、技术性证据与案件事实之间以及技术性证据之间的矛盾。需要对技术性证据进行专门审查的，可以按照有关规定交由检察技术人员或者其他有专门知识的人进行审查并出具审查意见。

检察技术人员应当运用专门知识，审查技术性证据及其基础性材料，解决案件中的专门性问题，为查明案件事实提供技术支持。

第六条 对伤害类案件鉴定意见的审查，应当着重审查鉴定机构和鉴定人是否具有法定资质，鉴定程序是否合法，检材是否可靠，鉴定时机是否适当，鉴定标准是否有效，鉴定方法和过程是否科学，鉴定依据是否充分，论证分析是否客观、全面、严谨，鉴定意见是否明确，鉴定意见与案件事实有无关联等。

应注重结合伤害类案件的特点，审查评定损伤程度、残疾等级依据的病历资料、检材是否完整、可靠，被害人后续治疗及恢复情况的相关材料是否收集移送，鉴定机构在伤情认定、标准适用方面是否符合专业规范要求，不同鉴定意见产生矛盾的原因等。

第七条　伤害类案件鉴定意见涉及成伤机制或致伤方式的，应当依据损伤的类型、部位、大小、程度、形态、分布等特征，结合案情和现场勘验、视听资料等情况，综合损伤形成过程及致伤物特征进行分析判断。着重审查损伤的性质、外力作用的方式、伤情新旧程度、损伤发生的生物力学或者病理生理学机制，排除诈伤（病）、造作伤、陈旧伤与攻击伤等。结合骨折部位与受力部位区分直接外力或是间接外力；结合损伤部位、形态、分布、试切创等特征排除造作伤。

第八条　伤害类案件鉴定意见涉及伤病关系的，应当调取与鉴定有关的病历资料、影像学资料等基础性材料，着重审查损伤或者疾病是否符合医学转归规律，分析既往损伤或疾病与本次损伤之间的关系，是否存在医疗介入因素等，综合判断伤病关系鉴定意见是否客观、准确。

通过审查致伤过程、病历资料、影像学资料、诊疗过程等，综合分析病理过程的连续性和时间间隔规律性。对于损伤与既往伤、病并存，损伤独自存在不能造成现有后果的，应着重审查是否对损伤程度降级评定或者不作评定。

第九条　伤害类案件鉴定意见涉及损伤形成时间的，应当依据损伤的形态特征，区分新鲜伤与陈旧伤，重点关注损伤的愈合过程及其动态变化，结合骨痂形成时间、创口愈合周期变化等，排除与案件无关的陈旧性损伤或者自身病理改变。

第十条　对勘验、检查笔录的审查，应注重结合伤害类案件的特点，关注证据收集、制作程序是否合法，通过审查勘验、检查笔录，根据作案工具、打斗痕迹、现场血迹分布等还原案发现场状况，判断犯罪嫌疑人案发时是否在现场、造成他人人身伤害的过程等。

第十一条 对视听资料的审查，应注重结合伤害类案件的特点，关注反映案件现场的录音、录像资料的来源，对提取情况是否有明确记录；现场录音、录像资料是否封存完好，形式要件是否齐备；录音、录像资料是否经过技术处理或者剪辑。注重审查视听资料显示时间与实际时间是否存在误差，是否有侦查人员、视听资料所有人、见证人签字捺印的时间校对说明，是否能够完整体现造成人身伤害的全过程等。

第十二条 对电子数据的审查，应注重结合伤害类案件的特点，关注电子数据的来源，是否移送原始存储介质，是否附有笔录、清单，形式要件是否齐备，电子数据取证方法是否符合相关技术标准，确保电子数据完整性、真实性、合法性。注重审查涉案的微信记录、手机短信记录、网上聊天记录、手机转账记录等电子数据，判断造成伤害后果的主观心态，是否共同犯罪，有无预谋、纠集、分工、实施等。

第十三条 在技术性证据审查过程中，发现证据收集不符合法定程序的，应当依法及时要求侦查机关予以补正或者作出合理解释；不能补正或者无法作出合理解释，可能严重影响司法公正的，对该证据应当依法予以排除。

第十四条 伤害类案件审查办理中，检察官可以就有关专门性问题向检察技术人员咨询，或者邀请检察技术人员列席检察官联席会议、参与案件会商研究等，协助解决专门性问题或者就专门性问题发表意见。

检察官讯问犯罪嫌疑人，询问被害人、鉴定人、证人等，调取与技术性证据相关的基础性材料，或者补充收集其他有关证据时，可以邀请检察技术人员协助。

第十五条 检察官在办理伤害类案件中，发现具有以下情形之一的，一般应当委托进行技术性证据专门审查：

（一）同一专门性问题有两份以上鉴定意见且相互矛盾无法排除的；

（二）起关键性作用的技术性证据与其他证据之间存在明显矛盾且无法排除的；

（三）当事人及其诉讼代理人、法定代理人、辩护人等对技术性证据提出异议，足以影响证据采纳的。

第十六条 检察官在办理伤害类案件中，发现具有以下情形之一的，可以委托进行技术性证据专门审查：

（一）对技术性证据中伤害行为与伤害结果之间因果关系、原因力大小等有疑问的；

（二）对技术性证据材料涉及的鉴定时机、致伤物推断、成伤机制、伤病关系等专业技术问题有疑问的；

（三）技术性证据材料决定罪与非罪、罪轻与罪重等关键性问题，对定罪量刑有重大影响的；

（四）对技术性证据与在案其他证据材料间存在的矛盾有疑问的；

（五）其他需要委托专门审查的情形。

第十七条 经审查，认为鉴定意见具有下列情形之一的，应当补充鉴定：

（一）原委托鉴定事项有明显遗漏的；

（二）发现新的有鉴定意义的证物的；

（三）对原鉴定证物有新的鉴定要求的；

（四）鉴定意见不完整，委托事项无法确定的；

（五）其他需要补充鉴定的情形。

第十八条 经审查，认为鉴定意见具有下列情形之一的，应当重新鉴定：

（一）鉴定机构或者鉴定人不具备鉴定资质的；

（二）鉴定人应当回避而未回避的；

（三）送检材料不真实或者不具备鉴定条件的；

（四）鉴定程序违法或者违反相关专业技术要求的；

（五）有证据证明鉴定意见确有错误的；

（六）其他可能影响鉴定客观、公正情形的。

重新鉴定时，应当另行指派或者聘请鉴定人。

第十九条 检察官委托开展技术性证据专门审查的，应当按照规定履行委托手续，移送相关证据材料。本院无相应专业检察技术人员的，可以按规定委托上级检察技术职能部门办理。

第二十条 检察技术职能部门接受委托后，应根据委托事项，依据相关规定，一般应在受理之日起5个工作日内完成并出具相关文书。对于疑难复杂、补充材料等情形需要延长审查时间的，应向委托部门说明原因后及时办理。

对伤害类案件中鉴定意见等技术性证据审查工作按照《伤害类案件人体损伤程度鉴定意见专门审查指引》等规定执行。

检察技术人员对技术性证据专门审查意见承担相应司法责任。

第二十一条 检察技术人员出具专门审查意见后，应当及时向检察官解释审查中发现的问题，必要时协助检察官开展重新鉴定、补充鉴定、补充收集和固定相关证据等工作，进一步完善证据体系。

第二十二条 技术性证据专门审查意见可以作为检察官判断运用证据或者作出相关决定的依据，必要时可以提交法庭。

第二十三条 人民法院决定开庭后，必要时，检察官可以邀请检察技术人员协助做好法庭讯问、询问、举证、质证、辩论等庭审中可能涉及的专门性问题的准备工作。

第二十四条 伤害类案件法庭审理中，检察官可以向法庭申请检察技术人员出庭，就相关专门性问题发表意见。

当事人或者辩护人、诉讼代理人对技术性证据专门审查意见有异议，人民法院认为检察技术人员有必要出庭的，检察技术人员应当出庭就审查意见进行解释说明。

第二十五条 对伤害类案件中涉及的疑难复杂专门性问题，检察官、检察技术人员可以组织召开专家论证会。专家费用参照相关规定从办案经费中列支。

检察官可以根据案件需要，邀请检察技术人员参加刑事和解、公开听证、公开宣告、当面答复等活动，就案件中的专门性问题进行解释说明。

在开展技术性证据实质审查中发现可能影响合法性、客观性、关联性和科学性的普遍性问题，检察官可以在检察技术人员的协助下对相关事项开展调查核实，向有关部门制发检察建议。

第二十六条 技术性证据的专门审查交由检察技术人员以外的其他有专门知识的人进行的，参照本规定及其他相关规定。

第二十七条 本规定自发布之日起施行。

伤害类案件人体损伤程度鉴定意见
专门审查指引

1 范围

本指引规定开展伤害类案件人体损伤程度鉴定意见专门审查工作的一般程序与特定要求。本指引适用于办理伤害类案件中关于人体损伤程度鉴定意见的专门审查工作。其他类案件中涉及人体损伤程度鉴定意见专门审查的，参照本指引执行。

2 规范性引用文件

下列文件中的内容通过文中的规范性引用而构成本文件必不可少的条款。其中，注日期的引用文件，仅该日期对应的版本适用于本文件；不注日期的引用文件，其最新版本（包括所有的修改单）适用于本文件。

《人体损伤程度鉴定标准》

《人体损伤致残程度分级》

《人民检察院技术性证据专门审查工作规定》

《人民检察院法医工作细则》

《医疗事故分级标准（试行）》

ZGJ/J 004 最高人民检察院法医临床鉴定专门审查指引

GA/T 1970 法医临床学检验规范

SF/T 0111 法医临床检验规范

3 术语和定义

下列术语和定义适用于本文件。

3.1 伤害类案件

是指行为涉及损害他人身体健康，破坏他人身体机能的刑事案件。

3.2 人体损伤程度

是指各种致伤因素所引起的人体组织器官结构破坏或者功能障碍的程度。包括重伤一级和重伤二级、轻伤一级和轻伤二级、轻微伤。

3.3 重伤

使人肢体残疾、毁人容貌、丧失听觉、丧失视觉、丧失其他器官功能或者其他对于人身健康有重大伤害的损伤，包括重伤一级和重伤二级。

3.4 轻伤

使人肢体或者容貌损害，听觉、视觉或者其他器官功能部分障碍或者其他对于人身健康有中度伤害的损伤，包括轻伤一级和轻伤二级。

3.5 轻微伤

各种致伤因素所致的原发性损伤，造成组织器官结构轻微损害或者轻微功能障碍。

3.6 伤病关系

在人体损伤程度鉴定中，指本次损伤与既往伤/病在损伤后果中所起作用的大小关系。

3.7 成伤机制

依据人体损伤的类型、形态、分布、程度等特征，结合案情、现场勘验及可疑致伤物特征，对损伤发生的生物力学或病理生理学机制进行分析、判断。

3.8 并发症

指一种损伤引起另一种疾病或综合征的发生，或合并发生了几种疾病或综合征。

3.9 后遗症

在损伤基本好转后遗留下来的某种组织、器官的缺损或者功能上的障碍。

3.10 鉴定时机

损伤所致的伤情以及并发症、后遗症已经明确或者后果已达到稳定状态，并可以依据上述状态开展鉴定的时间要求。

4 专门审查原则

坚持程序审查与实体审查相结合，过程审查与意见审查相结合，书面审查与复核审查相结合，专业审查与关联审查相结合的原则。

5 专门审查依据

5.1 鉴定相关的法律、法规以及规范性文件等。

5.2 鉴定事项所涉及的专业领域基本原理、基本理论以及现行有效的技术标准和技术规范、专家共识等。

5.3 技术性证据专门审查的相关规范流程。

5.4 参考实验室认可或资质认定的相关规则。

5.5 伤害类案件人体损伤程度鉴定意见专门审查工作，依据的国家标准、行业标准、技术规范和技术方法（本指引统称技术规范），应当遵守下列顺序：

a）国家标准；

b）行业标准和技术规范；

c）相关领域多数专家认可的技术方法。

6 专门审查过程及方法

6.1 伤害类案件人体损伤程度鉴定意见专门审查工作，主要包括程序性审查、实体性审查两个方面。包括但不限于审查人体损伤程度鉴定、致伤物推断、致伤方式、成伤机制、伤病关系等意见以及审查人体损伤程度鉴定意见与法医物证鉴定、痕迹鉴定、声像资料鉴定等其他意见的关联性等。

6.2 审查前，应详细了解案情、委托审查事项等，全面掌握可能与损伤相关的案件基本情况。

6.3 送审材料应当满足法医临床鉴定专门审查工作需要。必要时，由委托方及时补充有可能影响审查意见的材料。审查时限从补充材料后重新计算。

6.4 审查人应核对并记录委托方送审材料的名称、数量，并了解材料的来源、收集方法、形成过程等。

6.5 对于 X 线片、CT 片、MRI 片等医学影像学资料，要核实阅片所见与所送医学影像学胶片或电子媒介载体资料是否对应，必要时调取医学影像学原始数据。

6.6 审查过程中，审查人可以查阅、摘抄、复制有关案卷材料。

6.7 对于疑难复杂的专门审查，可以召开专家论证会或邀请其他有专门知识的人等协助开展审查。

6.8 依据委托方提供的材料及委托要求，审查人提出审查意见并出具专门审查意见书。

7 人体损伤程度鉴定意见的程序性审查

7.1 主要是对检验鉴定的委托、受理、检验、鉴定等程序的合法性进行审查。具体参见《最高人民检察院法医临床鉴定专门审查指引》（ZGJ/J 004–2022）。

7.2 出具鉴定的鉴定机构和鉴定人是否具有相应资质。

8 人体损伤程度鉴定意见的实体性审查

主要对鉴定文书中关于鉴定材料、标准方法、检验过程、分析论证、鉴定意见的客观性、科学性等开展专门审查。

8.1 鉴定材料的审查

8.1.1 鉴定材料是否符合鉴定条件，数量和质量是否符合鉴定要求。

8.1.2 病历记载、医学影像学资料以及其他实验室辅助检查结果等，是否符合伤（病）临床进展规律，其内容能否相互印证。

8.1.3 鉴定文书资料摘录的内容与鉴定材料是否一致，有无遗漏关键内容。

8.2 标准方法的审查

8.2.1 鉴定标准的审查

8.2.1.1 所适用的标准是否遵循位阶规定，优先选用国家标准、行业标准。

8.2.1.2 所适用的标准是否准确。

8.2.1.3 对于致人损伤的行为发生在 2014 年 1 月 1 日《人体损伤程度鉴定标准》正式实施前的案件的鉴定，按照《最高人民法院关于执行〈人体损伤程度鉴定标准〉有关问题的通知》（法〔2014〕3 号）执行，按照相对应的鉴定标准专门审查。

8.2.1.4 鉴定适用《人体损伤程度鉴定标准》相关条款是否适当。

8.2.2 鉴定方法的审查

8.2.2.1 鉴定方法的选择是否适当。

8.2.2.2 具体涉及长度、面积、比例、活动度、功能障碍等检查方法是否准确。

8.3 鉴定过程的审查

8.3.1 鉴定时机是否恰当

以原发性损伤为主要鉴定依据的，对于原发性损伤认定是否准确、完整；以损伤所致的并发症为主要鉴定依据的，是否在伤情稳定后进行鉴定；以容貌损害或者组织器官功能障碍为主要鉴定依据的，是否符合标准和技术规范的鉴定时限要求；在诉讼需要等特殊情况下，根据原发性损伤及其并发症提前作出人体损伤程度鉴定意见的，是否对有可能出现的后遗症加以说明，是否明确必要时应进行复检并予以补充鉴定。

8.3.2 检查项目是否完善

具体损伤选择的检查项目是否有针对性，是否进行必要的血液、尿液、脑电图、肌电图等实验室检查，X 线、CT、MRI 等医学影像学检查，视觉、听觉等功能性检查等。

8.3.3 检查结果是否可信

主、客观检查结果是否存在矛盾，检查结果是否可信。

8.4 分析论证及鉴定意见

8.4.1 引用的专家咨询意见是否准确。

8.4.2 分析论证依据是否充分，论证过程是否客观、科学、严谨、规范，分析论证与鉴定意见关联性是否紧密。

8.4.3 鉴定意见所依据的损伤鉴定标准条款是否准确。

8.4.4 鉴定意见表述是否明确，有无歧义。

8.4.5 鉴定文书附件照片是否完整，能否客观反映损伤检验情况。

8.4.6 鉴定意见与其他技术性证据能否印证。

8.5 伤病关系

8.5.1 是否存在影响鉴定意见的既往伤 / 病史，其性质及严重程度如何。

8.5.2 损伤或者疾病是否符合临床演进和转归，送审材料能否相互印证。

8.5.3 是否对损伤后果与既往伤 / 病之间的关系进行分析。

8.5.4 伤病关系评定是否恰当。

8.6 医疗因素

8.6.1 是否存在可能影响鉴定意见的医疗因素。

8.6.2 是否对上述医疗因素进行评价。

8.6.3 医疗因素的评价是否适当。

8.6.4 鉴定意见对医疗因素的考量是否准确。

8.7 致伤物推断

8.7.1 特征性损伤是否明确。

8.7.2 是否结合现场勘验、辅助检查，发现及获取特征性要素。

8.7.3 对致伤物类型、大小、质地、重量及作用面形状等分析推断是否客观、科学。

8.7.4 必要时进行模拟实验予以印证。

8.8 成伤机制分析

8.8.1 是否根据损伤的类型、形态、分布、程度等综合判断。

8.8.2 是否结合病历资料、原始检查记录、医学影像学检查结果、辅助检验、当事人陈述等综合分析。

8.8.3 是否结合现场勘验、人身检查、视听资料、衣着检查等综合分析。

8.8.4 直接外力或间接外力作用等成因分析依据是否充分，论证是否客观、科学。

8.8.5 必要时，需要结合其他技术性证据综合判断。

8.9 诈伤（病）、造作伤鉴别

8.9.1 是否鉴别存在诈伤（病）、造作伤的情形。

8.9.2 相关体格检查、辅助检查等是否规范、全面。

8.9.3 诈伤（病）、造作伤的判断依据是否充分。

8.10 新鲜伤、陈旧伤判断

8.10.1 损伤形态、颜色及修复改变等特征是否具体、典型。

8.10.2 是否结合医学影像学、病理学等其他检查结果综合判断。

8.10.3 对既往就医病历进行审查，分析是否符合临床演进和转归。

9 两份以上不同鉴定意见的审查

9.1 审查不同鉴定意见的描述以及关键论述分歧点。

9.2 分析因鉴定材料、标准条款、鉴定时机、理解适用等产生不同鉴定意见的主、客观原因，并提出专门审查意见。

9.3 必要时，提出补充鉴定、重新鉴定或其他建议。

10 常见人体损伤程度鉴定意见的审查

10.1 颅脑、脊髓损伤

10.1.1 颅骨骨折、颅内出血和颅神经损伤

10.1.1.1 是否有明确的颅脑外伤史，损伤基础、因果关系是否明确。

10.1.1.2 是否有明确的脑受压症状、体征，临床表现是否典型。

10.1.1.3 是否明确为原发性损伤或继发性损伤表现。

10.1.1.4 是否有明确的医学影像学资料、手术记录、电生理等临床检查结果与损伤相印证。

10.1.1.5 医学影像学检查结果是否明确，必要时随观复查。

10.1.1.6 是否存在迟发性损伤改变；若存在，是否符合损伤后的临床演进和转归。

10.1.2 运动障碍

10.1.2.1 是否有确切的神经损伤表现及必要的电生理、医学影像学检查依据。

10.1.2.2 神经定位诊断及损伤基础与肢体瘫痪、非肢体瘫运动障碍的部位、范围、性质和程度是否对应，或者能够作出合理解释。

10.1.2.3 非肢体瘫运动障碍，是否存在肌张力增高、共济失调、不自主运动、震颤等症状，是否存在大、小便失禁，是否有相关客观检查佐证。

10.1.3 智能减退和器质性精神障碍

10.1.3.1 智能减退和器质性精神障碍的发生、发展与颅脑损伤是否有明确的因果关系，并排除原发性、功能性及其他原因所致。

10.1.3.2 医学影像学、脑电图等辅助检查是否证实有颅脑损伤基础。

10.1.3.3 智能减退和器质性精神障碍程度的认定是否符合有关技术规范。

10.1.4 脊髓损伤

10.1.4.1 是否有明确的外伤史，损伤基础和因果关系是否明确。

10.1.4.2 是否已经临床治疗终结或者功能稳定后进行的鉴定。

10.1.4.3 鉴定检查认定的脊髓损伤部位、范围、性质和程度是否有病历记载、医学影像学检查佐证，是否符合损伤或者疾病的临床演进和转归。

10.1.4.4 是否排除伪装、癔症等因素，并与肌肉病变、脑部病变和周围神经病变相鉴别。

10.2 面部损伤

10.2.1 外伤史是否明确。

10.2.2 外伤与面部损伤后果之间是否具有因果关系。

10.2.3 原发性损伤描述、记录、测量等是否客观、科学。

10.2.4 牙损伤等是否考虑伤病关系。

10.2.5 是否存在扩创的情形，扩创是否确因治疗需要。

10.2.6 盲管创、扩创创口长度的计算方法是否准确。

10.2.7 面部区域以及中心区的划分是否准确，跨部位损伤的计算是否符合规范。

10.2.8 面颅骨骨折外伤史是否明确，是否有医学影像学检查结果支持，骨折的部位、类型、数量等是否准确。

10.2.9 是否有与损伤类型相应的临床症状、体征。

10.2.10 是否有医学影像学、电生理等客观诊断依据。

10.2.11 功能障碍、容貌毁损鉴定是否在医疗终结、伤情稳定后进行。

10.3 外伤性鼓膜穿孔

10.3.1 是否有明确的耳部外伤史。

10.3.2 外伤性鼓膜穿孔成伤机制是否明确。

10.3.3 鼓膜穿孔是否有相应的电子耳镜等检查结果佐证。

10.3.4 鼓膜穿孔 6 周不能自行愈合是否与原发性损伤严重程度相关联。

10.3.5 鼓膜穿孔是否排除自身疾病、造作伤等情形。

10.4 听器听力损伤

10.4.1 鉴定是否在临床治疗终结或者听觉功能障碍程度相对稳定后进行。

10.4.2 有无明确的耳部或者听觉通路外伤史，案情、病历等资料反映的伤后听力障碍症状、体征是否明确。

10.4.3 鉴定检查是否符合听觉功能障碍的相关技术规范。

10.4.4 是否结合病历资料、鉴定检查反映的症状、体征、听觉功能检查、医学影像学检查等进行综合分析。

10.4.5 损伤与听力障碍的因果关系是否明确，是否排除既往损伤或者疾病因素。

10.4.6 主观测听与客观测听结果不一致时，是否排除伪聋等。

10.5 视器视力损伤

10.5.1 鉴定是否在临床治疗终结或者视觉功能障碍程度相对稳定后进行。

10.5.2 有无明确的眼部或者视觉通路外伤史，案情、病历等资料反映的伤后视力障碍症状、体征是否明确。

10.5.3 鉴定检查是否符合视觉功能障碍的相关技术规范。

10.5.4 是否结合病历资料、鉴定检查反映的症状、体征、视觉功能检查、医学影像学检查进行定位诊断。

10.5.5 损伤与视力障碍的因果关系是否明确，是否排除自身疾病影响。

10.5.6 行为视力与眼球形态结构检查、视觉电生理检查结果不符时，是否进行客观的分析论证，是否排除伪盲等其他原因所致的视力障碍。

10.6 胸、腹部损伤

10.6.1 胸、腹部脏器损伤

10.6.1.1 是否有明确的胸、腹部外伤史。

10.6.1.2 病历记载是否有胸、腹部损伤的具体描述，包括部位、大小和程度等。

10.6.1.3 脏器损伤与体表损伤部位是否对应，与案情反映的致伤方式是否吻合。

10.6.1.4 是否排除既往损伤或者疾病等因素，是否有相关实验室检验、医学影像学检查印证。

10.6.1.5 手术适应症是否准确，能否排除单纯探查性手术或者过度医疗。

10.6.2 迟发性脾脏破裂、迟发性腹膜后出血等迟发性损伤

10.6.2.1 是否有明确的外伤史。

10.6.2.2 是否明确损伤基础和因果关系。

10.6.2.3 是否排除再次受伤等情形，是否存在动态复查的影像学或血生化检验记录，是否存在生命体征变化记录。

10.6.2.4 经手术治疗的，是否有病理检验结果佐证迟发性损伤的病理改变。

10.6.3 肋骨骨折

10.6.3.1 是否有明确的胸部外伤史，伤后是否有相应的临床表现。

10.6.3.2 肋骨骨折与体表损伤部位是否相称，是否符合案情反映的致伤方式。

10.6.3.3 肋骨骨折部位、数量认定是否符合相关技术规范。

10.6.3.4 多根多处肋骨骨折部位和程度是否符合外伤作用的过程。

10.6.3.5 肋骨骨折的认定是否综合运用多种医学影像学检查技术，是否排除伪影。

10.6.3.6 是否排除陈旧性骨折、解剖变异或疾病等因素。

10.6.3.7 肋骨骨折的成伤机制推断是否客观、科学。

10.7 脊柱与四肢损伤

10.7.1 脊柱、四肢骨折

10.7.1.1 骨折的部位、形态、数量是否明确。

10.7.1.2 骨折线有无累及关节面。

10.7.1.3 是否区分新鲜骨折与陈旧骨折。

10.7.1.4 脊骨骨折、四肢骨折的成伤机制推断是否客观。

10.7.1.5 是否考虑骨质疏松、骨髓炎等个体因素，伤病关系处理是否得当。

10.7.2 骺板骨折

10.7.2.1 是否针对儿童或者四肢长骨骨骺尚未完全闭合的青少年作出鉴定。

10.7.2.2 是否分析论证损伤基础和因果关系，并排除既往损伤或者疾病等因素。

10.7.2.3 鉴定依据的医学影像学检查是否满足鉴定需要，必要时是否进行双侧检查和对照。

10.7.2.4 骨折线累及骺板的医学影像学判断标准是否符合相关技术规范。

10.7.3 周围神经损伤

10.7.3.1 是否在医疗终结或者周围神经损伤后遗留功能障碍相对稳定后进行鉴定。

10.7.3.2 是否分析论证损伤基础和因果关系，并排除既往损伤或者疾病等因素。

10.7.3.3 是否根据神经损伤症状和体征，是否进行合适的电生理检查，并进行双侧对照。

10.7.3.4 病历资料、鉴定检查反映的症状、体征、神经电生理检查动态改变是否符合损伤或者疾病的临床演进和转归，检查结果之间能否印证。

10.7.3.5 是否以原发性损伤及其并发症、后遗症为基础，根据临床表现、多种组合肌电图测试结果，全面分析、综合鉴定。

10.7.4 关节功能障碍

10.7.4.1 是否有明确的外伤史，损伤基础是否与关节功能障碍相符。

10.7.4.2 关节活动度测量是否考虑内固定在位的影响因素。

10.7.4.3 是否有肌萎缩等临床表现和医学影像学检查佐证，一侧关节功能障碍的，是否与健侧进行对照。

10.7.4.4 关节功能检查是否符合相关技术规范，是否根据鉴定事项不同，正确选择测量关节的被动或者主动活动度作为鉴定依据。

10.7.4.5 关节功能是否存在康复治疗不足等因素。

10.8 手损伤

10.8.1 是否有明确的手部外伤史。

10.8.2 外伤基础和手损伤后果的因果关系是否明确。

10.8.3 手损伤的致伤方式、成伤机制是否明确，排除诸如攻击伤等致伤方式。

10.8.4 是否有必要的损伤照片、医学影像学检查、手术记录等佐证。

10.8.5 手功能检查是否符合相关技术规范。

10.8.6 手功能障碍程度计算是否准确。

10.8.7 是否存在康复治疗不充分因素。

10.9 体表损伤

10.9.1 损伤检查是否详细描述体表擦伤、挫伤、创口、瘢痕以及撕脱伤的损伤部位、长度、面积、深度、颜色、性状等。

10.9.2 鉴定文书是否附有带比例尺、清晰可辨的损伤照片或者查体照片。

10.9.3 体表损伤测量体位、方法、方式是否符合相关技术规范。

10.9.4 挫伤面积、皮肤创口及瘢痕长度测量方法是否明确，结果是否准确。

10.9.5 病历资料反映的体表损伤及其治疗方式是否与鉴定检查结果相对应，或者能作出合理解释。

10.9.6 鉴定文书所附照片是否能佐证体表损伤测量结果。

10.9.7 两个部位以上创口或者瘢痕的累加计算，是否符合相关技术规范。

10.10 其他损伤

10.10.1 休克

10.10.1.1 是否有明确的外伤史。

10.10.1.2 案情、病历等资料反映的损伤血管及其严重程度是否明确，是否有手术记录、医学影像学检查证实。

10.10.1.3 休克的损伤基础是否明确，损伤血管及其严重程度是否与出现休克及其程度相吻合。

10.10.1.4 收缩压是否为连续动态观察，是否排除其他疾病或药物等因素所致的血压下降。

10.10.1.5 被鉴定人血压（收缩压）、脉搏和全身状况的动态变化，病历资料反映的红细胞计数、血红蛋白等血常规、血气分析指标变化，是否与失血程度相称，并符合输血、补液等休克治疗的临床演进和转归。

10.10.1.6 休克程度的认定是否符合有关技术规范规定的休克轻、中、重度标准。

10.10.2 呼吸困难

10.10.2.1 依据案情、病历等资料，审查呼吸困难的病因、病理基础和临床表现是否相符合。

10.10.2.2 是否排除短暂的创伤后应激性呼吸浅快或情绪性呼吸波动以及癔症性呼吸困难。

10.10.2.3 呼吸频率、血气分析、肺功能检查及医学影像学检查的病变程度是否与呼吸困难程度一致。

10.10.2.4 呼吸困难分级是否明确。

10.10.3 挤压综合征

10.10.3.1 审查案情、病历等资料，判断损伤的部位、性质及严重程度等是否明确。

10.10.3.2 是否符合人体肌肉丰富的四肢与躯干部位因长时间受压（如暴力挤压）或者其他原因造成局部循环障碍，引起肌肉缺血性坏死，出现肢体明显肿胀、肌红蛋白尿及高血钾等为特征的急性肾功能衰竭表现。

10.10.3.3 损伤作用持续时间、范围、严重程度是否符合认定挤压综合征的技术规范，是否排除其他疾病引起的急性肾功能衰竭。

10.10.3.4 肌红蛋白尿试验，肌酸磷酸激酶（CPK）、血气分析异常等实验辅助检查结果是否符合挤压综合征分级标准。

10.10.4 脂肪栓塞综合征

10.10.4.1 外伤史、潜伏期、临床表现和辅助检查结果是否和临床诊断相符合。

10.10.4.2 完全型与不完全型分类是否明确。

10.10.4.3 是否存在永久性神经损害。

10.10.5 急性呼吸窘迫综合征

10.10.5.1 外伤史、临床表现、血气分析和胸部 X 线检查结果是否相符合。

10.10.5.2 急性呼吸窘迫综合征五项诊断标准是否明确。

10.10.5.3 是否区别于中枢抑制、胸壁损伤、气胸以及慢性肺部疾患所致的呼吸困难。

10.10.5.4 急性呼吸窘迫综合征的分度是否准确。

10.10.6 电击伤

10.10.6.1 结合视听资料、电子数据、医学资料及其他证明材料，判断损伤是否符合电击所致。

10.10.6.2 对电击源进行审查，了解电击源的性质、特征。

10.10.6.3 体表损伤是否与电击源类型相吻合。陈述的症状和医学资料记载是否符合相应电击作用所致的表现。

10.10.6.4 并发症是否由电击直接或间接作用导致。

10.10.6.5 电警棍造成的体表损伤，应了解涉案或同类型电警棍的类型、电压、电极间距等参数，记录体表损伤特点、测算体表损伤面积，并参照烧烫伤相关标准进行评定。

11 专科检查的审查

11.1 医学影像学检查

11.1.1 在 X 线、CT、MRI 等检查结果中，影像学资料中记载的受检者姓名、年龄、性别、检查号码、科别、检查时间等标识信息与案情资料、临床病历资料是否一致。

11.1.2 影像学资料与体格检查以及其他辅助检查结果是否相符合。

11.1.3 影像学资料是否充分，检查结果是否明确。

11.1.4 利用影像学数据进行测量和计算的方法是否明确，结果是否准确。

11.1.5 检查结果是否存在图像质量、误差、伪影等影响因素。

11.1.6 需要进行影像学同一认定、前后影像学改变对比以及有必要采取其他检查方法时，是否进行必要的复查、复检。

11.1.7 必要时，调取影像学原始数据进行复阅。

11.2 关节功能检查

11.2.1 关节损伤的病理基础是否明确。

11.2.2 关节活动度的运动方向选取是否适当。

11.2.3 关节活动度检测方法是否准确。

11.2.4 主动运动活动度、被动运动活动度的测量是否符合规范。

11.2.5 "查表法"评定关节功能是否适当。

11.2.6 关节活动度丧失程度是否准确。

11.2.7 有无可能存在夸大或伪装的情形。

11.3 听觉、视觉功能检查

11.3.1 听觉功能检查

11.3.1.1 检查时机是否恰当，听力障碍伤情是否稳定。

11.3.1.2 纯音听阈测试、声导抗、听性脑干反应、耳声发射或耳蜗电图测试等方法使用是否恰当，结果是否客观、准确。

11.3.1.3 听力检查结果误差是否明晰。

11.3.1.4 听阈级的计算是否准确。

11.3.1.5 多种测试项目以及多种分析指标之间是否可以相互印证。

11.3.1.6 听力障碍与原发性损伤、检查阳性结果以及临床表现能否印证。

11.3.1.7 是否考虑外伤后感染、药物、耳科疾病等因素。

11.3.2 视觉功能检查

11.3.2.1 外眼、眼前段、眼后段检查是否明确。

11.3.2.2 裸眼视力、屈光状态、矫正视力等行为视力检查是否客观、全面。

11.3.2.3 视野检查以及视野缺损程度的计算和评价方法是否客观、科学。

11.3.2.4 伪盲测试是否科学，是否排除伪盲。

11.3.2.5 是否进行必要的视觉电生理检查。

11.3.2.6 多种测试项目以及分析指标之间是否可以相互印证。

11.3.2.7 盲及视力损害分级以及视野缺损程度分级是否明确。

11.4 周围神经损伤肌电图检查

11.4.1 肌电图检测时机是否恰当。

11.4.2 肌电图检查内容是否齐全。

11.4.3 肌电图检查中各项指标与损伤部位、临床表现是否吻合。

11.4.4 是否进行必要的复查。

11.4.5 肌电图检查结果与临床表现以及其他客观检查是否能够印证。

11.4.6 多种测试项目以及分析指标之间是否可以相互印证。

《工作规定》《审查指引》的理解与适用

周惠永　刘　辰　李迟晚[*]

为推动实现新时代检察机关高质效办好每一个案件的基本价值追求，强化伤害类案件技术性证据审查实质化，进一步提升伤害类案件审查办理的专业化、规范化水平，最高人民检察院制定了《人民检察院办理伤害类案件技术性证据实质审查工作规定》（以下简称《工作规定》）和《伤害类案件人体损伤程度鉴定意见专门审查指引》（以下简称《审查指引》），并于 2024 年 10 月印发（高检发办字〔2024〕239 号）。为便于司法实践中准确理解与适用，现就《工作规定》和《审查指引》的制定背景、经过和主要内容介绍如下。

一、关于制定背景和经过

（一）制定背景

2022 年 12 月，最高人民检察院、公安部联合制定了《关于依法妥善办理轻伤害案件的指导意见》，其中第 6 条明确规定对鉴定意见要进行实质性审查，这成为制定《工作规定》和《审查指引》的起因。随着研究的不断深入，司法实践中，包括轻伤害案件在内的伤害类案件存在的一些共性问题和审查难点值得关注。一是伤害类案件常见多发，社会影响广泛。2023 年全国检察机关办理的审查起诉案件中涉故意伤害罪 9 万

---

　　* 周惠永，最高人民检察院普通犯罪检察厅副厅长、二级高级检察官；刘辰，最高人民检察院普通犯罪检察厅主办检察官；李迟晚，最高人民检察院普通犯罪检察厅干部。

余人，数量在刑事罪名中居第六位。此外，过失致人重伤等侵犯公民人身权利犯罪，寻衅滋事、聚众斗殴等妨害社会管理秩序犯罪，交通肇事等危害公共安全犯罪中均可能涉及人身伤害，加上这些案件，则伤害类案件数量更多。这些案件是典型的发生在群众身边的案件，关乎老百姓人身安全和社会安宁。二是伤害类案件往往遇有技术专业问题，审查上存在难点。如鉴定意见等技术性证据，作为影响案件定罪量刑的重要证据，同时具有高度专业性，认定和处理不当容易埋下问题隐患、激化矛盾甚至出现冤错案件。从 2024 年 1 至 10 月全国检察机关刑事申诉案件看，二成左右涉及故意伤害案件，技术性证据的审查不当将影响案件办理质效与社会和谐稳定。三是伤害类案件中技术性证据审查工作有进一步予以规范的必要。对伤害类案件证据的审查，各地检察机关总体上能够细致审查、准确把握，但仍然存在有的案件对技术性证据审查能力不足、实质性不够等问题，表现为过于依赖技术性证据结论，或对多份矛盾的鉴定意见存在审查判断困难等。

（二）制定经过

为深化落实《关于依法妥善办理轻伤害案件的指导意见》，聚焦这一与百姓关系最为密切的特定领域，办好老百姓身边案，进一步解决伤害类案件中的专业技术难题，通过提升办案质效努力让人民群众在每一个司法案件中感受到公平正义，2023 年 4 月起，最高检普通犯罪检察厅会同检察技术信息研究中心组建专班，经广泛调研，持续深入研究论证，2023 年 7 月，最高检形成《工作规定》的第一次征求意见稿，向全国检察机关和最高人民检察院相关部门征求意见。根据反馈意见，为增强《工作规定》的针对性、专业性和操作性，经充分吸纳相关意见后，对适用范围、审查对象等内容进行了较大调整，包括将适用范围由轻伤害案件调整为所有伤害类案件，以满足司法实践的广泛需求；将审查对象从单一的鉴定意见调整为鉴定意见、勘验笔录、检查笔录、视听资料、电子数据等多种技术性证据。2024 年 5 月，最高检启动了第二轮征求意见，除在检察系统内部再次征求意见外，还征求了最高法、公安部、司法部等相关政法单位意见，此外，还当面听取、书面征求了多位知名法学、法医学专家学者的意见，力求规定切合实际、科学管用。经对 100 余条反馈意见逐条研究讨论，后修改完善，形成了《工作规定》和《审查指引》。

二、《工作规定》的主要内容

《工作规定》对于人民检察院在办理伤害类案件过程中对技术性证据开展实质审查作出规定，是刑事检察部门首次会同检察技术部门对技术性证据审查制定的规范性文件。共 27 条，包括制定目的、相关概念范围、审查原则和一般要求，不同类型的技术性证据实质审查的要求与重点，审查后针对不同情形的处理方式，检察官和检察技术人员之间协作配合机制等。主要可归纳为如下四个部分。

（一）基本问题

《工作规定》立足科学性、普适性、实效性，合理界定伤害类案件的范围，明确技术性证据实质审查的基本内涵、总体原则和一般要求等，重点包括两大方面：

1. 伤害类案件范围。《工作规定》第 2 条明确："本规定所指伤害类案件，是指行为涉及损害他人身体健康，破坏他人身体机能的刑事案件。"该条既是基础性条文也是重点条文之一，规定了《工作规定》适用的案件范围。该规定所称的伤害类案件指的是犯罪行为而非具体罪名。从罪名上看，并不局限于典型的如故意伤害罪、过失致人重伤罪等，也涵盖交通肇事罪、寻衅滋事罪等可能涉及人身伤害的罪名；就伤害程度而言，不仅包括轻伤害，也包括重伤害在内。鉴于涉及刑法不同章节诸多罪名，难以穷举，因此本条予以概念性规定。

2. 技术性证据实质审查的基本内涵。《工作规定》第 3 条明确："本规定中技术性证据实质审查，是指人民检察院在案件办理过程中，对案件中的鉴定意见、勘验笔录、检查笔录、视听资料、电子数据等技术性证据及其所依据的基础性材料，运用专业技术知识、逻辑和经验，对其合法性、客观性、关联性和科学性进行全面审查的活动。"第 5 条进一步明确了检察官和检察技术人员在各自职责范围内的审查重点。上述条款实际上明确了几个方面：

一是关于审查主体。人民检察院对技术性证据实质审查要充分发挥检察官和检察技术人员的协同配合作用。检察官对案件证据要进行全面和实质的审查，特别是对专业性较强的技术性证据也应进行实质化审查，审查判断技术性证据是否客观、真实反映案件事实，发现和排除技术性证据与其他证据之间、技术性证据与案件事实之间以及技术性证据之间的矛盾。检察官在对技术性证据审查中面对凭借自身法学知识难以作出实质性判断的情况时，要注重发挥、借助检察技术人员的专业优势，委托检察技术人员协助进行证据的专门审查。检察技术人员基于检察官的委托，凭借运用自身专业技术知识对技术性证据开展专门审查。两种不同主体所进行的审查均属于技术性证据实质性审查的应有之义，二者在各自职责范围内审查侧重点有所不同，通过检察官全面审查与检察技术人员专门审查互相配合的检察一体化履职破解专业技术难题，确保技术性证据材料经得起检验，进而保障案件的高质效办理。

二是关于审查对象。从司法实践看，对鉴定意见的审查是伤害类案件最核心内容之一，但同时，勘验笔录、检查笔录、视听资料、电子数据等技术性证据在还原犯罪过程、确定人员作用等方面，也往往具有其他证据无法比拟的特性，且随着实践发展其重要性愈加增大。因此，《工作规定》并未将审查对象局限于鉴定意见，而是立足于检察办案实际需要，将几类技术性证据均涵盖在内，并在刑事诉讼法明确的八种证据范围内进行规定。

三是关于审查内容。对伤害类案件技术性证据的实质审查，除需对技术性证据本身进行审查外，还应加强对其所依赖的基础性材料进行审查。比如出具鉴定意见所依据的病历资料、影像学资料、手术记录等，对于伤害类案件中常见的检验报告、专家报告等，属于鉴定意见所依据的基础性材料的，亦应包含在实质审查范围内。同时，对技术性证据的审查还要做到实体性审查和程序性审查相结合，保证案件中技术性证据的合法性、客观性、关联性和科学性。

需要说明的是，《工作规定》虽主要聚焦于检察官与检察技术人员间的审查协作工作，但根据《人民检察院刑事诉讼规则》第 334 条第 2 款"人民检察院对鉴定意见等技术性证据材料需要进行专门审查的，按照有关规定交检察技术人员或者其他有专门知识的人进行审查并出具审查意见"，同时考虑到检察技术人员的专业范围和技术力量无法涵盖全部技术性证据专门审查的客观实际需要，也可以委托检察技术人员以外的其他有专门知识的人进行。对于专门审查交由其他有专门知识的人进行的，除第 5 条作出规定外，另专门在第 26 条作出规定，可参照本规定及其他相关规定进行。

（二）不同类型技术性证据实质审查的要求与重点

对于鉴定意见、勘验笔录、检查笔录、视听资料、电子数据等证据的审查，最高人民法院有关司法解释，公安部、司法部等有关规定从证据类型角度已有不同程度涉及，在统筹参考并注重与相关法律规定协调统一的基础上，《工作规定》侧重于从伤害类案件办理的角度，结合司法实践中常见问题有针对性地作出规定，提示不同技术性证据类型实质审查的要求与审查重点。

1. 鉴定意见实质审查的要求与重点。伤害类案件中，鉴定意见不仅是影响罪与非罪、此罪与彼罪、罪轻与罪重的关键证据，也是申诉案件中提出异议较多的证据，尤其是多份鉴定意见并存的案件，鉴定意见的审查和认定更是常常成为争议焦点。为坚持问题导向，着力解决鉴定意见面临的突出问题，《工作规定》用 4 个条款作出专门规定。《工作规定》对勘验和检查笔录、视听资料、电子数据等技术性证据审查的专门规定分别只有 1 条，但对鉴定意见审查聚焦争议，专门用 4 条从专业角度多方面予以提示，突显了鉴定意见在伤害类案件中的基础与核心作用。

一是《工作规定》第 6 条主要结合伤害类案件中鉴定意见的共性问题，除有针对性地围绕鉴定资质、鉴定程序、鉴定时机、鉴定标准、鉴定方法和过程、鉴定依据、论证分析等方面作出审查提示外，同时提示应注重结合伤害类案件的特点，审查评定损伤程度、残疾等级依据的病历资料、检材是否完整、可靠，被害人后续治疗及恢复情况的相关材料是否收集移送，鉴定机构在伤情认定、标准适用方面是否符合专业规范要求，不同鉴定意见产生矛盾的原因等。

二是第 7 条明确了成伤机制的审查要求及审查重点。伤害类案件中，准确研判后果是否确由本次损伤造成至关重要，是避免冤错案件的前提和基础。为此，《工作规定》第 7 条对伤害类案件鉴定意见涉及成伤机制或致伤方式的，规定了"应当依据损伤的类型、部位、大小、程度、形态、分布等特征，结合案情和现场勘验、视听资料等情况，综合损伤形成过程及致伤物特征进行分析判断"，明确应"着重审查损伤的性质、外力作用的方式、伤情新旧程度、损伤发生的生物力学或者病理生理学机制，排除诈伤（病）、造作伤、陈旧伤与攻击伤等"。被鉴定人受某种目的驱使，如骗取赔偿、保险等，而故意伪装或夸大身体损伤的诈伤；故意损害自己身体形成的造作伤；以及损伤已经过一段时间，处于愈合后期或已经留下后遗症阶段的陈旧伤等，均是影响本次伤情评定的重要干扰因素，要求检察官要结合成伤机制特点，如结合骨折部位与受力部位区分直接外力或是间接外力，结合损伤部位、形态、分布、试切创等特征予以鉴别，排除诈伤、造作伤、陈旧伤与攻击伤等。

三是第 8 条规定了伤病关系的审查要求及审查重点。伤害类案件中，由于人体损伤的形态包罗万象，个体条件及其对损伤的耐受性千差万别。对于伤病共存的，损伤或者疾病是否符合医学转归规律，既往损伤或疾病与本次损伤之间的关系，是否存在医疗介入因素等是综合判断有关鉴定意见是否客观、准确面临的审查难点。因此，《工作规定》第8条规定了针对伤病关系的审查重点，特别是对于损伤与既往伤、病并存，损伤独自存在不能造成现有后果的，指引应着重审查是否对损伤程度降级评定或者不作评定。

四是第9条明确了损伤形成时间的审查要求及审查重点。伤害类案件中，损伤形成时间对案件定性具有重要意义。从法律责任角度看，如果主要是旧伤导致了严重后果，那么犯罪嫌疑人承担的责任程度和完全由新的伤害行为导致严重后果的情况是不同的。在故意伤害案件调查过程中，通常需要专业的法医进行鉴定。因此，《工作规定》第9条规定伤害类案件鉴定意见涉及损伤形成时间的，应当依据损伤的形态特征，区分新鲜伤与陈旧伤，重点关注损伤的愈合过程及其动态变化，结合骨痂形成时间、创口愈合周期变化等，排除与案件无关的陈旧性损伤或者自身病理改变。

2. 勘验、检查笔录实质审查的要求与重点。伤害类案件中，勘验、检查笔录是记录犯罪现场物体、痕迹及周围环境的重要载体，是还原犯罪过程、反映案发状况、体现取证过程等的重要证据。但实践中，未在第一现场勘验、记载不实有遗漏、未依法定程序勘验等问题依然存在，因此，《工作规定》第10条明确对勘验、检查笔录的审查，要关注证据收集、制作程序是否合法，通过审查勘验、检查笔录，根据作案工具、打斗痕迹、现场血迹分布等还原案发现场状况，判断犯罪嫌疑人案发时是否在现场、造成他人人身伤害的过程等。

3. 视听资料实质审查的要求与重点。视听资料作为独立的证据种类，在再现犯罪过程方面具有其他证据无法比拟的优势，但视听资料又存在易被伪造、篡改的不足，视听资料的证据能力该如何审查判断、视听资料的采信规则该如何把握等问题，都是实质性审查的重要内容。因此，《工作规定》第11条明确了视听资料的审查重点，聚焦反映案件现场的录音、录像资料，提示要关注其来源、提取、封存、是否经过技术处理或者剪辑等方面，并对实践中经常存在的视听资料显示时间与实际时间存在误差，反映的案发过程不完整等问题做出审查提示。

4.电子数据实质审查的要求与重点。近年来电子数据作为证据在刑事案件办理中的重要性愈发凸显。2016年"两高一部"出台了《关于办理刑事案件收集提取和审查判断电子数据若干问题的规定》，对于电子数据的取证和证据审查作出了详细规定，是目前实践中关于电子数据审查最重要的规范性文件之一。《工作规定》第12条参考相关内容，结合伤害类案件特点，重点提示了确保电子数据完整性、真实性、合法性的方面，并提示要注重审查实践中出现频率高、使用范围广的微信记录、手机短信记录、网上聊天记录、手机转账记录，从而准确判断造成伤害后果的主观心态，是否共同犯罪，有无预谋、纠集、分工、实施等。

（三）审查后针对不同情形的处理方式

检察官对技术性证据审查后，则面临如何处理相关疑点难点问题。对此，《工作规定》明确了"一般应当委托进行技术性证据专门审查"和"可以委托进行技术性证据专门审查"的情形，也明确了"应当补充鉴定"和"应当重新鉴定"的情形。通过规定既避免检察官过度依赖鉴定结论，又区分情形给予可操作的工作指引，实现规范衔接。

1.一般应当委托进行技术性证据专门审查的情形。《工作规定》第15条明确了三种情形，即：同一专门性问题有两份以上鉴定意见且相互矛盾无法排除的；起关键性作用的技术性证据与其他证据之间存在明显矛盾且无法排除的；当事人及其诉讼代理人、法定代理人、辩护人等对技术性证据提出异议，足以影响证据采纳的。一是该条作为刚性要求有其相应的适用前提，即检察官在凭借自身专业知识、逻辑经验对技术性证据进行审查后，仍难以作出实质性判断。也就是说检察官若能够通过自身审查依法排除证据矛盾，自然不必然委托检察技术人员进行专门审查。因此要准确把握达到"无法排除"或"足以影响"等判断性条件后，则应当委托进行技术性证据专门审查。二是内容上，该条在吸收"两高"《关于依法妥善办理轻伤害案件的指导意见》第6条、《人民检察院技术性证据专门审查工作规定》第8条基础上进行了完善。比如，鉴定意见数量规定为"两份以上"出现矛盾无法排除即应当委托，且增加了"无法排除""足以影响"等必要限定。

2. 可以委托进行技术性证据专门审查的情形。为确保技术性证据实质审查工作充分、有序开展，除规定"一般应当委托"专门审查的情形外，《工作规定》第16条结合实践列举了"可以委托"专门审查的五种情形，即：对技术性证据中伤害行为与伤害结果之间因果关系、原因力大小等有疑问的；对技术性证据材料涉及的鉴定时机、致伤物推断、成伤机制、伤病关系等专业技术问题有疑问的；技术性证据材料决定罪与非罪、罪轻与罪重等关键性问题，对定罪量刑有重大影响的；对技术性证据与在案其他证据材料间存在的矛盾有疑问的；以及其他需要委托专门审查的情形。意味着对于不属于矛盾无法排除、足以影响证据采信等情形，虽未达到应当委托程度，但对技术性证据的专业问题存在疑问，或者技术性证据本身对案件定罪量刑的作用至关重要，则由检察官根据实际需要，自行把握委托专门审查的必要性。

3. 应当补充鉴定的情形。公安部《公安机关鉴定规则》第42条规定了五种应当补充鉴定的情形，即：鉴定内容有明显遗漏的；发现新的有鉴定意义的证物的；对鉴定证物有新的鉴定要求的；鉴定意见不完整，委托事项无法确定的；其他需要补充鉴定的情形。经研究，在总体沿用保持相关规定间协调统一的前提下，进行了两处优化调整，具体为将其中的第一项调整为"原委托鉴定事项有明显遗漏的"，将第三项调整为"对原鉴定证物有新的鉴定要求的"，便于精准把握。

4. 应当重新鉴定的情形。《人民检察院鉴定规则（试行）》第 17 条规定了应当重新鉴定的七种情形，在参考该规定并结合有关意见的基础上，经研究，形成了《工作规定》第 18 条的六种情形。具体适用时应注意以下问题：一是第一、二项，"鉴定机构或者鉴定人不具备鉴定资质的""鉴定人应当回避而未回避的"，鉴定机构、人员具备鉴定资质和条件是鉴定有效的基本前提。二是第三项，"送检材料不真实或者不具备鉴定条件的"，此前仅规定为送检材料不真实，鉴于送检材料取得可能真实但后续因检材受到污染等原因丧失鉴定条件的情形并不鲜见，如凶器或衣物等因保管不善致其沾染的血迹受到污染等，导致原鉴定结论不可靠，此种情形下具有重新鉴定的必要。三是《工作规定》未规定"鉴定意见与案件中其他证据相矛盾的"这一重新鉴定的情形。原因在于，当鉴定意见与其他证据相矛盾时，并不必然是鉴定意见存在问题，也可能是其他证据存在问题，如证言不真实、视频清晰度不高等，因此，未列为"应当重新鉴定"的情形。《工作规定》第 15 条中已经将"起关键性作用的技术性证据与其他证据之间存在明显矛盾且无法排除的"列为一般应当委托进行技术性证据专门审查的情形之一，如果通过专门审查解决了证据间的矛盾，则无重新鉴定的必要，如仍未能解决，则可再予重新鉴定。这样规定也与公安部《公安机关鉴定规则》第 43 条以及司法部《司法鉴定程序通则》第 31 条对于重新鉴定的情形保持一致。

（四）检察官和检察技术人员协作配合机制

《工作规定》明确检察官和检察技术人员各自职责范围内的审查重点、协作程序、工作要求、配合机制等。其核心在于检察官要紧紧围绕"高质效办好每一个案件"新时代检察履职基本价值追求，强化对伤害类案件技术性证据实质审查，同时注重跳出"单打独斗"的惯性模式，通过检察技术人员专业优势的协助，着力推动案件专门性问题的高质效解决。检察技术人员要从办案需要出发，找准专业技术人员的出发点和落脚点，针对技术性证据的矛盾点和争议焦点发力，坚持问题导向，以专门审查促进实质审查，通过检察一体化履职全面提升法律监督效能。

1. 检察官邀请检察技术人员参与实质性审查的阶段与方式。根据《工作规定》第14条，伤害类案件审查办理中，检察官可以邀请检察技术人员协助解决专门性问题或者就专门性问题发表意见，邀请检察技术人员参与实质审查的阶段可以覆盖办案全过程，既可以是提前介入、审查逮捕、审查起诉、一审、二审、审判监督等不同诉讼阶段，也可以在讯问犯罪嫌疑人，询问被害人、鉴定人、证人，调取与技术性证据相关的基础性材料，补充收集其他有关证据过程等不同诉讼活动中。参与方式上可以根据办案实际实现多样化，包括咨询、列席检察官联席会、参与案件会商研究等。

2. 检察官委托检察技术人员开展专门审查的程序。《工作规定》第19条明确，检察官委托开展技术性证据专门审查的，应当按照规定履行委托手续，移送相关证据材料。本院无相应专业检察技术人员的，可以按规定委托上级检察技术职能部门办理。研究中，有地方关注向上级委托是否需要层报以及是否可以跨区域委托。考虑到实践中出现跨级向上委托较为常见，为方便检察技术人员审查工作开展，此处委托上级检察技术职能部门，并未限定为上一级，不要求必须逐级向上委托。此外，也并未禁止跨区域委托，基于检察一体化办案需要，一些地区确实不具备相应专业力量的，可以根据实际灵活掌握。上述规定也与《人民检察院技术性证据专门审查工作规定》保持了一致。

3. 检察技术人员的审查时限、审查标准及司法责任。对此，《工作规定》第20条分3款分别予以明确，时限上坚持一般与特殊相统一，既规定一般应在受理之日起5个工作日内完成并出具相关文书，以及时辅助案件办理，也规定了对于疑难复杂、需要补充材料等特殊情形，可以根据需要延长审查时间。审查标准则主要指与《工作规定》同步下发的《审查指引》，该指引主要针对鉴定意见，检察技术职能部门已将其纳入检察系统司法鉴定技术规范，下步还将适时研究其他类型技术性证据的专门审查指引。司法责任上则明确检察技术人员对技术性证据专门审查意见承担相应司法责任。

4. 技术性证据专门审查意见的效力。关于技术性证据专门审查意见的效力问题，研究中有意见认为，技术性证据专门审查意见并非刑事诉讼法的八类证据之一，不能作为证据使用，也不能提交法庭，只能作为检察官增强内心确信的参考。另一种意见认为，一是司法中应当作为证据使用但暂时无法明确归类的情况现实存在，不能据此否认其作为证据的效力，就技术性证据专门审查意见而言，实践中不乏将其作为定案证据并在法律文书载明的案件；二是根据最高人民法院《关于适用〈中华人民共和国刑事诉讼法〉的解释》第100条第1款：因无鉴定机构，或者根据法律、司法解释的规定，指派、聘请有专门知识的人就案件的专门性问题出具的报告，可以作为证据使用；第101条：有关部门对事故进行调查形成的报告，在刑事诉讼中可以作为证据使用；报告中涉及专门性问题的意见，经法庭查证属实，且调查程序符合法律、有关规定的，可以作为定案的根据。那么，将技术性证据专门审查意见作为检察官定案依据并提交法庭，并未超出司法解释有关规定的范畴。经研究，我们赞同后一种意见，故《工作规定》第22条明确，技术性证据专门审查意见可以作为检察官判断运用证据或者作出相关决定的依据，必要时可以提交法庭。

5. 检察官与检察技术人员其他协作配合。一是解释与协助完善证据体系。《工作规定》第21条明确检察技术人员应及时向检察官解释审查中发现的问题，必要时协助检察官进一步完善证据体系。旨在全面厘清涉案专业性问题、完善证据体系，促进案件高质效办理。二是协助庭审准备。对于人民法院决定开庭审理的案件，《工作规定》第23条明确，检察官根据需要可以邀请检察技术人员协助做好庭审中可能涉及的专门性问题的准备工作，实际上检察技术人员主要聚焦专门性问题，定位上不同于检察辅助人员。三是必要时出庭。《工作规定》第 24 条明确，检察官可以向法庭申请检察技术人员出庭，就相关专门性问题发表意见。此外，当事人或者辩护人、诉讼代理人对技术性证据专门审查意见有异议，人民法院认为检察技术人员有必要出庭的，检察技术人员应当出庭就审查意见进行解释说明。检察技术人员出庭身份为有专门知识的人。四是组织召开技术专家论证会、参与释法说理及协助向有关部门制发检察建议。组织召开专家论证会是技术性证据实质审查中解决疑难复杂专门性问题的一种重要方式，检察官和检察技术人员均可根据案件需要组织召开。在刑事和解、公开听证、公开宣告、当面答复等活动中，检察官可以根据案件需要，邀请检察技术人员参加并就专门性问题进行解释说明，提升释法说理、矛盾化解等方面的工作合力。检察官可以在检察技术人员的协助下制发检察建议，此类检察建议主要应为技术性证据审查中发现的涉及专业技术层面的普遍性问题，对此《工作规定》第 25 条作出规定，实现检察业务与检察技术的融合发展。

三、《审查指引》的主要内容

《审查指引》与《工作规定》并行发布实施，是贯彻落实最高检党组新理念新要求的重要举措，是深化新时代检察技术工作理论研究与实践探索的有效途径。最高检检察技术信息研究中心已将其纳入检察系统司法鉴定技术规范，对于指导各级人民检察院技术部门有效开展伤害类案件中人体损伤程度鉴定意见专门审查具有重要意义，同时也为检察官进行技术性证据全面审查提供有益参考。

《审查指引》分为 11 个部分，以案件办理中人体损伤程度鉴定常见问题为导向，主要规定了人体损伤程度鉴定意见的程序性审查和实体性审查、两份以上不同鉴定意见的专门审查、颅面四肢等九大部位常见人体损伤程度鉴定意见的专门审查，以及医学影像学检查等专科检查的专门审查内容，列举了 300 余条细则条款对鉴定意见专门审查工作的重要内容予以提示说明。11 个部分概括说明如下：

1. 范围。本部分明确了指引的适用范围。一是适用于伤害类案件中关于人体损伤程度鉴定意见的专门审查工作。二是伤害类案件范围与《工作规定》一致。三是其他类案件涉及人体损伤程度鉴定意见专门审查的，可参照本指引执行。

2. 规范性引用文件。本部分列明了指引主要参考引用的现行有效的规范性文件。

3. 术语定义。本部分明确了一些重要专业术语的定义。术语定义与《人体损伤程度鉴定标准》《工作规定》和法医教科书等内容保持一致。

4. 专门审查原则。本部分明确了人体损伤程度鉴定意见专门审查原则。本部分与《最高人民检察院法医临床鉴定专门审查指引》相关内容保持一致。

5. 专门审查依据。本部分明确了人体损伤程度鉴定意见专门审查依据。本部分与《最高人民检察院法医临床鉴定专门审查指引》相关内容保持一致。

6. 专门审查过程及方法。本部分明确了人体损伤程度鉴定意见专门审查过程及方法。本部分至第十一部分是主体部分，对专门审查工作内容和审查中需重点关注内容予以提示。本部分对检察技术人员在专门审查过程中，进行程序性审查和实体性审查分别作出简要说明，对审查相关方法流程进行提示。

7. 程序性审查。本部分明确了对人体损伤程度鉴定意见的程序性审查内容。参照《最高人民检察院法医临床鉴定专门审查指引》相关内容，并对"鉴定机构和鉴定人是否具有相应资质"作出提示。

8. 实体性审查。本部分明确了对人体损伤程度鉴定意见的实体性审查内容。既对实体性审查在鉴定材料、标准方法、检验鉴定过程、分析论证、鉴定意见的客观科学性等方面做了细目提示，也对需要特别关注的伤病关系、医疗因素、致伤物推断、成伤机制分析、诈伤（病）、造作伤、新鲜伤与陈旧伤区分等内容加以提示，便于指导检察技术人员在实体性审查中把握重点。

9.两份以上不同鉴定意见的专门审查。本部分明确了两份以上不同鉴定意见的专门审查内容。本部分主要针对司法实践中常见的伤害类案件中出现两份以上人体损伤程度鉴定意见且相互矛盾的情况，对该情况下鉴定意见的审查内容作出提示，同时提示审查后"必要时，提出补充鉴定、重新鉴定或其他建议"。

10.常见人体损伤程度鉴定意见的专门审查。本部分明确了常见人体损伤程度鉴定意见的专门审查内容。本部分参照《人体损伤程度鉴定标准》，结合鉴定条款，对各部位人体损伤、各种类型常见人体损伤的（重点）审查内容予以详细说明，通过细则条款的提示，可以提示检察技术人员在审查过程中对相关损伤有更全面、准确的把握。

11.专科检查的专门审查。本条明确了专科检查的专门审查内容。在人体损伤程度鉴定中大多涉及专科检查，本部分对医学影像学检查、关节功能检查、听觉、视觉功能检查、周围神经损伤肌电图检查等专科检查的专门审查内容作出提示。

第二章

典型案例

坚持全面调查取证、全面审查案件

焦某、李某故意伤害案 *

【基本案情】

被不起诉人焦某，男，1959年出生，无业。

被不起诉人李某，男，1956年出生，无业。

焦某酒后驾驶两轮电动车违反交通信号灯指示通过北京市朝阳区一十字路口时，与李某驾驶的正常行驶的小轿车发生碰撞。事故发生后，焦某不道歉且欲离开，双方发生口角，焦某先推了李某一把，李某打了焦某胸部一拳，二人撕扯、纠打在一起。其间，焦某打了李某鼻部一拳，李某打了焦某面部一拳。后经他人劝阻停止打斗。李某报警。经交通事故责任认定，焦某负全部责任。

李某当日就医，诊断为鼻骨骨折、鼻中隔骨折，经鉴定为轻伤二级。焦某事发后第三日就医，三个月后诊断出左耳感音神经性耳聋，后鉴定为轻伤二级。

公安机关对焦某、李某故意伤害案分别刑事立案，并对二人取保候审。2019年12月4日，公安机关将焦某、李某故意伤害案移送北京市朝阳区人民检察院审查起诉。

---

* 最高人民检察院2023年1月13日印发的典型案例。

【检察机关履职过程】

（一）开展自行侦查，准确认定案件事实。焦某、李某均不承认打过对方面部，并对对方伤情提出疑问。为查明案情，检察机关自行侦查，对案发现场的监控录像进行技术处理，查清焦某用拳头打了李某面部正中位置，以及李某用拳头打了焦某面部右侧。对焦某提出的怀疑李某初次就医材料造假的问题，检察机关从李某处调取其全部就诊材料，对接诊的多位医生询问，证明李某面部受到外力击打，导致鼻骨骨折、鼻中隔骨折。对李某提出的案发后焦某没有第一时间就医，其左耳听力障碍与自己没有关系的问题，检察机关对接诊焦某的医生询问，查明焦某左耳感音神经性耳聋可能由于年龄大、自身疾病、击打等多种因素引发，成伤机制上无法确定是李某造成。

（二）适用认罪认罚从宽、刑事和解制度教育转化促成矛盾化解。对焦某拒不认罪的情况，检察机关开展教育转化，通过开示监控视频，打消焦某的侥幸心理；通过开示李某的就医材料和医护人员证言，消除焦某的疑问；通过释法说理，宣讲认罪认罚从宽制度，消减焦某的对抗情绪。最终，焦某自愿认罪认罚，签署《认罪认罚具结书》。对案发后一年多二人矛盾一直未化解且对抗情绪激烈的情况，检察机关了解到，焦某因患疾病、经济能力有限、担心无力承担高额赔偿等因素一直拒绝和解，而李某因不满焦某违章引发事故、先动手打人且不道歉也一直拒绝和解。对李某提出焦某酒后驾驶摩托车涉嫌危险驾驶罪而公安机关未立案追究的情况，检察机关查明焦某所驾驶车辆不属机动车。检察机关将调查过程、结果告知李某，消除李某的疑惑。在此基础上，检察机关通过向二人宣讲刑事和解规定、了解双方诉求，促成焦某向李某赔偿人民币3000元，双方相互谅解。

（三）根据事实、证据和法律规定区分情形，依法适用不起诉。检察机关考虑焦某犯罪情节轻微，认罪认罚，与被害人和解、赔偿损失取得谅解，于 2020 年 2 月 28 日依据刑事诉讼法第一百七十七条第二款作出不起诉。对李某，经二次退回补充侦查和自行补充侦查，在案证据仍无法认定李某的行为和焦某的伤情存在因果关系，于 2020 年 4 月 16 日依据刑事诉讼法第一百七十五条第四款作出不起诉。检察机关通过释法说理，二人均认可不起诉决定。

【典型意义】

（一）依法自行开展侦查工作。查清事实、厘清原委是认定案件事实、化解矛盾的根本。轻伤害案件要重点查清案件起因、致伤手段、致伤部位和致伤原因。自行侦查具有可行性的，检察机关可以依法自行开展侦查。

（二）办理因民间纠纷引发的轻伤害案件要注重矛盾化解。办理因民间纠纷引发的轻伤害案件要注重矛盾化解，依法充分适用认罪认罚从宽、刑事和解规定，把化解矛盾贯穿办案始终，明辨是非，使当事人、群众明事理、守规矩，发挥法律定分止争作用，体现司法公正。

（三）依法敢用、善用、准确适用不起诉。对因民间纠纷引起的轻伤害案件，犯罪嫌疑人真诚悔罪，向被害人赔偿损失、赔礼道歉并取得谅解，案件事实清楚，证据确实、充分，符合不起诉条件的，检察机关可以依法决定不起诉。

依法准确区分罪与非罪

敖某故意伤害案 *

【基本案情】

被不起诉人敖某，男，1985 年出生，农民。

被害人唐某，男，1969 年出生，农民。

敖某驾车到贵州省盘州市胜境街道大箐居委会黄坡口处，接叔叔敖某甲（村干部）去处理本村事务。当敖某甲坐到车上，敖某驾车准备离开时，唐某酒后来到车旁，趴在敖某车副驾驶车门上，要敖某甲安排车第二天给自己拉土，敖某甲答应安排，要他回去休息，但唐某依然趴在副驾驶车门上说拉土的事。于是，敖某下车将唐某拉到一旁，再次准备驾车离开。唐某又趴到副驾驶车门上说安排拉土的事，敖某下车将唐某拉开，二人拉扯时一起摔倒在地，起身后被围观群众拉开。

当日 23 时许，唐某到医院就诊，诊断为左侧 5、6 肋骨骨折。次日，唐某到医院进一步住院治疗。后经鉴定，唐某伤情为轻伤二级。2019 年 2 月 2 日，公安机关对敖某涉嫌故意伤害案刑事立案，后对敖某取保候审，7 月 2 日移送贵州省盘州市人民检察院审查起诉。

【检察机关履职过程】

（一）细致审查，梳理在案证据。敖某始终称自己没有殴打唐某，但

---

* 最高人民检察院 2023 年 1 月 13 日印发的典型案例。

考虑到双方有拉扯行为，且同村熟识，愿意给予对方 2 万元经济补偿。而唐某称是敖某用脚将自己肋骨踢骨折，要求严惩敖某，并要求赔偿 6 万元。检察机关梳理了在案证据：第一，唐某陈述，敖某从车上下来后朝其胸部踢了三四脚，后又朝其大腿打了几拳，打完后开车离开，当天自己没有喝酒；第二，多名证人证实敖某多次下车将唐某拉开，两个人发生拉扯，有证人证实二人一起摔倒在地，没有看到敖某打唐某，唐某当时歪歪斜斜，应该喝酒了；第三，敖某的供述与证人证言基本一致，其供称因自己要开车走，唐某趴在车上不让离开，自己将唐某拉开，没有打唐某，不知他如何摔倒。

（二）补充侦查，进一步完善证据。检察官到案发现场查看走访，并多次听取当事人意见，希望化解双方矛盾，但二人始终未能就赔偿数额达成一致。通过完善证据，补充的证人证实没有看到敖某殴打唐某。检察机关梳理出案件关键问题：第一，敖某的拉扯行为是否属于伤害行为；第二，敖某主观上有没有伤害故意；第三，敖某要否对唐某的轻伤后果承担责任。

（三）根据在案证据，准确认定事实适用法律。在案证据证实，唐某多次趴在车门，敖某仅是将其拉开，虽然唐某坚持称是敖某用脚踢了自己的胸部，并否认当天饮酒，但在场目击证人证实敖某没有打唐某的行为，并证实唐某当天走路歪歪斜斜，有饮酒的情况。检察机关认为，唐某陈述与客观事实不符，遂采信证人证言及敖某供述，认定敖某客观上除了拉扯行为外，没有打唐某，该拉扯行为不是刑法意义上的伤害行为，且二人同村，素无矛盾，主观上也没有伤害唐某的动机、故意。该拉扯行为导致二人摔倒，有唐某酒后自身站立不稳的因素，也有劝架群众拉架时人多手杂的因素。而且，唐某酒后失态、无理纠缠，敖某将其拉开的行为具有正当性。因此，不应将结果归责于敖某。后盘州市人民检察院依据刑事诉讼法第一百七十七条第一款的规定，于 2019 年 10 月 23 日对敖某作出不起诉决定。

检察机关作出不起诉决定后，唐某及其家人表示要申诉，反复强调是被敖某殴打所致。检察机关对唐某及家人耐心细致释法说理，从证据采信、事实认定和法律适用方面逐一解释。最终，唐某及家人认可检察机关的处理意见，未再申诉。

【典型意义】

（一）正确认定刑法意义上的伤害行为。故意伤害罪中的伤害行为往往表现为行为人积极、主动实施侵害行为，为追求伤害后果对被害人实施击打。如果行为人只是与被害人发生轻微推搡、拉扯，一般不宜认定为刑法意义上的故意伤害行为。

（二）正确认定刑法意义上的伤害故意。行为人主动攻击行为不明显，在出现被害人伤害后果时，不应简单将结果归咎于行为人，要看行为人是否有伤害故意，可以结合当事人双方的关系、案发起因、是否使用工具、受伤部位、具体场景等判断。

依法准确区分寻衅滋事罪与故意伤害罪

柴某某故意伤害案 *

【基本案情】

被告人柴某某，男，1992 年出生，货车司机。

被害人甘某鹏，男，2003 年出生，无业。

被害人甘某尚，男，2000 年出生，无业。

被害人郭某某，女，2004 年出生，无业，与甘某鹏系男女朋友关系。

2022 年 7 月 29 日 22 时 20 分许，柴某某和柴某博（未满十六周岁）在河南省内黄县某镇三号路某超市门口，因言语冲突与甘某鹏、郭某某、甘某尚发生打架，后柴某某打电话叫来李某、董某、宋某对甘某尚进行殴打。在打架过程中，柴某某用拳头击打甘某鹏面部，致其受伤。经鉴定，甘某鹏的损伤属轻伤二级，甘某尚和郭某某的损伤属轻微伤。

2022 年 8 月 3 日，内黄县公安局对柴某某寻衅滋事案立案侦查，于 2023 年 2 月 13 日提请批准逮捕。2 月 20 日，内黄县人民检察院以柴某某涉嫌故意伤害罪批准逮捕。4 月 10 日，内黄县公安局以柴某某涉嫌故意伤害罪移送审查起诉。经审理，内黄县人民检察院于 5 月 8 日向内黄县人民法院提起公诉。在审理过程中，柴某某的家属于 8 月 1 日与被害人一方达成民事赔偿协议，赔偿了三名被害人的经济损失，取得其谅解。内黄县人民检察院依法调整量刑建议。内黄县人民法院采纳，于 8 月 2

---

* 参阅案例。

日作出一审判决，判决柴某某犯故意伤害罪，判处其有期徒刑一年，缓刑一年。

【检察机关履职过程】

（一）全面审查，依法准确定性。公安机关以柴某某涉嫌寻衅滋事罪提请批准逮捕。检察官审查认为，本案定性为故意伤害罪更恰当。该案起因是柴某博见到甘某鹏摸郭某某的胸部，说了句嘲笑的话语，甘某鹏听后心生不满，下车骂柴某博、柴某某，引起双方对骂、打架，并非柴某某无事生非或者借故生非。鉴于本案打架参与人数较多，社会影响较恶劣，柴某某有吸毒恶习且经网上追逃半年之后才投案，拒不赔偿被害人损失，主观恶性较大，依法可能判处有期徒刑刑罚，有再犯可能，对其取保候审不足以防止发生社会危险性，检察机关依法作出批准逮捕决定。

（二）引导公安机关继续侦查，完善证据。本案批准逮捕后，检察官引导公安机关继续侦查，完善证据链条，调取现场监控视频、在场证人证言，对现场监控视频进行技术分析，详细查明案发经过，查明被害人致伤原因和经过，为案件进一步处理奠定坚实证据基础。

（三）以事实为基础释法说理，解决当事人疑惑。案件以故意伤害罪批准逮捕后，被害人对变更后的罪名提出异议。检察官认真听取其意见，安排其观看现场监控视频，对其耐心细致释法说理，从证据采信、事实认定到法律规定、罪名区别、实务认定等方面，向其逐一详细耐心解答。最终，被害人认可检察机关的处理意见，有效避免可能引发的信访问题。

（四）积极努力做好双方调解工作。在审查逮捕和审查起诉过程中，犯罪嫌疑人一方多次表达想与被害人进行调解的意愿，但因被害人一方要求赔偿高，双方始终没有达成一致。检察官听取被害人一方意见时，向其释法说理，一方面表达对其伤情的同情，另一方面也告知其索要赔偿要合法合理合情。在法院审理过程中，为双方调解提供必要的条件和支持，经过多方努力，被害人不再坚持最初的赔偿数额，最终在法院庭审后判决前，双方以 39000 元的价格达成和解协议，三名被害人对柴某某表示谅解。一审宣判后，双方均无意见。

【典型意义】

（一）注重对案件全面审查，准确定性。寻衅滋事罪与故意伤害罪是司法实践中的两个常见多发罪名，也是易引起争议的罪名，寻衅滋事罪具有随意性，表现为无事生非、借故生非、逞强耍横等。故意伤害罪的起因一般是存在矛盾纠纷，针对特定对象伤害其身体健康。检察机关在详细查明案件事实的基础上要准确认定案件性质和罪名，确保案件正确处理。

（二）注重从根源上化解案件背后的矛盾，实现犯罪治理。检察机关要充分听取当事人意见，耐心释法说理，引导犯罪嫌疑人认罪悔罪，积极赔偿被害人损失，注重从根源上化解案件背后的矛盾，促进双方和解、社会和谐，努力实现政治效果、法律效果与社会效果的有机统一。

依法准确区分正当防卫与互殴型故意伤害

余某正当防卫案[*]

【法律要旨】

准确界分相互斗殴与正当防卫的界限，关键看行为人在主观意图上是为了防卫合法利益还是故意不法侵害他人。根据最高人民法院、最高人民检察院、公安部《关于依法适用正当防卫制度的指导意见》的规定，判断行为人是否具有防卫意图，应当坚持主客观相统一原则，通过综合考量案发起因、对冲突升级是否有过错、是否使用或者准备使用凶器、是否采用明显不相当的暴力、是否纠集他人参与打斗等客观情节，准确判断行为人的主观意图和行为性质。因琐事发生争执，双方均不能保持克制而引发打斗，对于有过错的一方先动手且手段明显过激的，还击一方的行为一般应当认定为防卫行为。

在道路行车纠纷中，一方正常行驶，另一方违章驾驶，主动挑衅，引发打斗的，在判断行为人是互殴还是防卫时，要从谁引发矛盾，谁造成矛盾升级，以及行为手段和后果等方面进行综合分析评判。要结合社会公众的一般认知依法准确认定，司法结论应彰显公平公正、邪不压正的价值理念。

---

* 最高人民检察院 2020 年 11 月 27 日发布的正当防卫不捕不诉典型案例。

【基本案情】

2018 年 7 月 30 日 14 时许，申某某与朋友王某某、周某某等人饮酒吃饭后，由王某某驾驶申某某的越野车，欲前往某景区漂流。与申某某同向行驶的余某驾驶越野车，带其未成年儿子去往同一景区。在行驶过程中，王某某欲违规强行超车，余某正常行驶未予让行，结果王某某驾驶的车辆与路边防护栏发生轻微擦碰。申某某非常生气，认为自己车辆剐蹭受损是余某未让行所致，遂要求王某某停车，换由自己驾车。申某某在未取得驾驶证且饮酒（经鉴定，血液酒精含量 114.4mg/100ml）的情况下，追逐并试图逼停余某的车。余某未予理会，驾车绕开后继续前行。申某某再次驾车追逐，在景区门前将余某的车再次逼停。随后，申某某下车并从后备厢中拿出一根铁质棒球棍走向余某的车门，余某见状叮嘱其儿子千万不要下车，并拿一把折叠水果刀下车防身。申某某上前用左手掐住余某的脖子将其往后推，右手持棒球棍击打余某。余某在后退躲闪过程中持水果刀挥刺，将申某某左脸部划伤，并夺下申某某的棒球棍，将其扔到附近草地上，申某某捡取棒球棍继续向余某挥舞。围观群众将双方劝停后，申某某将余某推倒在地，并继续殴打余某，后被赶至现场的民警抓获。经鉴定，申某某左眼球破裂，面部单个瘢痕长 5.8cm，损伤程度为轻伤二级。余某为轻微伤。

【检察履职情况】

2018 年 11 月，湖北省京山市公安局以余某涉嫌故意伤害罪、申某某涉嫌危险驾驶罪分别立案侦查，同年 12 月分别移送京山市人民检察院审查起诉。京山市人民检察院并案审查后认为，余某的行为应当认定正当防卫，依法不负刑事责任，于 2019 年 1 月 18 日决定对余某不起诉。同时，申某某在道路上追逐拦截余某，把余某的车逼停后，手持铁质棒球棍对余某挑衅、斗狠、威胁及殴打，其行为符合刑法第二百九十三条

"随意殴打他人，情节恶劣"的规定，构成寻衅滋事罪。京山市人民检察院依法履行诉讼监督职能，决定追加起诉申某某的寻衅滋事犯罪。2019年3月4日，京山市人民法院以危险驾驶罪、寻衅滋事罪数罪并罚，判处申某某有期徒刑九个月。

【典型意义】

实践中，双方因琐事发生争吵、冲突、打架，导致人员伤亡，在故意伤害类刑事案件中较为常见、多发。正确判断是故意伤害行为还是正当防卫行为，行为人具有相互斗殴意图还是防卫意图，是司法中面临的重点和难点问题。在依法准确认定行为人是否具有防卫意图时，不能简单地以防卫行为造成的后果重于不法侵害造成的后果，就排除当事人具有防卫意图。应当从矛盾发生并激化的原因、打斗的先后顺序、使用工具情况、采取措施的强度等方面综合判断当事人是否具有防卫意图。应以防卫人的视角，根据不法侵害的性质、强度和危险性，防卫人所处的具体环境等因素，进行符合常情、常理的判断。此案中，防卫人余某正常行驶，不法侵害人申某某挑起矛盾，又促使矛盾步步升级，先拿出凶器主动对余某实施攻击。反观余某，其具有防卫意图，而且防卫行为比较克制，造成申某某轻伤的结果，不能认定为互殴。余某在车辆被逼停，申某某拿着棒球棍走向自己的情况下，携带车内水果刀下车可视为防身意图，不影响防卫目的成立。

司法机关要切实转变司法观念，坚决摒弃"唯结果论"和"各打五十大板"等执法司法惯性。对引发争吵有过错、先动用武力、使用工具促使矛盾升级的一方实施还击的，可以认定还击一方具有防卫意图。在判断是否防卫过当时，不应苛求防卫措施与不法侵害完全对等。要依法对有过错一方主动滋事的行为进行否定性评价，对于构成犯罪的，应当依法追究刑事责任。要切实防止"谁能闹谁有理""谁死伤谁有理"的错误做法，坚决捍卫"法不能向不法让步"的法治精神。

现实生活中，道路行车过程中发生纠纷和轻微剐蹭比较常见，车辆驾驶人员应当遵守交通规则，谨慎驾驶，冷静处理纠纷。此案警示人们要注意道路行车安全，理性平和对待轻微剐蹭事件，避免以武力解决纠纷。

汪天佑正当防卫案 *

【基本案情】

被告人汪天佑与汪某某系邻居，双方曾因汪某某家建房产生矛盾，后经调解解决。2017年8月6日晚8时许，汪某某的女婿燕某某驾车与赵某、杨某某来到汪天佑家北门口，准备质问汪天佑。下车后，燕某某与赵某敲汪天佑家北门，汪天佑因不认识燕某某和赵某，遂询问二人有什么事，但燕某某等始终未表明身份，汪天佑拒绝开门。燕某某、赵某踹开纱门，闯入汪天佑家过道屋。汪天佑被突然开启的纱门打伤右脸，从过道屋西侧橱柜上拿起一铁质摩托车减震器，与燕某某、赵某厮打。汪天佑用摩托车减震器先后将燕某某和赵某头部打伤，致赵某轻伤一级、燕某某轻微伤。其间，汪天佑的妻子电话报警。

【处理结果】

河北省昌黎县人民法院判决认为：被害人燕某某、赵某等人于天黑时，未经允许，强行踹开纱门闯入被告人汪天佑家过道屋。在本人和家人的人身、财产安全受到不法侵害的情况下，汪天佑为制止不法侵害，将燕某某、赵某打伤，致一人轻伤一级、一人轻微伤的行为属于正当防卫，不负刑事责任。该判决已发生法律效力。

---

* 最高人民法院2020年9月3日发布的《最高人民法院、最高人民检察院、公安部关于依法适用正当防卫制度的指导意见》配套典型案例。

【典型意义】

根据刑法第二十条第一款的规定，正当防卫的前提是存在不法侵害，这是正当防卫的起因条件。司法适用中，要准确把握正当防卫的起因条件，既要防止对不法侵害作不当限缩，又要防止将以防卫为名行不法侵害之实的违法犯罪行为错误认定为防卫行为。

第一，准确把握不法侵害的范围。不法侵害既包括侵犯生命、健康权利的行为，也包括侵犯人身自由、公私财产等权利的行为；既包括针对本人的不法侵害，也包括危害国家、公共利益或者针对他人的不法侵害。要防止将不法侵害限缩为暴力侵害或者犯罪行为，进而排除对轻微暴力侵害或者非暴力侵害以及违法行为实行正当防卫。对于非法侵入他人住宅等不法侵害，可以实行防卫。本案中，燕某某、赵某与汪天佑并不相识，且不表明身份、天黑时强行踹开纱门闯入汪天佑家，该非法侵入住宅的行为不仅侵害了他人的居住安宁，而且已对他人的人身、财产造成严重威胁，应当认定为"不法侵害"，可以进行防卫。因此，汪天佑为制止不法侵害，随手拿起摩托车减震器，在双方厮打过程中将燕某某、赵某打伤，致一人轻伤一级、一人轻微伤的行为属于正当防卫。

第二，妥当认定因琐事引发的防卫行为。实践中，对于因琐事发生争执，引发打斗的案件，判断行为人的行为是否系防卫行为，较之一般案件更为困难，须妥当把握。特别是，不能认为因琐事发生争执、冲突，引发打斗的，就不再存在防卫的空间。双方因琐事发生冲突，冲突结束后，一方又实施不法侵害，对方还击，包括使用工具还击的，一般应当认定为防卫行为。本案中，汪天佑与汪某某系邻居，双方曾因汪某某家建房产生矛盾，但矛盾已经调解解决。此后，汪某某的女婿燕某某驾车与赵某、杨某某来到汪天佑家准备质问纠纷一事，进而实施了非法侵入住宅的行为。综合全案可以发现，汪天佑随手拿起摩托车减震器实施的还击行为，系为制止不法侵害，并无斗殴意图，故最终认定其还击行为属于正当防卫。

刘金胜故意伤害案 *

【基本案情】

被告人刘金胜与黄某甲非婚生育四名子女。2016 年 10 月 1 日晚 9 时许，被告人刘金胜与黄某甲因家庭、情感问题发生争吵，刘金胜打了黄某甲两耳光。黄某甲来到其兄长黄某乙的水果店，告知黄某乙其被刘金胜打了两耳光，让黄某乙出面调处其与刘金胜分手、孩子抚养等问题。黄某乙于是叫上在水果店聊天的被害人李某某、毛某某、陈某某，由黄某甲带领，于当晚 10 时许来到刘金胜的租住处。黄某乙质问刘金胜，双方发生争吵。黄某乙、李某某各打了坐在床上的刘金胜一耳光，刘金胜随即从被子下拿出一把菜刀砍伤黄某乙头部，黄某乙逃离现场。李某某见状欲跑，刘金胜拽住李某某，持菜刀向李某某头部连砍三刀。毛某某、陈某某、黄某甲随即上前劝阻刘金胜，毛某某、陈某某抱住刘金胜并夺下菜刀后紧随李某某跑下楼报警。经鉴定，黄某乙的伤情属于轻伤一级，李某某的伤情属于轻伤二级。

【处理结果】

广东省佛山市禅城区人民法院判决认为：正当防卫以存在现实的不法侵害为前提，对轻微不法侵害直接施以暴力予以反击，能否认定为正当防卫，应当结合具体案情评判。黄某乙、李某某各打被告人刘

---

* 最高人民法院 2020 年 9 月 3 日发布的《最高人民法院、最高人民检察院、公安部关于依法适用正当防卫制度的指导意见》配套典型案例。

金胜一耳光，显属发生在一般争吵中的轻微暴力。此种情况下，刘金胜径直手持菜刀连砍他人头部，不应认定为防卫行为。综合案件具体情况，以故意伤害罪判处被告人刘金胜有期徒刑一年。该判决已发生法律效力。

【典型意义】

根据刑法第二十条第一款的规定，正当防卫是针对正在进行的不法侵害，而采取的对不法侵害人造成损害的制止行为。司法适用中，既要依法维护公民的正当防卫权利，也要注意把握界限，防止滥用防卫权，特别是对于针对轻微不法侵害实施致人死伤的还击行为，要根据案件具体情况，准确认定是正当防卫、防卫过当还是一般违法犯罪行为。

第一，注意把握界限，防止权利滥用。本案中，黄某乙、李某某打刘金胜耳光的行为，显属发生在一般争吵中的轻微暴力，有别于以给他人身体造成伤害为目的的攻击性不法侵害行为。因此，刘金胜因家庭婚姻情感问题矛盾激化被打了两耳光便径直手持菜刀连砍他人头部，致人轻伤的行为，没有防卫意图，属于泄愤行为，不应当认定为防卫行为。

第二，注重查明前因后果，分清是非曲直。办理涉正当防卫案件，要根据整体案情，结合社会公众的一般认知，做到依法准确认定。要坚持法理情统一，确保案件的定性处理于法有据、于理应当、于情相容，符合人民群众的公平正义观念。对于因恋爱、婚姻、家庭、邻里纠纷等民间矛盾激化或者因劳动纠纷、管理失当等原因引发的不法侵害，特别是发生在亲友之间的，要求优先选择其他制止手段，而非径直选择致人死伤的还击行为，符合人民群众的公平正义观念，契合我国文化传统。对于相关案件，在认定是否属于正当防卫以及防卫过当时，要综合案件具体情况，特别是被害方有无过错以及过错大小进行判断。本案中，刘金胜与黄某甲因家庭、情感问题发生争吵，刘金胜打了黄某甲两耳光，这是引发后续黄某乙、李某某等实施上门质问争吵行为的直接原因。换言之，本案因家庭琐事引发，且刘金胜具有重大过错。据此，法院对刘金胜致人轻伤的行为，以故意伤害罪判处其有期徒刑一年，契合人民群众公平正义观念，实现了法律效果与社会效果的有机统一。

王某甲、王某乙故意伤害案[*]

【基本案情】

被告人王某甲，男，1974 年生，农民。

被告人王某乙，男，1999 年生，农民。

被害人李某某，男，1972 年生，农民。

王某甲与王某乙系父子关系，李某某系王某父子同村村民，与王某父子平素不睦。2021 年 6 月，李某某因对王某父子的政府占地补偿款事宜不满，双方多次发生言语冲突。6 月 8 日清早，李某某驾车到王某父子所在的果园，要求当面理论。王某甲称存在争议的占地补偿款已起诉至法院，等待法院的判决即可。李某某指责王某父子不应独得补偿，双方发生激烈口角。李某某为了防止被王某父子二人殴打，便顺势从车中拿出其平时干活用的铁锤吓唬王某父子，但随即被夺走，撕扯中李某某被摔倒在地，王某父子使用果园里的铁棍以及拳头击打，将李某某殴打致轻伤。

2021 年 6 月 19 日，公安机关以王某甲、王某乙涉嫌故意伤害罪立案侦查，7 月 11 日对王某乙决定监视居住。7 月 13 日，山东省临邑县人民检察院对王某甲批准逮捕。9 月 13 日，公安机关将王某甲、王某乙涉嫌故意伤害案移送审查起诉。10 月 13 日，临邑县人民检察院对王某甲、王某乙以涉嫌故意伤害罪提起公诉。2022 年 3 月 2 日，临邑县人民法院判决王某甲犯故意伤害罪，判处有期徒刑九个月；王某乙犯故意伤害罪，

---

[*] 参阅案例。

判处有期徒刑八个月，缓刑一年。

【检察机关履职过程】

（一）依法准确认定案件性质。检察机关针对农村常见互殴型伤害案件特点，分析案件发生起因、犯罪嫌疑人的动机，依法准确定性。本案中，被害人李某某去王某甲的果园进行理论，继而发生口角升级为斗殴，且双方素来不合、积怨已久，主观上王某甲、王某乙对李某某受伤的结果持直接故意，客观上造成轻伤的危害后果。王某甲、王某乙并非无事生非、借故生非，随意殴打他人，不属于"寻衅滋事"，应当认定为故意伤害罪。

（二）准确区分正当防卫与互殴型故意伤害。虽然被害人李某某抄起车中的铁锤，但其不是事先准备的凶器，而是平时干活用的，本次用于防身且第一时间被对方夺走。王某甲、王某乙无论在主观方面还是客观方面，都具有对对方进行不法侵害的故意和行为。在对方手中持有的铁锤已经被王某父子夺走，且李某某寡不敌众、落于下风的情况下，王某父子仍然继续殴打李某某，造成轻伤后果。王某父子系故意侵犯他人人身权利，不具有防卫性和目的正当性。

（三）注重矛盾化解，引导认罪认罚。王某甲认为李某某咎由自取，所以拒不认罪认罚。检察官多次向王某甲阐述其犯罪行为性质以及认罪认罚的后果，王某甲最后自愿签署认罪认罚具结书。而李某某在审查起诉期间多次表示对王某甲、王某乙的刑期不满，认为应对二人从重处理。检察官向其详细讲解了量刑规范化中的具体量刑规定。后双方对赔偿款依旧达不成共识。检察官释法说理，向双方详细解释法律法规，理性分析达成和解的利弊，最终在法院开庭审理前促成双方和解，李某某对王某甲、王某乙表示谅解。

（四）针对诱发农村矛盾纠纷的具体问题，注重犯罪治理。在案件办理过程中，检察官发现双方在案发前，在村集体微信群中发生言语冲突，冲突激烈导致微信群被解散。检察机关发出检察建议，要求该村加强网络空间及村集体微信群管理，要求村里说明土地补偿工作开展情况，并设立法治副主任，做好微信群管理及普法工作，引导农村干部群众办事依法、遇事找法、解决问题用法、化解矛盾靠法，积极推进法治乡村建设。

【典型意义】

（一）注重对案件全面审查、准确定性。要全面审查案件发生的背景，案发起因、经过、造成的后果等，准确认定犯罪事实与定性。准确区分主观上是伤害的故意还是借故生非、无事生非，依法区分故意伤害和寻衅滋事。斗殴中，双方都是出于主动，都有侵害对方的故意，双方的行为都应认定为不法侵害行为，不属于正当防卫的范畴。

（二）依法充分适用认罪认罚从宽和刑事和解制度。检察人员在办案过程中要体现耐心与温度，真正做到"小案不小办，小案不小看"，通过依法适用认罪认罚从宽和刑事和解制度，积极促进矛盾化解，增进社会和谐。

（三）注重犯罪治理，合力消除不稳定因素。结合农村治理过程中出现的微信群管理薄弱、土地补偿工作开展欠缺公开透明等问题，依法制发加强辖区行政村落犯罪治理工作的检察建议，发挥基层村委治理作用，注重对日常邻里纠纷及时疏导、防微杜渐。加强法制宣传，定期对辖区做好普法工作，以案释法，通过各种渠道提高群众法律意识。

林某某正当防卫案 *

【基本案情】

被不起诉人林某某，男，1994年生，个体。

被告人王某某，男，1996年生，无业。

2021年9月3日凌晨，林某某与妻子到山东省滨州市滨城区滨北办事处梧桐六路爱尚炸串地摊吃饭，邻桌的王某某（已判决）无故让林某某陪其喝酒，林某某婉言回绝后，王某某恼羞成怒并持木质马扎殴打林某某头部，林某某为制止王某某的殴打持马扎还击，双方均不同程度受伤。其间，王某某的同伴张某拉架未果后亦持木质马扎欲殴打林某某，打到正在拉架的林某某的妻子。经鉴定，王某某损伤程度为轻伤二级，林某某损伤程度为轻微伤。案发后，林某某明知他人报警而在现场等待。

【检察机关履职过程】

（一）全面审查理清原委，正确适用法律。检察官综合考量本案前因后果和整体经过，认定本案案发原因是王某某酒后无故滋事并先持凶器殴打林某某，林某某还击造成王某某轻伤二级，王某某的行为构成寻衅滋事罪。而林某某的行为符合正当防卫的法律规定。从本案起因看，系由王某某无事生非，实施了持马扎随意殴打他人的不法侵害行为；从行为状态看，不法侵害持续进行，尽管在他人的劝阻下短暂中断，但王某某不听劝阻，仍继续实施不法侵害，属于正在进行的不法侵害。林某某

---

  * 参阅案例。

为避免自己人身权利遭受不法侵害而还击，还击行为与侵害方式相当，在防卫必要限度内，没有造成重大损害后果，且王某某停止不法侵害后，其也没有继续殴打王某某，故林某某的行为属于正当防卫。

（二）组织公开听证，强化释法析理。滨州市滨城区人民检察院对林某某案公开听证，邀请 5 名听证员参会，公安机关派出代表参加。听证中，检察官向听证参与人出示了本案全部证据，阐述了拟处理意见及理由、依据。听证员一致同意拟处理意见。2022 年 12 月 6 日，滨城区人民检察院对林某某依法作出法定不起诉决定。同时，对前期拉架后又参与打架的张某，审查认为张某并非事件挑起者，参与程度不深，过错相对较小。滨城区人民检察院向公安机关发出检察建议，建议对张某的行为行政处罚。对王某某涉嫌寻衅滋事案依法提起公诉。2022 年 10 月 12 日，滨城区人民法院判决王某某构成寻衅滋事罪，判处有期徒刑一年。

【典型意义】

（一）准确理解把握正当防卫的规定，对于符合正当防卫条件的，要依法认定。坚持主客观相统一的原则，综合考察案发起因、对冲突升级是否有过错、是否使用或者准备使用凶器、是否采用明显不相当的暴力、是否纠集他人参与打斗等客观情节，准确判断犯罪嫌疑人的主观意图和行为性质。对于一方先动手，在对方努力避免冲突的情况下仍继续侵害，还击一方造成对方伤害的，一般应当认定为正当防卫。

（二）以公开听证促进案件公正处理。对事实认定、法律适用、案件处理等方面存在较大争议，需要当面听取当事人和邻里、律师等其他相关人员意见的案件，人民检察院拟作出不起诉决定的，可以组织听证，把事理、情理、法理讲清说透，实现案结事了人和。

以公开听证促进案件公正处理

卢某故意伤害案 *

【基本案情】

被不起诉人卢某，男，1983 年出生，农民。

被害人孙某，男，1958 年出生，农民。

二人系邻居。卢某以孙某家中作坊生产有噪音、影响自己生活为由经常与孙某争吵。2019 年 11 月 26 日，卢某再次与孙某发生争吵，用拳头打了孙某胸部、头部等部位，并将孙某推倒在路边花坛，致孙某受伤。孙某的两个兄弟获悉后赶到现场，将孙某送往医院。经鉴定，孙某左侧第 4、5、6 肋骨骨折，构成轻伤二级。

公安机关刑事立案后，经电话通知，卢某自行到公安机关接受调查，并预交部分赔偿款。后被取保候审。

2020 年 1 月 9 日，公安机关将卢某故意伤害案移送浙江省慈溪市人民检察院审查起诉。

【检察机关履职过程】

（一）通过证据开示，促使犯罪嫌疑人认罪。审查起诉阶段，卢某辩称虽然打过孙某，但准备离开时，孙某伙同两个兄弟对自己殴打，自己出于防卫将孙某推倒。检察机关协同公安机关进一步补充了案发时在场

---

* 最高人民检察院 2023 年 1 月 13 日印发的典型案例。

人员的证言，并召集卢某及其辩护人、孙某、侦查人员进行证据开示。在证据面前，卢某承认自己的辩解与事实不符，供认案发时孙某的两个兄弟未殴打自己，自己不存在防卫情形，愿意认罪认罚。辩护人对开示的证据及案件定性没有异议。

（二）组织公开听证，充分听取各方意见。检察机关走访当地村委会，深入了解当事人的情况和矛盾缘由，并就拟不起诉公开听证，听取公安机关、当事人的意见。通过听证，卢某认可检察机关认定的事实、证据，愿意赔偿孙某的医疗和误工损失，孙某也表示谅解卢某，同意对卢某作出不起诉。卢某、孙某自行达成和解，卢某赔偿孙某损失 11.3 万元，出具书面保证，承诺不再与孙某冲突。双方签署和解协议。卢某在辩护人见证下，签署《认罪认罚具结书》。慈溪市人民检察院于 2020 年 4 月 7 日根据刑事诉讼法第一百七十七条第二款对卢某作出不起诉决定。

（三）开展不起诉公开宣布，进行普法宣传。检察机关结合走访情况，在村委会组织卢某及其亲属、孙某、村民代表、村干部等一同参与，开展不起诉公开宣布。检察机关阐述了案件的事实、性质，宣讲了认罪认罚从宽、刑事和解的规定，以及作出不起诉的理由，对卢某进行批评教育。双方均表示以后会理智做事，维护和谐邻里关系。

【典型意义】

（一）探索实践认罪认罚从宽制度证据开示。检察机关对事实清楚、证据充分，但犯罪嫌疑人不认罪或者对部分事实不认罪的案件，通过证据开示，使犯罪嫌疑人认可已查明事实，提高认罪认罚自愿性。

（二）以公开听证保证不起诉的公正性和当事人的接受度。检察机关对拟不起诉案件，可以组织听证，充分听取公安机关和犯罪嫌疑人、被害人以及犯罪嫌疑人、被害人委托的人等对案件处理的意见，为案件是否作不起诉处理提供参考。对民间纠纷引发的轻伤害案件，当事人自愿达成和解的，检察机关可以依法决定不起诉。

（三）通过不起诉公开宣布释法说理。对民间纠纷，特别是发生在邻里间的轻微刑事案件，检察机关可以组织不起诉公开宣布，增强检察机关作出不起诉决定的公开性和说理性，并通过以案释法引导社会公众平和、理性处理纠纷。

杨某某故意伤害案 *

【基本案情】

被不起诉人杨某某，女，1973 年 3 月出生。

被害人朱某某，男，1970 年 6 月出生。

二人 1995 年结婚后，因朱某某赌博及赡养老人等问题时常吵架，朱某某多次殴打杨某某。杨某某也多次提出离婚，并于 2020 年 7 月向法院起诉离婚，后经调解撤诉。

2019 年 1 月 8 日 23 时许，杨某某怀疑朱某某给其他女性发暧昧短信，二人在家中再次发生争执，杨某某用菜刀将朱某某左手手指砍伤，经鉴定为轻伤二级。

2020 年 8 月 14 日，朱某某报案，公安机关对杨某某故意伤害案立案侦查，9 月 30 日将杨某某逮捕。

2020 年 10 月 19 日，云南省会泽县公安局将杨某某故意伤害案移送检察机关审查起诉。

云南省会泽县人民检察院审查后，于 2020 年 11 月 18 日，依据刑事诉讼法第一百七十七条第二款，对杨某某作出不起诉决定。

【检察机关履职情况】

（一）查清事实，开展羁押必要性审查。在审查逮捕阶段，因杨某某不认罪，检察机关作出批准逮捕决定。审查起诉阶段，通过检察机关释

---

* 最高人民检察院 2021 年 4 月 28 日发布的依法惩治家庭暴力犯罪典型案例。

法说理，杨某某自愿认罪认罚。检察机关进行羁押必要性审查，认为对杨某某无继续羁押的必要，依法变更强制措施为取保候审。

（二）组织公开听证，听取各方意见。检察机关认为，本案系家庭矛盾激化引发，杨某某自愿认罪认罚，取得被害人谅解。考虑到家暴因素牵涉其中，且二人婚姻关系紧张，为依法妥善处理本案，遂邀请人大代表、政协委员、人民监督员，在朱某某、杨某某和二人的女儿在场下对拟不起诉公开听证，听取各方意见。双方均表示接受处理意见并妥善处理婚姻问题。

（三）进行回访，加强反家暴延伸工作。检察机关根据办案中反映出的朱某某家暴行为，对朱某某进行训诫，朱某某表示愿意积极改善家庭关系。检察机关作出不起诉决定后，通过回访提示杨某某，如再次遭受家暴，要留存、收集证据并及时报案。

【典型意义】

（一）对因遭受家暴而实施的伤害犯罪要坚持依法从宽处理。在犯罪嫌疑人的犯罪行为与其长期遭受家暴的事实密不可分的情况下，检察机关不能简单批捕、起诉，要全面细致审查证据，查清案件事实、起因，充分考虑其长期遭受家暴的因素。

（二）注意听取当事人意见。"两高两部"《关于依法办理家庭暴力犯罪案件的意见》规定，办理家庭暴力犯罪案件，既要严格依法进行，也要听取当事人双方的意见，尊重被害人的意愿。在采取刑事强制措施、提起公诉时，更应充分听取被害人意见，依法作出处理。

（三）注重犯罪预防工作。对家庭暴力的施暴者可以运用训诫等措施，责令施暴人保证不再实施家庭暴力。对家暴的受害者可以加强举证引导，告知其必要时可以根据《中华人民共和国反家庭暴力法》的规定向法院申请人身安全保护令。

陈某故意伤害案 *

【基本案情】

2019 年 9 月 17 日晚，犯罪嫌疑人陈某来到江苏省南通市通州区东社镇某民营家具厂车间，与其同事被害人李某因工作原因发生争吵。陈某使用一块多层板朝李某腰部捅了一下，李某使用多层板回捅。随后双方使用多层板相互砸砸。其间，李某被陈某砸中面部，左侧上颌骨及左侧颧骨骨折。经鉴定，为轻伤二级。2019 年 10 月 28 日，陈某被南通市通州区公安局传唤到案，如实供述了上述事实。

【听证程序】

2020 年 6 月 23 日，公安机关以陈某涉嫌故意伤害罪将该案移送南通市通州区检察院审查起诉。承办检察官在审查该案中发现，当事人双方系工友关系，平时关系良好。鉴于该案由民间纠纷引发，为彻底消除双方对立情绪，化解矛盾，推进司法公开，提升司法公信，南通市通州区检察院决定于 2020 年 7 月 17 日召开公开听证会。

一是认真做好听证准备。听证会召开之前，南通市通州区检察院制定详细听证方案，邀请人大代表、政协委员等 3 人担任听证员参与公开听证会，并提前向听证员介绍该案案情、需要听证问题以及有关法律规定。同时，确定犯罪嫌疑人陈某、被害人李某以及公安机关侦查人员作为听证会参加人，为听证会召开做好充分准备。

---

* 最高人民检察院 2020 年 10 月 20 日发布的检察听证典型案例。

二是公开听证规范进行。为彰显司法透明、推进司法公正，南通市通州区检察院依照《人民检察院检察听证室设置规范》设置听证会席位，通过"中国检察听证网"对本次听证会进行互联网直播，当事人所在单位同事等社会公众观看直播。听证会由院领导主持，承办检察官介绍案件事实和需要听证的问题，侦查人员与双方当事人相继发表了意见，听证员进行了充分提问与认真评议。

三是促进刑事和解。承办检察官向犯罪嫌疑人陈某释法说理，同时建议被害人李某按照相关赔偿标准提出合理的赔偿金额。陈某主动筹措赔偿款项，在检察机关见证下与李某签署和解协议。

听证员评议后发表意见，认为该案符合不起诉适用条件，可以对陈某作出相对不起诉处理决定。经审查，南通市通州区检察院采纳了听证员意见，认为该案双方当事人达成刑事和解，犯罪嫌疑人陈某犯罪情节轻微，可以作不起诉处理。2020 年 7 月 20 日，检察院对陈某作出相对不起诉处理决定，并及时将处理决定和相关理由告知听证员，该纠纷得以化解。

【典型意义】

检察官在听证会召开前，制定听证方案，确定人大代表、政协委员、人民监督员、案件当事人、公安机关侦查人员等听证参加人，以保障听证程序顺利进行。经过检察官介绍案情、当事人说明情况、听证员提问评议、当事人最后陈述等听证程序，检察官从化解民间矛盾纠纷、修复受损社会关系角度出发，释法说理，把握刑事和解契机，化解了民间纠纷，消弭了信访风险，实现了案结事了人和。

依法适用刑事和解制度化解矛盾

王某故意伤害案 *

【基本案情】

被不起诉人王某（被害人王某香的弟媳妇），女，1978 年出生，农民。

被害人王某香，女，1959 年出生，农民。

王某的婆婆去女儿王某香家暂住期间，所住偏屋因年久失修在雨中倒塌。王某香送母亲回家时发现偏房倒塌，以为是王某所为，遂骂王某，二人发生口角。后互扯头发、抓扯对方并在地上翻滚，其间，王某将王某香压倒在地，用膝盖跪压在王某香上身，造成王某香右侧 6 根肋骨骨折。王某香也咬了王某右手小指。经鉴定，王某构成轻微伤，王某香构成轻伤一级。

公安机关对王某涉嫌故意伤害案刑事立案。经电话通知，王某自行到公安机关配合调查。后公安机关将王某刑事拘留。2019 年 3 月 8 日，公安机关以王某涉嫌故意伤害罪提请江苏省连云港市赣榆区人民检察院批准逮捕。

【检察机关履职过程】

（一）讯问、听取意见，了解双方和解意愿。审查逮捕阶段，检察机

---

* 最高人民检察院 2023 年 1 月 13 日印发的典型案例。

关认为，该案系民间纠纷引发的轻伤害案件，符合法律规定的刑事和解案件范围，且发生在亲属间，有和解基础。检察机关讯问王某时，王某认罪悔罪，表示会尽力赔偿被害人损失，愿意和解。同时，检察机关听取了王某香的意见，王某香也表示愿意和解。

（二）释法说理，引导理性对待赔偿。虽然双方有和解意愿，但王某香要求赔偿数额高，而王某因经营不善经济较困难。检察机关向双方释明认罪认罚、刑事和解规定和当地司法机关会签的文件，解释此类案件最高赔偿标准上限，即除犯罪嫌疑人自愿支付外，不得超过实际损失的3倍。后王某香自愿降低索赔数额。

（三）启动检调对接，促成刑事和解。检察机关启动检调对接机制，司法行政机关派驻检察机关的人民调解工作室的专职调解员开展调解工作。专职调解员到当事人村庄了解双方家庭关系、纠纷症结，以及王某的家庭经济状况和王某香的治疗情况，并联系当地党委、政府、村委会负责人，邀请人大代表等参与调解，经多方共同工作，王某香同意接受王某5万元赔偿。当日，王某支付王某香3万元赔偿，王某香对王某表示谅解。2019年3月14日，赣榆区人民检察院以无社会危险性对王某作出不批准逮捕决定。

公安机关移送起诉后，王某认罪认罚，在值班律师见证下签署《认罪认罚具结书》。检察机关认为，王某犯罪情节轻微，与被害人达成和解取得谅解，且具有自首情节，认罪认罚，依法对王某作出不起诉。后检察机关和专职调解员对当事人回访，了解到当事人之间真正消除了内心芥蒂，家庭关系得到修复。

【典型意义】

（一）积极促进当事人双方进行和解。对符合刑事和解条件的，检察机关要充分听取当事人双方的意见，释明刑事和解相关法律规定，引导双方理性对待赔偿问题，积极促进当事人达成和解。

（二）充分发挥第三方调解力量促进和解。对有和解意愿，符合和解条件的，可以由第三方调解力量主持当事人双方调解，以促进当事人达成刑事和解。

（三）对民间纠纷引发的轻伤害案件应当坚持依法从宽处理。发生在亲属间的轻伤害案件多因琐事引发，对达成刑事和解，符合不批捕、不起诉条件的，检察机关可以依法作出不批捕、不起诉决定。

姜某故意伤害案 *

【基本案情】

被不起诉人姜某，男，1994 年 10 月出生，农民。

被害人何某，男，1978 年 9 月出生，农民。

姜某与被害人何某系邻居，两家因相邻通道使用问题多次发生矛盾，积怨颇深。2020 年 2 月 15 日，何某阻止为姜某家送装热水器的车辆从其门口通过，姜某获悉后，持斧头到何某家门口，揪住何某妻子的衣领质问不让通行原因。何某闻讯赶到后与姜某发生争执，姜某用斧背打伤何某后背、面部等部位，致其右侧额骨骨折，左侧眼周挫伤。经鉴定，何某两处伤情分别构成轻伤二级和轻微伤。

2020 年 2 月 27 日，贵州省岑巩县公安局立案侦查，3 月 1 日对姜某采取取保候审强制措施。

【检察机关履职情况】

（一）全面查实案情，厘清原委。公安机关于 2020 年 4 月 28 日以姜某涉嫌故意伤害罪将该案移送贵州省岑巩县人民检察院审查起诉。承办检察官通过深入当地镇政府、村委会，到纠纷路段实地查看，调阅双方民事纠纷诉讼卷宗，与村民交流等方式，全面了解双方纠纷积怨产生的前因后果及争议通道的权属问题，倾听双方诉求，了解双方"心结"，针对性制定矛盾化解方案。

---

* 最高人民检察院 2021 年 11 月 29 日发布的典型案例。

（二）通过检调对接，促成和解。承办检察官会同当地镇政府工作人员、人民调解员到当事人家中，通报纠纷通道归属调查结果，提出双方共同使用、共同维护的处理方案，并联合侦查人员、驻村网格员核实被害人实际损失，明确双方责任划分。在检察机关协调下，该镇人民调解委员会、驻村网格员组织双方当事人调解，就通道问题达成共同使用、共同维护的书面协议。姜某主动向何某赔礼道歉，当场赔付何某住院费、务工损失费等各项损失，何某接受道歉并出具谅解书。

（三）组织公开听证，听取各方意见。检察机关组织召开案件公开听证会，邀请人大代表、政协委员、律师、脱贫攻坚包村干部、侦查人员等参加。听证会上，检察机关就案件事实、证据认定、法律适用以及拟对姜某作出不起诉决定的理由和法律依据进行了充分阐释。听证人员一致同意对姜某作不起诉处理。2020 年 5 月 9 日，检察机关依法对姜某作出不起诉决定。作出不起诉决定六个月后，承办检察官回访了当地镇党委、村委会和当事人，经了解，双方均按照协议管理、维护共同通道，和睦相处，多年的心结已经打开，不起诉效果良好。

【典型意义】

因邻里纠纷、民间矛盾引发的轻伤害案件常见多发，如果简单追诉、处理不当，容易进一步激化矛盾，形成更深的积怨，甚至与搬不走的邻居结下"世仇"，埋下更大隐患。检察机关在办理此类案件时，要坚持依法履职，以宽严相济刑事政策为指导，深入了解矛盾纠纷产生的根源，注意倾听当事人的想法，充分借助基层人民政府和村民委员会等群众自治组织等各方面力量，善于运用检调对接、检察听证、刑事和解、认罪认罚从宽等制度机制促进矛盾化解，通过办案修复社会关系，减少社会对抗，实现办案政治效果、法律效果和社会效果的有机统一。

吕某某、郭某某故意伤害案 *

【基本案情】

2018 年 8 月 31 日 3 时许，犯罪嫌疑人吕某某与被害人吴某某在武汉市硚口区某酒店客房内打牌时发生口角，进而发生厮打，后被同行人员劝开。离开房间后，双方再次在酒店走廊内厮打，犯罪嫌疑人郭某某系吕某某的朋友，见状参与共同殴打被害人吴某某。经鉴定，被害人吴某某头面部等处所受损伤程度评定为轻伤二级。2018 年 10 月 30 日，公安民警电话通知犯罪嫌疑人吕某某、郭某某到公安机关接受调查，两名犯罪嫌疑人因身处外地，均于 11 月 5 日到公安机关投案。

2019 年 1 月 8 日，武汉市公安局硚口区分局将犯罪嫌疑人吕某某、郭某某涉嫌故意伤害一案移送武汉市硚口区人民检察院审查起诉，并在起诉意见书中标明犯罪嫌疑人吕某某、郭某某自愿认罪。2019 年 1 月 11 日，硚口区人民检察院积极化解社会矛盾，讯问中向犯罪嫌疑人吕某某、郭某某释法说理，两名犯罪嫌疑人真诚悔罪、赔礼道歉，并自愿赔偿了被害人吴某某全部经济损失，取得吴某某的谅解。

【适用认罪认罚情况】

硚口区人民检察院承办检察官经审查认为，犯罪嫌疑人与被害人系朋友关系，因琐事发生争吵进而相互打斗造成被害人轻伤二级。案发后，

---

* 最高人民检察院 2019 年 10 月 24 日发布的检察机关适用认罪认罚从宽制度典型案例。

两名犯罪嫌疑人接到公安机关电话通知后，从外地返回投案。经检察官释法说理，两名犯罪嫌疑人真诚悔罪、赔礼道歉，积极赔偿被害人全部经济损失，取得被害人吴某某的谅解。本案符合适用认罪认罚从宽制度的条件。

检察官充分听取了辩护律师意见，向两名犯罪嫌疑人告知可能提出的量刑建议，并说明了量刑建议提出的方法。本案中，具体量刑建议的计算方法为：一是确定量刑起点。由于本案适用认罪认罚从宽制度，在量刑起点 6 至 24 个月有期徒刑幅度内，选取中间偏下值，确定本案量刑起点为 12 个月有期徒刑。二是根据增加刑罚量的情形，确定基准刑。因本案造成一人轻伤二级的后果，无增加刑罚量的情形，因此本案基准刑为 12 个月有期徒刑。三是在确定基准刑的基础上，根据本案具有的量刑情节对基准刑进行调节，确定拟建议刑。本案具有以下从轻处罚的量刑情节：（1）本案因民间矛盾引发，可减少基准刑的 10%；（2）犯罪嫌疑人具有自首情节，可减少基准刑的 20%；（3）积极赔偿被害人全部经济损失并取得谅解，可以减少基准刑的 20%。因此本案拟建议刑为 12 ×（1-10%-20%-20%）＝ 6，即 6 个月有期徒刑。四是根据案情由检察官对拟建议刑进行 30% 幅度内的自由调节，确定精准量刑建议。本案不需要使用 30% 自由裁量幅度的特殊情形，但鉴于本案两名犯罪嫌疑人符合缓刑条件，因此，对吕某某、郭某某二人提出确定的量刑建议为有期徒刑六个月，缓刑一年，并建议本案可适用速裁程序提起公诉。两名犯罪嫌疑人对上述罪名、量刑建议、适用速裁程序均表示无异议，自愿认罪认罚，在辩护律师见证下，签署具结书。开庭审理中，公诉人简要概述了被告人吕某某、郭某某故意伤害的事实、罪名、证据及认罪认罚情况和量刑建议。两名被告人对指控内容均无异议，审判员核实被告人认罪认罚并签署具结书的自愿性、真实性、合法性，听取了辩护人意见和被告人最后陈述。

【办理结果】

本案当庭宣判，采纳了检察机关的量刑建议，判处被告人吕某某有期徒刑六个月，缓刑一年；判处被告人郭某某有期徒刑六个月，缓刑一年。

【典型意义】

吕某某、郭某某故意伤害案的办理体现两个特点，一是促进犯罪嫌疑人和被害人达成刑事和解，取得被害人的谅解，有效化解社会矛盾。二是适用认罪认罚从宽制度，提出确定的量刑建议，体现对犯罪嫌疑人实体上依法从宽，程序上依法从快、从简。

舒某故意伤害案 [*]

【基本案情】

被不起诉人舒某，男，1933 年出生，农民。

被害人杨某，女，1943 年出生，农民。

舒某与杨某同在浙江省金华市社会福利中心生活。2021 年 10 月 24 日，舒某因与杨某争抢健身器械，用手推搡了正在使用健身器械上的杨某，致杨某从器械上摔落倒地腰椎受伤。经鉴定，杨某腰椎骨折，构成轻伤二级。

2022 年 2 月 10 日，公安机关对舒某故意伤害案刑事立案，并对其取保候审。4 月 2 日，公安机关将舒某故意伤害案移送金华市婺城区人民检察院审查起诉。受理案件后，婺城区人民检察院在查明案件事实的基础上，启动刑事和解程序。12 月 20 日，舒某、杨某达成和解协议。12 月 23 日，婺城区人民检察院对舒某作出不起诉决定。

【检察机关履职过程】

（一）自行补充侦查，准确查明案件事实。舒某否认推搡过杨某，提出杨某系自行跌伤、证人作伪证、杨某体质特殊易骨折等一系列辩解。为准确认定案件事实，检察机关针对舒某的辩解逐一开展自行补充侦查。一是前往案发现场实地查看，查明现场不存在舒某辩解的地面不平的情况，涉案的健身器械系双手均需握住才能使用，只有在外力干预下才可

---

* 参阅案例。

能跌落。二是对关键证人证言进行核实，对在案所有证人重新询问核查，查明证人在案发之前与杨某素不相识，不存在帮助杨某陷害舒某的动机。三是对杨某就诊材料以及伤情鉴定进行实质审查，查明杨某倒地后第一时间就医，且其骨折系新伤，排除旧伤可能，杨某伤势系案发当日摔倒造成。

（二）开展司法救助，多元化解矛盾纠纷。由于当事人双方均系高龄老人，检察机关积极开展矛盾调处工作。一是通过证据开示，促使犯罪嫌疑人认罪。通过向舒某开示杨某的就医材料和鉴定意见，开展教育转化，消除舒某的侥幸心理，通过释法说理，释明认罪认罚从宽制度，消除舒某的对抗情绪。最终，舒某自愿认罪认罚，签署《认罪认罚具结书》。二是启动检调对接，促使双方达成刑事和解。邀请公安机关、社会福利中心、调解员共同参与，向杨某说明舒某因经济能力有限、担心无力赔偿故未主动提出和解，消除杨某的抵触情绪，最终，杨某及其子女同意接受舒某的子女赔偿 1.26 万元，并出具谅解书。三是开展司法救助，解除被害人的后顾之忧。在前期对杨某家庭困难情况调查核实的基础上，检察机关主动对杨某开展司法救助，为其提供 1 万元的国家司法救助金，进一步缓解杨某的生活困难情况。

（三）促进犯罪治理，保障老年人合法权益。检察机关在办理本案的过程中发现社会福利中心活动区域存在诸多安全隐患问题，如健身器械不够、设备老旧、场地未配备必要的安全防护装备、缺少监控设施等。本案的杨某和舒某正是因为争抢器械发生争执，同时舒某知道案发现场没有监控设备，才存在侥幸心理，一直未能如实供述犯罪事实。为防止此类事情再次发生，保障福利中心老年人的人身安全，检察机关向金华市社会福利中心发出检察建议，建议中心更新活动区域的健身器械，同时加强安全防范，重视安全防护装备、监控设施的安装、维护，切实保障老年人的人身财产安全。

【典型意义】

（一）重视无罪辩解，依法全面审查案件。全面审查案件才能准确认定犯罪事实，尤其要查清案件起因、致伤手段、致伤部位等基础事实，这也是化解矛盾的前提。重视开展自行补充侦查，强化亲历性审查，直观了解案发现场情况，核实案件证据特别是言词证据，以增强办案人员的内心确信。

（二）积极稳妥办理老年人轻伤害犯罪案件。检察机关要充分利用认罪认罚从宽制度，对症释法，鼓励犯罪嫌疑人认罪认罚、赔偿损失、赔礼道歉，为协商和解打好基础。同时对符合司法救助条件的被害人积极开展司法救助，积极促成和解。

（三）依法履职，推动犯罪治理。检察机关在办理此类案件时，应注意案发场所、设施的安全问题，对确因设施安全问题引发纠纷的情形，应当及时开展犯罪治理，在化解矛盾的同时，解决安全隐患，防止其他安全事故再发生。

依法从严惩处情节恶劣的轻伤害犯罪

石某故意伤害案 *

【基本案情】

被告人石某，男，1986 年出生，农民。

被害人汪某，女，1949 年出生，农民。

被害人朱某，女（汪某之女），1977 年出生，农民。

石某与朱某 2019 年 8 月确立男女朋友关系，2020 年 12 月二人分手后，石某仍心有不甘，多次通过电话及微信等方式纠缠朱某。

2021 年 1 月 2 日，石某欲再次骚扰朱某及家人，于次日凌晨 1 时许翻墙进入朱某家院内，又翻窗进入堂屋外封闭的"厦屋"，推开堂屋门进入屋内，在未找到朱某后又欲强行进入卧室。汪某听见声响后用身体将卧室门顶住，并质问来人。石某在明知顶门的是年老体弱的汪某的情况下，故意大力撞门致使汪某摔倒在地，造成汪某手部受伤。石某进入卧室发现朱某不在，遂将朱某的行李箱拿走后离开。汪某因手部疼痛入院医治，经查系右手桡骨骨折，于 1 月 22 日报警。1 月 26 日 23 时许，石某再次到朱某家滋扰，又翻墙进入朱某家中，发现家中无人后，将堂屋内衣橱中朱某的衣服等物品盗走。后因石某将衣物等丢弃，未能进行价格鉴定。

3 月 26 日，经鉴定，汪某的伤情构成轻伤二级，公安机关当日立为

---

* 最高人民检察院 2023 年 1 月 13 日印发的典型案例。

刑事案件侦查。4月1日，公安机关提请批准逮捕。6月7日，公安机关以石某涉嫌故意伤害罪、非法侵入住宅罪、盗窃罪移送山东省沂南县人民检察院审查起诉。

【检察机关履职过程】

（一）全面审查犯罪事实，准确适用法律。检察机关审查认为，在石某冲撞卧室门之前，汪某已出言制止，而石某明知推不动门是因年事已高的汪某在卧室里用身体挡住的情况下，仍然大力冲撞将门锁撞断，将汪某撞倒在地。石某主观上对汪某受伤是放任的间接故意，客观上造成轻伤的危害后果，其行为符合故意伤害罪的规定。石某进入朱某家中盗窃衣物并丢弃的行为属于入户盗窃，侵犯了被害人的财产权益，依法构成盗窃罪。两次实施犯罪过程中，石某非法侵入住宅的行为是故意伤害和入户盗窃的手段行为，不再单独评价。

（二）注重审查犯罪情节，依法从严惩处。石某在与朱某分手后仍多次纠缠，两次深夜闯入朱某家中滋扰，造成年迈且有残疾的汪某轻伤，将朱某的衣服等物品放入事先准备的蛇皮袋中盗走丢弃，其行为对两名被害人的身体健康、居住安宁及财产安全造成侵害，已涉嫌构成故意伤害罪、盗窃罪；石某在案发后缺乏真诚悔罪表现，一直拒不赔偿被害人的各项经济损失，主观恶性较大，情节恶劣，可能判处徒刑以上刑罚，且有再犯可能，对其取保候审不足以防止社会危险性的发生。检察机关依法对石某作出批捕决定，并综合案件的事实、性质和情节，对石某提起公诉。2021年9月2日，沂南县人民法院对石某以故意伤害罪判处有期徒刑十个月；以盗窃罪判处有期徒刑六个月，并处罚金；合并执行有期徒刑一年二个月，并处罚金。

（三）主动开展司法救助，缓解被害人生活困难。法院判决后，被害人汪某一直未获得赔偿，石某对判决的刑事附带民事赔偿也未予履行，针对此情况，检察机关到汪某所居住的村进行实地走访、调查核实，认为汪某的情况符合国家司法救助条件。2022 年 4 月，检察机关向汪某发放 5000 元司法救助金，一定程度缓解了被害人的生活困境。

【典型意义】

（一）注重对案件全面审查、准确定性。办案中，要全面审查案件发生的背景，案发起因、经过、造成的后果等，准确认定犯罪事实。犯罪嫌疑人非法侵入他人住宅实施伤害行为，构成故意伤害罪的，侵入住宅的行为作为手段行为，可不再单独评价为犯罪，作为故意伤害罪的从重量刑情节考量。

（二）对主观恶性大、情节恶劣的轻伤害案件，要依法从严处理。对于虽然属于轻伤害案件，但犯罪嫌疑人犯罪动机、手段恶劣的，伤害未成年人、老年人、孕妇、残疾人及医护人员等特定职业人员的，以及具有累犯等其他恶劣情节的，应当依法从严惩处。

（三）积极开展国家司法救助。要全面了解被害人遭受损失情况及生活困难情况，对于符合国家司法救助条件的，应当依法及时开展司法救助，在解决被害人因该案遭受损伤而面临的生活急迫困难的同时，促进矛盾化解，增进社会和谐。

徐某故意伤害案 *

【基本案情】

被告人徐某，男，1983 年 8 月出生，与被害人系同居关系。

被害人梁某，女，1986 年 1 月出生。

2020 年 12 月 23 日凌晨，徐某因怀疑梁某与其他男性交往，用事先准备的尖刀划刺梁某胸部、背部。梁某边闪躲边求饶并试图夺刀，徐某仍继续用刀扎刺梁某手、腿等部位，见梁某身体多处伤口出血才停手，后随同他人将梁某送往医院救治。经鉴定，梁某三处伤势构成轻伤二级、一处伤势为轻微伤。

2020 年 12 月 24 日，浙江省宁波市公安局杭州湾新区分局立案侦查。

【检察机关履职情况】

（一）准确把握社会危险性条件，依法批准逮捕。2020 年 12 月 31 日，公安机关提请批准逮捕徐某，浙江省慈溪市人民检察院通过审查案卷材料、讯问犯罪嫌疑人、询问被害人等，查明本案犯罪事实和情节。一是同居期间，徐某曾以"分手就骚扰你全家"等言语进行恐吓、威胁，并数次殴打梁某，曾致其受伤就医。如果采取取保候审强制措施，徐某存在再次伤害梁某或其家人的可能。二是面对梁某多处刀伤的事实，徐某对事先准备刀具、蓄意伤害梁某等关键犯罪细节予以回避，始终不认

---

* 最高人民检察院 2021 年 11 月 29 日发布的典型案例。

罪，无悔罪表现。检察机关认为，徐某可能对被害人实施新的犯罪，且不认罪，有严重的社会危险性，于2021年1月7日决定对其批准逮捕。

（二）全面评估起诉必要性，依法提起公诉。检察机关全面审查徐某的主观恶性、行为后果、赔偿情况及认罪悔罪等表现，得出以下判断：一是徐某主观上有明显过错。徐某在与梁某长达三年的交往过程中，始终隐瞒自己已婚已育的事实，且多次言语辱骂甚至暴力殴打梁某。二是犯罪情节恶劣。徐某趁梁某卧床休息之机，用事先准备的刀具对其身体连续划刺，梁某求饶时仍不停手，最终造成梁某肋骨骨折、气胸及上肢、下肢、前胸和后背9处刀伤，手段恶劣，后果严重。三是不认罪不悔罪。经证据开示、释法说理，徐某始终不认罪，且拒不赔偿被害人的医药费、后续治疗费用。检察机关对徐某的主观恶性、过错程度、犯罪手段、后果、认罪悔罪等量化评估后，认为有起诉必要。2021年4月2日，检察机关依法对徐某提起公诉，并建议判处有期徒刑一年八个月。6月3日，浙江省慈溪市人民法院作出判决，采纳检察机关量刑建议。徐某提出上诉，7月6日，浙江省宁波市中级人民法院裁定驳回上诉，维持原判。

【典型意义】

全面准确贯彻落实宽严相济刑事政策，对于轻罪案件一般应体现依法从宽的政策要求。但是，对于犯罪情节恶劣、社会危险性大、拒不认罪悔罪的，当严则严，该捕即捕，依法追诉，保护被害人合法权益，维护社会公平正义。需要强调，对于轻罪案件的处理要区分情况、区别对待。检察机关要从犯罪手段是否恶劣、危害后果是否严重、是否退赃退赔、是否真心认罪悔罪、被害人是否有过错及过错程度等方面综合考量，准确评估社会危险性和是否符合起诉条件，依法作出是否逮捕、是否起诉的决定。

第三章

理论研究

办理轻伤害案件的方法论研究

李　勇[*]

轻伤害案件是司法实践中常见多发的刑事案件，基本上都是因民间纠纷引发，例如婚姻、家庭、邻里纠纷、偶发矛盾等。2022 年，全国检察机关受理轻伤害案件 7 万余件。[①]轻伤害案件在办案人眼中属于"小案"，但是对于当事人来说却是"大事"，一旦处理不当，可能会引发更大矛盾，甚至为群体性事件、恶性暴力犯罪案件埋下隐患。因此，处理轻伤害案件不仅需要扎实的专业功底，更需高超的智慧。最高人民检察院联合公安部专门出台《关于依法妥善办理轻伤害案件的指导意见》（以下简称《指导意见》），为轻伤害案件的办理提供了"路线图"。笔者根据《指导意见》并结合司法实践，阐述轻伤害案件办理的三种方法论。

一、紧扣实行行为主线

实行行为是刑法理论的基础性概念。刑法理论围绕行为论产生众多学说，但是脱离构成要件的判断来讨论行为本身（裸的行为论）几乎没有意义。某个罪名的构成要件所预定的行为就是实行行为。犯罪的本质是侵害法益，刑法的目的是保护法益，因此，某个罪名的构成要件所预

---

[*]　李勇，江苏省南京市人民检察院法律政策研究室主任。

[①]　参见《最高检、公安部联合印发〈关于依法妥善办理轻伤害案件的指导意见〉依法妥善办理轻伤害案件，积极促进矛盾化解》，载最高人民检察院官网，https://www.spp.gov.cn/spp/xwfbh/wsfbt/202303/t20230302_604352.shtml#1，2023 年 3 月 2 日。

定的实行行为还必须是具有法益侵害危险性的行为。[①]具体到结果犯中，实行行为就是具有发生刑法分则罪名所规定的结果的危险性的行为，比如故意杀人罪的实行行为，必须是类型性地导致人死亡的行为，大凡不具有使人死亡的危险性的行为，不能说是"杀人行为"。只有这样才能发挥构成要件的类型化机能。[②]例如，行为人试图通过"扎小人"诅咒的方式"杀死"被害人，尽管主观上有追求被害人死亡的意图，由于行为不具有致人死亡的危险性，不属于故意杀人罪的实行行为。根据我国刑法的规定，故意伤害造成轻伤以上后果的行为才成立故意伤害罪。故意伤害罪也是结果犯，该罪的实行行为也必须是具有类型性地导致轻伤以上危险性的行为，凡是不具有轻伤以上危险性的行为，不能说是故意伤害罪的实行行为。例如，轻微的推搡、拉扯、打一耳光、拍一下肩膀等不足以导致轻伤以上的法益侵害危险性，均不属于故意伤害罪的实行行为，即使导致其他严重后果，也仅成立过失犯罪或意外事件等。司法实践中，应当紧扣实行行为这根主线，不能"唯结果论"，也不能"谁受伤谁有理"。《指导意见》第7条也明确指出，如果犯罪嫌疑人只是与被害人发生轻微推搡、拉扯的，或者为摆脱被害人拉扯或者控制而实施甩手、后退等应急、防御行为的，不宜认定为刑法意义上的故意伤害行为。

比如下面这个案例：

【案例1】刘某甲（70岁）与刘某乙（69岁）是堂兄弟，又是邻居，两家的房屋之间有条小水沟，两家以此水沟为地界。几年前，刘某甲在水沟靠近自家房屋一侧种植了一棵桃树，该桃树越长越大，树枝超出水沟地界而延伸至刘某乙家一侧。案发当天，刘某乙将延伸出来的桃树枝折断，并骂骂咧咧。刘某甲听闻后，与刘某乙发生争吵，接着两人相互推搡拉扯。推搡拉扯过程中，刘某乙脚下没站稳而倒地，后脑勺撞上路

[①] 参见张明楷：《刑法学》（上）（第六版），法律出版社2021年版，第188页。

[②] 参见［日］前田雅英：《刑法总论讲义》，曾文科译，北京大学出版社2017年版，第66页。

边的砖块，当场口吐白沫死亡（经鉴定，系颅脑损伤导致死亡）。

上述案例中，行为人刘某甲实施的推搡、拉扯行为不属于类型性地导致轻伤以上危险性的行为，也就是不属于故意伤害罪的实行行为，因此，本案不可能成立故意伤害罪（致人死亡）。不能因为出现了死亡后果，就主张认定故意伤害罪致人死亡（视证据情况认定为过失致人死亡罪）。

二、坚持从客观到主观的判断顺序

客观与主观这个问题是法律上一组非常普遍和重要的概念。刑法中关于主观与客观的字眼简直让人眼花缭乱，主观主义刑法、客观主义刑法、主观说与客观说、客观行为与主观故意，等等。所以我国台湾地区学者许玉秀讲说："不管是初习刑法的人，或是已浸淫刑法相当时日的研究者，往往因为这种主客观理论纠葛，感到十分受折磨而认为刑法理论不过是一连串的'主观与客观的迷思'。"[1] 我们可以把这种主观与客观问题，分为以下几大类：一是解决问题的判断标准，以平均人的能力为标准的是客观说；行为人个人能力为标准的是主观说。如过失的结果回避可能性判断，期待可能性认识。二是根据一般经验判断的是客观说，根据行为人个人认知判断的是主观说。如违法性认识等。三是行为的客观面（客观要素）与行为人的主观面（主观要素）。

这里要讨论的是客观面与主观面的关系，也就是犯罪构成的判断方法，是先判断主观要素还是先判断客观要素的问题。需要注意的是，无论上述各种客观说与主观说，在认定犯罪成立问题上都是主客观相统一的，只是侧重点不同。尽管我们常说的"主客观相统一"是把"主"放在"客"之前，但这只是表述习惯问题，并不意味着我们在判断犯罪构

---

[1]　许玉秀:《主观与客观之间——主观理论与客观归责》，法律出版社 2008 年版，第 4-5 页。

成要件时先判断主观要素后判断客观要素。在判断犯罪构成要件时应当坚持先客观后主观的顺序。在轻伤害案件办理过程中，从客观到主观判断顺序的重要性更加凸显。司法实践有一个重要的误区是动辄先讨论主观故意，陷入定性争议的泥潭。比如前述案例1，如果先判断主观方面，就很容易陷入行为人是故意还是过失问题，然后反复纠结于故意伤害罪（致人死亡）还是过失致人死亡。其实，在客观上刘某甲的行为就不属于故意伤害罪的实行行为，从一开始就排除了故意伤害罪的可能性。

再比如下面这个案例：

【案例2】被告人张某骑电动自行车带着其怀孕的妻子，在非机动车道上行驶，与对面酒后摇摇晃晃骑自行车的被害人王某发生碰擦，被害人王某追上来打被告人张某，两人相互推搡，王某用脚踢了张某怀孕的妻子后，张某用拳头推被害人王某，王某晃了两下倒地，后脑勺着地，口吐白沫，三四分钟后死亡。根据尸体检验，王某枕部右侧头皮有挫擦伤，对应部位颅骨见粉碎性骨折，符合摔跌枕部右侧着地致严重颅脑损伤而死亡。被害人王某血样乙醇含量为 112.5mg/100mL。

这个案件争议的焦点问题是被告人张某是否构成犯罪？如果构成犯罪则构成何罪？司法实践人员看到这种案件立马本能似的就提出一个问题：行为人主观上是故意还是过失呢？[①]然后围绕这个问题反复纠结，百思不得其解，一会儿觉得故意伤害有道理，一会儿觉得过失致人死亡也有道理，谁也说服不了谁，自己也说服不了自己。为什么不先考虑行为，然后再考虑主观罪过呢？为什么一上来就追问被告人深藏内心的主观想法呢？

在任何犯罪当中，都存在着客观的要素和主观的要素，客观要素和主观要素对于犯罪成立来说都是不可缺少的，但是在定罪过程中，必须

---

① 参见李勇：《结果无价值论的实践性展开》（第二版），法律出版社 2020 年版，第 70 页。

要遵循客观判断先于主观判断这样一个基本原则。也就是说，我们首先要看是否存在客观上成立犯罪的要素，只有经过客观判断得出了肯定性的结论，然后才能进入主观判断。如果客观的判断已经得出一个否定性结论，那么定罪的过程就终止了，就不需要再去判断行为人主观上是否具有故意或过失。原因在于：

首先，这种客观判断先于主观判断的原则，能够最大限度地保证我们定罪依据的是一个人的行为。因为客观的要素如行为、结果是看得见、摸得着的，是能够被人们所认知的，而且刑法惩罚的主要是行为，这种行为是通过行为人的作为或者不作为表现出来的，正是这种行为导致了对刑法所保护的法益的侵犯，因此，先要确定是否存在这种行为，然后再来看这种行为是在什么样的主观心理状态支配之下实施的。人们的主观心理状态不是表露于外的，而是隐藏在人们内心的，尽管我们可以通过客观的要素去推定主观心理状态，但是客观的要素和主观的要素相比较而言，毕竟客观的要素更容易被人们所认识，因此先确定客观的要素，再来看主观的心理状态，这样就能够最大限度地保证定罪的正确性，不容易导致随意出入人罪。

其次，从程序上来，客观要素易于通过证据来证明。证明客观要素的证据也较容易收集，并且不容易出错。主观要素难以用证据证明，证据也难以收集。结合上述方法来看案例 2，不要动不动上来就问行为人主观上如何如何，先看客观行为人"用拳头推被害人王某"，这个行为本身是故意伤害罪中的"伤害行为"吗？刑法中的实行行为是指具有法益侵害危险的符合构成要件的行为，这个行为是否能够导致轻伤以上法益侵害的行为？如果是，那就要考虑故意伤害罪；如果不是，就没有考虑故意伤害罪的余地。这样我们就知道，这个案例不可能成立故意伤害罪，因为"用拳头推被害人王某"行为本身不足以导致轻伤以上的后果，客观行为就不符合故意伤害罪。那么是正当防卫、过失致人死亡还是意外事件？这就需要接着进行违法性判断和有责性判断。与先客观后主观判断方法密切关联的就是先违法判断后责任判断。传统上，我们说"违法是客观的，责任是主观的"，尽管后来的发展承认主观的违法要素，但是违法性判断具有客观性这一先天的"基因"仍然是保留的，其判断犯罪从客观到主观的方法论是一贯的。

三、养成"瞻前顾后"思维方式

轻伤害案件的处理需要"瞻前顾后"，既需要查明事情起因，注重前端"明辨是非"，防止"和稀泥"；也需要注重后端的治理，防止激化矛盾，努力实现"案结、事了、人和"，实现政治效果、法律效果和社会效果的统一。

（一）瞻前：注重前端"明辨是非"

轻伤害案件容易与寻衅滋事、聚众斗殴、正当防卫相混淆，司法实践中之所以出现这样的混淆状况，很大程度上是因为没有注重查明案件的起因、是非对错这些前端问题。

1. 轻伤害案件中故意伤害罪与寻衅滋事罪的区别。刑法第293条的规定："有下列寻衅滋事行为之一，破坏社会秩序的，处五年以下有期徒刑、拘役或者管制：（一）随意殴打他人，情节恶劣的……"这里的随意殴打他人与故意伤害之间存在交叉，在导致重伤后果时，按照想象竞合从一重处，认定为故意伤害罪（重伤）不存在问题，相关司法解释也有规定。但是当后果是轻伤甚至轻微伤时就会存在争议。实践中，往往存在把造成轻伤或者没有达到轻伤后果的行为认定为寻衅滋事罪，也有少数案件应当认定为寻衅滋事罪而认定为故意伤害罪。造成这种现象的重要原因之一是忽视案件的前端，忽视了事情的起因，没有准确明辨是非对错。

寻衅滋事罪在我国刑法体系中位于第六章"妨害社会管理秩序罪"中的第一节"扰乱公共秩序罪"，一般认为其保护的法益是公共秩序，但是公共秩序作为集体法益具有抽象性，在具体司法适用中需要结合寻衅滋事的行为类型进行具体化。对于刑法第293条中"随意殴打他人"型寻衅滋事而言，其保护法益应当是社会一般交往中的个人的身体安全以及与公共秩序相关联的个人的身体安全。[1]这样的话，因民间矛盾、偶发矛盾引发的个体之间的殴打，与公共秩序没有密切关联的殴打行为，就属于故意伤害行为，而非寻衅滋事行为；反之借故生非、无事生非，针对不特定或多数人实施殴打行为，危及公共秩序的行为，就属于寻衅滋事行为，而非故意伤害行为。判断到底是因民间矛盾、偶发矛盾引发的个体之间的殴打，还是借故生非、无事生非针对不特定或多数人的殴打，关键是要查明事情起因案发背景、当事人的关系等这些前端的事实证据，以此厘清原委、辨明是非曲直。《指导意见》第5条强调"人民检察院应当注重对案发背景、案发起因、当事人的关系……准确认定事实，辨明是非曲直"。第8条专门规定了"准确区分寻衅滋事罪与故意伤害罪"，强调"对出现被害人轻伤后果的案件，人民检察院、公安机关要全面分析案件性质，查明案件发生起因、犯罪嫌疑人的动机、是否有涉黑涉恶或者其他严重情节等，依法准确定性，不能简单化办案，一概机械认定为故意伤害罪。犯罪嫌疑人无事生非、借故生非，随意殴打他人的，属于'寻衅滋事'，构成犯罪的，应当以寻衅滋事罪依法从严惩处"。《关于办理寻衅滋事刑事案件适用法律若干问题的解释》也规定"行为人因婚恋、家庭、邻里、债务等纠纷，实施殴打、辱骂、恐吓他人或者损毁、占用他人财物等行为的，一般不认定为'寻衅滋事'"。

比如下面这个案例：

【案例3】被告人孟某与戈某某本是夫妻关系，后二人因感情不和经常吵架闹离婚，离婚后二人之间依然存在纠纷。2022年3月28日17时许，被告人孟某又去找前妻戈某某，戈某某的弟弟上前制止被告人孟某，

---

[1]　参见张明楷：《刑法学》（下）（第六版），法律出版社2021年版，第1397页。

孟某与戈某某的弟弟发生冲突，孟某辱骂并殴打了戈某某的弟弟。

此案是典型的因民间矛盾引发的个体之间的殴打，与公共秩序没有密切关联性，不宜认定为寻衅滋事罪。有人竟然将该事实与孟某在两年之内因其他原因发生殴打而两次被行政处罚的事实，合并认定为"多次随意殴打他人"，进而认定为寻衅滋事罪，这是错误的。即使与两年前另外两个事实合并能够形成"多次"，但也难以评价为"随意"。此案的处理，必须要重点查明被告人与被害人的姐姐曾是夫妻关系、二人存在离婚纠纷等前端事实，进而准确判断是否属于随意殴打他人。

再比如下面这个案例：

【案例 4】被告人胡某在某理发店内做头部按摩时，因在收费上与店老板余某发生争执，被告人胡某回家后认为自己受了欺负，准备报复。次日 14 时许，被告人胡某纠集李某一同来到店内，将老板余某及一名在发廊内不认识的正在洗头的男子蒋某打伤，并将店内的电视机、饮水机等物品砸坏。

这个案例同样需要查明前端事实。此案的前端事实分为两个阶段：一是被告人胡某与被害人因消费收费发生争执；二是被告人回家后准备报复，并纠集了同案犯李某。这里已经具备了"借故生非"的特点。到案发现场后，除了殴打店老板余某外，还将不特定对象的其他消费者蒋某打伤，已经波及公共秩序，属于寻衅滋事行为。

2.共同故意伤害与聚众斗殴的差别。聚众斗殴是必要的共犯，很容易与共同故意伤害混淆。聚众斗殴罪与寻衅滋事罪一样，在我国刑法体系中位于第六章"妨害社会管理秩序罪"中的第一节"扰乱公共秩序罪"，其保护的法益是公共秩序。同时，聚众斗殴罪脱胎于 1979 年刑法中的流氓罪，这决定了该罪名的起因具有争强斗狠、争夺势力范围、流氓等因素。因民间纠纷引发的多人共同参与的殴打行为，一般属于共同故意伤害行为，而并非聚众斗殴。

比如下面这个案例：

【案例5】陈某等5名大学生暑假期间到某甲废品回收公司打工，负责卸货、理货等工作。该废品回收公司与隔壁另一家某乙废品回收公司因存在竞争关系长期有矛盾。2020年8月15日，某甲废品回收公司负责人赵某与某乙废品回收公司负责人刘某发生争吵，赵某朝正在理货的陈某等5名大学生喊了一句"给我上"。陈某等5人持理货用的拖把、扫帚等工具上前对刘某进行殴打，致刘某身体多处软组织挫伤，经鉴定损伤程度为轻微伤。

此案被认定聚众斗殴罪是错误的。如果仅仅形式化地看待案件事实，似乎是赵某当场纠集3人以上聚众斗殴，但是查明前端事实就不能得出聚众斗殴的结论。前端事实至少包括以下方面：一是陈某等5人与赵某的关系，陈某等5人是利用暑假勤工俭学受雇于赵某，系临时雇员关系；二是赵某与刘某是邻居关系；三是事情的起因是邻里纠纷。根据这些前端事实，可以得出本案就是一个共同故意伤害行为的结论，由于没有造成轻伤以上的后果，不作为犯罪处理。如果认定为聚众斗殴，甚至还认定具有持械情节，要判处法定刑3年以上有期徒刑，这是无法接受的。

3.互殴与防卫的界限。司法实践动辄将故意伤害案件作为互殴而否定正当防卫，甚至形式化地将互殴理解为相互打斗，只要有相互打斗就认定互殴，这是错误的。关键要查明事情起因，将证明对象前置，查清事情起因，双方过错程度，有无约架、挑衅等，以此判断是否存在值得保护的优越利益。真正的互殴往往表现为双方事先约定相互攻击行为（以下简称约架），由于双方都放弃了法律对自己的保护，不存在值得保护的优越利益，不成立正当防卫。但是一般的故意伤害，即使双方还手，相互打斗，只要存在优越利益就有成立正当防卫的余地。[①]办案人员要注重查清殴打事件的前端事实，也就是打斗之前案发起因、双方过错程度、

---

① 参见李勇：《互殴与防卫关系之检讨——以类型化的实体与程序规则构建为中心》，载《中国刑事法杂志》2019年第4期。

有无约架等。《指导意见》强调要"综合考察案发起因、对冲突升级是否有过错、是否使用或者准备使用凶器、是否采用明显不相当的暴力、是否纠集他人参与打斗等客观情节，准确判断犯罪嫌疑人的主观意图和行为性质。因琐事发生争执，双方均不能保持克制而引发打斗，对于过错的一方先动手且手段明显过激，或者一方先动手，在对方努力避免冲突的情况下仍继续侵害，还击一方造成对方伤害的，一般应当认定为正当防卫"。

比如下面这个案例：

【案例6】被告人李某强与其邻居李某某有宅基地纠纷。2009年12月3日上午，被告人李某强在其家北山墙搭建架木粉刷山墙。李某某发现所搭建架木超过其家边界，遂持菜刀上前制止，与被告人李某强引起厮打。在厮打过程中，李某强从李某某手中夺过菜刀，用该菜刀照李某某头部砍了两下，致李某某受伤。

有观点认为，此案中被告人李某强与被害人李某某属于互殴，都不属于正当防卫。这种观点是值得商榷的。在本案发生的前因上，双方是由邻里矛盾引发，被害人李某某持刀先动手，双方不存在约架问题，即使后端事实表现为双方打斗，也不能轻易定性为互殴。在李某某持刀先进行攻击的情况下，被告人李某强有夺刀反击的防卫权。被害人李某某持刀上前厮打，被告人李某强夺刀反击，属于为了制止不法侵害的防卫行为。

（二）顾后：后端"犯罪治理"

《指导意见》强调在轻伤害案件办理过程中注重矛盾化解，充分运用刑事和解、认罪认罚从宽、不起诉非刑罚处罚等制度，依法准确适用不起诉，落实不起诉后非刑罚责任。这些强调的是做好轻伤害案件的后端治理。对于刑事和解和认罪认罚从宽制度，办案人员较为熟悉，这里重点阐述不起诉后非刑罚责任。落实不起诉的非刑罚责任，主要是落实刑法第 37 条的规定"对于犯罪情节轻微不需要判处刑罚的，可以免予刑事处罚，但是可以根据案件的不同情况，予以训诫或者责令具结悔过、赔礼道歉、赔偿损失，或者由主管部门予以行政处罚或者行政处分"。这里的非刑罚处罚不仅有助于化解矛盾，也有利于矫治被不起诉人，预防再犯。但是司法实践中，刑法第 37 条长期以来被搁置。为此，《指导意见》强调人民检察院决定不起诉的轻伤害案件，可以根据案件的不同情况，对被不起诉人予以训诫或者责令具结悔过、赔礼道歉、赔偿损失。我们认为这里需要注意以下几点：

1. 非刑罚处罚的性质理解。相对不起诉的实体法依据是我国刑法第 37 条规定的"犯罪情节轻微不需要判处刑罚的，可以免予刑事处罚"；程序法依据是我国刑事诉讼法第 177 条第 2 款规定的"对于犯罪情节轻微，依照刑法规定不需要判处刑罚或者免除刑罚的，人民检察院可以作出不起诉决定"。刑法第 37 条后半句"但是可以根据案件的不同情况，予以训诫或者责令具结悔过、赔礼道歉、赔偿损失，或者由主管部门予以行政处罚或者行政处分"的规定，在理论上属于非刑罚处罚措施，是指对犯罪情节轻微不需要判处刑罚的犯罪人给予实体刑罚以外的处罚方法。非刑罚处罚措施在性质上属于刑事责任承担的方式，这里的训诫、责令具结悔过，不是一般的批评教育，而是刑事责任的承担方式；责令赔礼道歉、赔偿损失也不是一般的民事责任，而是一种犯罪处罚后果；这里的行政处罚、行政处分也不是一般意义上的行政责任追究，而是刑事责任实现方式。[①]实践中，将上述非刑罚处罚措施机械地理解为民事责任、行政责任的观点是片面的。

刑法第 37 条的非刑罚处罚措施在刑法理论上具有特定含义，以构成犯罪为前提（只是相对不起诉或定罪免刑而已），是一种非刑罚的制裁，

[①]　参见李勇：《运用非刑罚处罚措施做好不起诉案件"后半篇文章"》，载《检察日报》2022 年 9 月 19 日，第 3 版。

与民事责任、行政责任在法律性质和法律效果上均不同。具体来说：其一，作为相对不起诉后的行政处罚意见（检察机关或人民法院向行政机关发出，下同）应当写明处罚的具体内容和理由，而存疑不起诉、绝对不起诉甚至无罪判决后如果部分事实需要给予行政处罚，司法机关只是向行政机关移送线索而已，不得对行政机关"指手画脚"具体写明行政处罚的具体内容，也就是只是提供线索，具体是否给予行政处罚、给予什么样的行政处罚，由行政机关决定。其二，相对不起诉的非刑罚处罚意义上的行政处罚，可以将犯罪嫌疑人愿意或承诺接受行政处罚作为认罪认罚或不起诉的考量因素，但是存疑不起诉、绝对不起诉的案件不得将行政处罚纳入考量因素。其三，相对不起诉的非刑罚处罚意义上的行政处罚不履行可以成为撤销不起诉的理由，但存疑不起诉、绝对不起诉不存在这样的情况。其四，责令赔偿损失、责令赔礼道歉，对于相对不起诉来说可以作为不起诉的因素，拒绝履行可能成为撤销相对不起诉的理由；对于定罪免刑的判决来说，可以作为将责令赔偿损失、责令赔礼道歉写入判决书并可强制执行。

2.非刑罚处罚措施的规范适用。刑法第37条和刑事诉讼法第177条第3款对非刑罚处罚措施的具体适用范围、条件和程序未作出详细规定，相关司法解释也没有规定，有必要对非刑罚处罚措施的适用程序予以规范。（1）适用前提和范围。如前所述，非刑罚处罚在性质上属于刑事责任的实现方式，这决定了其适用前提是构成犯罪，适用范围包括法院单纯宣告有罪而免除刑罚处罚和检察机关的相对不起诉。需要特别指出的是，检察机关的相对不起诉是刑事责任追究的方式，也是一种刑法上的否定评价。无罪判决、存疑不起诉、绝对不起诉均不得适用非刑罚处罚措施。对于因数额或情节未达到相关罪名的构罪标准，构成行政违法的，即使司法机关移交行政机关给予行政处罚，这样的行政处罚也绝非刑法第37条意义上的行政处罚。（2）适用条件（"必要性"审查）。刑法第37条规定的非刑罚处罚的种类，由轻到重依次为训诫、责令具结悔过、赔礼道歉、赔偿损失、行政处罚、行政处分。在适用条件上，应当注意以下两点：第一，并非所有的单纯宣告有罪和相对不起诉案件均需给予非刑罚处罚，而是要结合个案的性质、情节、再犯可能性、预防必要性等进行"必要性"审查，不能对所有相对不起诉案均提出检察意见移交行政机关。例如，邻里纠纷引发的故意伤害案件，双方已经和解，检察机关作出相对不起诉后，如果再移交公安机关给予行政拘留的行政处罚，不仅没有必要，反而会进一步激化矛盾，将刑事和解的功能和效果抵消。第二，遵循比例原则，避免重复处罚。所给予的处罚应当与行为的法益侵害性及预防必要性成比例。例如，在刑事和解过程中已经对被害人进行赔偿，被害人也已经接受并表示谅解，就没有必要在宣布不起诉或免除刑罚宣判时再责令被不起诉人、被告人赔偿损失；在案件侦查过程中，已经被刑事拘留的犯罪嫌疑人、被告人，在相对不起诉决定宣布或免除刑罚宣判时就没有必要再建议行政机关给予行政拘留。（3）适用程序。作为一种刑事责任的实现方式，非刑罚处罚毕竟是犯罪的一种法律后果，也是一种刑事制裁，因此其适用程序应当是严格的、严肃的；同时，非刑罚处罚的目的与刑罚处罚一样都是为了预防犯罪，规范且具有"仪式感"的程序更能体现其惩罚性，进而实现特殊预防和一般预防的效果。例如，应当细化规定训诫的内容、方式、场所、知悉范围等，体现出一定的"仪式感"。

办理轻伤害案件的实践论研究

王　勇[*]

　　为深入学习贯彻党的二十大精神，全面贯彻习近平法治思想，进一步提升轻伤害案件办案质效，积极促进矛盾化解和犯罪治理，2022年12月22日，最高人民检察院、公安部联合发布了《关于依法妥善办理轻伤害案件的指导意见》（以下简称《意见》）。

　　《意见》特别强调："依法全面调查取证、审查案件"，"积极促进矛盾化解"，"人民检察院应当注重对案发背景、案发起因、当事人的关系、案发时当事人的行为、伤害手段、部位、后果、当事人事后态度等方面进行全面审查"。只有全面审查，才能充分挖掘案件中的天理、法理和情理，进而做到准确评估社会危害性，这对办理故意伤害案件具有重要的指导意义。应勇检察长指出："善于统筹'法理情'的有机统一，切实防止就案办案、机械司法。"当前，部分案件办理出现就案办案、机械办案的问题，就是没有统筹"法理情"的统一。但从另一个角度看，"法理情"之间的矛盾是伪命题——人情和天理都是犯罪构成要件事实及量刑情节，本身就是刑法要评价的对象。在"法理情"融合的基础上全面审查，除了能够把握案件事实的全貌，还有利于落实宽严相济的刑事政策，促进实现刑罚一般预防与特殊预防效果的最大化，有效推动犯罪治理，做到公正司法。

---

　　[*]　王勇，江苏省苏州市人民检察院党组副书记、副检察长。

一、全面审查的必要性

在刑事犯罪日趋轻缓化的背景下，轻伤害案件成为故意伤害案件结构中的主要部分。轻伤害案件往往都是与民间矛盾等密接交织，与单纯被害人一方法益受侵害的其他类型刑事案件不同，轻伤害案件往往表现为民间矛盾当事人双方权利冲突或交互性侵害。除此之外，矛盾引发原因复杂琐碎，矛盾产生到激化有较长的积累演变过程等特点，[①]造成轻伤害案件中当事人双方权利义务与过错混杂，很难明确孤立的对错，而是双方都有对错。如果仅看伤害结果这一个"点"，忽视了事实演变的整体脉络，一刀切式地将矛盾激化的责任都归于最终的伤情较轻的一方，容易忽视对激化矛盾有责任甚至整体过错更大的一方。类似用最终伤害结果片段化的认定事实，就会走上"谁受伤谁有理"之路，而无法分清整体事件的是非对错，很可能会偏离正义、显失公平。

一直以来，司法实践以形式违法性来适用刑法是简单、便捷的方法，也即行为违反刑法形式上的禁止或命令，[②]便适用刑法来认定犯罪。在轻伤害案件中，凡是案件事实存在伤害的故意、行为和伤害结果，个别司法人员便认为符合刑法第234条"故意伤害他人身体"的构成要件，进而认定构成故意伤害罪。但这一做法的最大弊端在于，人为地将案件事实割裂，仅关注与形式的构成要件有关的事实，而忽视对前因的审查，在法律文书中只以"琐事"一笔带过。这看似符合演绎推理的法理逻辑，却违背了客观事物发展的自然逻辑。所谓"一个巴掌拍不响"，大多数伤害行为的发生往往起因复杂、过程曲折。并不是一方实施了最重的加害行为，事件发生所有过错和根源就都在其身上。换言之，轻伤害案件中，社会危害性的大小不仅体现于实施行为的那个"时间点"，而且蕴含在事

---

① 车浩：《从李昌奎案看"邻里纠纷"与"手段残忍"的涵义》，载《法学》2011年第8期。

② 张明楷：《刑法学》（第六版），法律出版社2021年版，第137页。

件演进的"时间线"和人物关系的"展开面"之中。只顾一"点",而忽视"线""面",必然会导致社会危害性评估不准,影响公平正义的实现。因此,对于刑事违法性的理解,在判断形式违法的基础上,更为关键的是要从实质违法性展开。①也即在办理轻伤害案件中,判断罪与非罪、罪轻罪重时,既要准确解释形式上法律规定的构成要件要素,还要通过对案件前因的审查、分析,在实定法之外进一步寻求刑事违法的依据。②

上述实践中片面的做法系机械地套用故意伤害罪的构成要件,对事件前因采取回避态度而草率作出有罪判决,既不能使行为人心服口服,又让有过错的被害人越发恣意,造成双方矛盾更加尖锐,法律效果、政治效果和社会效果均不佳。有观点提出运用超法规违法性阻却事由来强化实质违法性判断,即以法益衡量、社会相当性或是否存在与正当目的相当的手段作为判断基准。③暂且不论是否可以超出法规对违法性进行阻却,运用上述实质违法性判断思路来评估社会危害性却十分必要。质言之,就是要将天理、国法、人情统一于办案实践。而天理、国法、人情无法从实行行为和损害后果这一个点得出,而是潜藏于事实演进的全链条中。这就要求我们在办理轻伤害刑事案件时,应当树立全面审查的办案思路,重视对案件前因的审查,将前因与行为、结果等要素作为一个整体综合评判。

二、天理、国法、人情的融合与运用

《意见》指出:"人民检察院、公安机关要以宽严相济刑事政策为指导,对因婚恋、家庭、亲友、邻里、同学、同事等民间矛盾纠纷或者偶

---

① [日]山口厚:《刑法总论》(第 3 版),付立庆译,中国人民大学出版社 2018 年版,第 103 页。

② 张明楷:《刑法学》(第六版),法律出版社 2021 年版,第 138 页。

③ [日]山口厚:《刑法总论》(第 3 版),付立庆译,中国人民大学出版社 2018 年版,第 183–184 页。

发事件引发的轻伤害案件，结合个案具体情况把握好法理情的统一⋯⋯"天理就是长期以来形成的公序良俗，基本的道德规则，是自古以来形成的传统、规矩、认知。违背基本的道德准则就会被群众认为"天理难容"。所以，宋朝的朱熹就认为："天理只是仁、义、礼、智之总名。"国法是国家的法律，人情是人之常情。循天理、遵法律、顺人情，这是我们办案的价值观，这样就能实现办案"三个效果"的统一。办案中我们经常说要考虑经验法则，经验法则其实就是人之常情，就是常理、常识、常情。这些在我们认定事实、适用法律时，至少是酌定量刑情节。有的甚至可能是紧急避险、正当防卫或是民事法律上的私力救济等法定情节。如果我们办案的时候没有遵循天理、国法、人情，不仅老百姓很难认可、接受我们的结论，更是办案质量不高，没有真正全面评价案件事实。现在很多舆情案件，很大程度上没有遵循人情、天理，没有全面、准确地执行国法。

对于法律及其相关的概念，西方人的理论和东方人的认知存在较大差异。西方的法学理论建构于概念之间的互相独立性甚至对立性的基础上，例如西方人将法律视为相对封闭的系统，与道德、情感、伦理相互独立、互不干涉。但中国社会建构中概念与概念之间有着很强的包容性和递进性，比如修身、齐家、治国、平天下就是一组既互相包容又逐渐推延的概念。同样，在中国的社会建构中，天与人、情与理、德与法也没有对立关系，而是互相包容、逐渐推延的关系。① 因此，法律不外乎人情：人情大不过国法，国法压不住天理，天理不外乎人情。三者是一种相生相克的关系，也是内在逻辑一脉相承的关系。只有树立这样的价值观，才能实现法律效果、政治效果和社会效果的统一。只有遵循天理、国法、人情，才能真正让群众感受到公平正义。因此，任何犯罪行为，都要考虑当地的风土人情、社会认知、传统的公序良俗等，再做出综合

---

① 翟学伟：《人情、面子与权力的再生产》，北京大学出版社 2013 年版，第 43、45 页。

判断。

个别的司法案件，表面看是注重国法，其实是机械执法。实际上是没有全面评价案件事实，忽视了天理和人情应该是认定事实的重要组成部分。在办理轻伤害案件时，我们习惯于站在事后的角度、局外人的角色冷静观察，这样就很难捕捉到当事人的行为动机、主观目的等潜藏于人内心的观念。更重要的是，这样会丧失洞察案件中人情的最佳视角。我们应当转换理念，用"如我在诉"的思路，把自己代入现场中，把自己当做不同当事人，反复思考这时候一般人会如何选择、自己做什么选择？得出初步结论后，再用复杂、精细的技术规则验证自己的结论。

比如一起因遛狗不牵绳引起的轻伤害案件中，嫌疑人深夜与几个赤膊文身的男性朋友在饭店门口吃饭喝酒。被害人的法斗犬（高30厘米左右）到处乱窜乱叫，吓到嫌疑人的妻子，嫌疑人遂捡起石头砸狗。被害人上前争执后，嫌疑人先后两次将被害人推倒致伤。如果初看该案，以嫌疑人的视角看，发现被害人没有遵循"遛狗要牵绳"的规范，进而认定被害人有较大过错。但如果站在被害人的视角，狗是母女二人的宠物，接近自己的家庭成员的角色。宠物狗在撒欢乱窜乱叫时，自己的女儿正在追赶，未产生实质危害。正如古人所讲"打狗还要看主人"。嫌疑人在妻子因狗的吼叫受到惊吓时，没有与狗的主人沟通，也不顾狗主人的感受，直接用砖石打狗，当然会激怒被害人。因此，在起因上，双方都有一定过错，而非单方过错。

再进一步看，深夜嫌疑人与多名赤膊文身的男性朋友一起，人多势众。在嫌疑人一方人数、年龄、体力等各方面都明显碾压被害人母女的情况下，第一次推倒被害人已经占据明显优势。此后，嫌疑人一方已经围住被害人母女，又一次猛力把对方母亲推倒在地，其主观恶性和过错程度都较大，有追究刑事责任之必要。

再如近期网络热议的高铁掌掴案中，因高铁上小孩吵闹，前排受打扰的年轻女子制止未果，进而与小孩的母亲争吵、互相掌掴，该事件双方均有过错，只是大小有别。就年轻女子的过错而言，她在小孩母亲阻止的情况下，恶意面向幼童声嘶力竭吼叫"那又怎么样？！"，还拿起手机对着幼童录像。这一系列行为明显激化矛盾。后期正如这个女孩发在自媒体上的文章："我也不是好欺负的人，对着空气骂人。然后小孩妈妈说我再骂人她就打我，我接着说，她接着就扇了我一巴掌。当然我也还击了两个响亮耳光。"属于明知自己辱骂行为会激怒对方，导致行为升级而故意继续为之，并积极追求这一结果。易言之，就是较为典型的故意引诱对方进行侵害而准备还击的行为。所以，上述行为中双方都有过错，而非反击型的正当防卫。由此也可以看出，对上述事实中任何一个细节如果关注不足，都会产生认定偏差。

三、坚持过错衡量规则全面评价事实

很多案件中，行为人和被害人都有错，谁的"错"多一点，谁的"错"少一点？司法人员对事实的审查就如同面对着一个天平，两个人"过错"的砝码一点点不停地往上加。当天平倾向于嫌疑人一方过错的地方越来越多，追究刑事责任就更有依据和理由。如果被害人的过错和行为人的过错差不多，天平基本没有倾斜，入罪就要慎重。在审查事实时需要注意的是，不能仅看过错的数量，还要看过错的程度——过错的砝码有的大有的小，有的重有的轻，也会影响天平的平衡。在审查事实中，我们要找哪一个对天平造成更大影响。总之，我们要用社会公认的公序良俗和道德准则梳理、把握案件中存在的各个冲突利益，包括行为人的利益、被害人的利益、法治秩序和社会对治安的预期，同时对各个利益的权重进行赋值，在衡量利益的天平两边添加砝码，然后做出最终的判断。

比如一起上下楼邻居因房屋漏水引发的轻伤害案件中，因楼上漏水，被害人父母与楼上的嫌疑人夫妇协商。嫌疑人夫妇至楼下查看漏水情况时，妻子（48岁）与物业人员就维修责任发生争论。临时回父母家的被

害人（29岁）误以为楼上女主人不想承担责任，遂冲出自己房间，大声多次辱骂。嫌疑人见自己妻子无故被辱骂而气愤，遂打了被害人一个耳光，致其双侧鼻骨骨折。本案中，行为人因其房子漏水影响楼下，应有维修责任。从情理上说这是人之常情；从法理上说，根据民法典，行为人应当承担侵权责任。嫌疑人与物业之间的过错责任比例，可以单独讨论。在楼下邻居家中讨价还价，有些欠妥。然而，被害人作为晚辈，出言无状，当众大声辱骂邻居的妻子，侵犯了他人的人格权，存在明显过错。行为人见自己妻子当众被邻居家孩子侮辱，愤然掌掴，随即停手，更多是制止对方辱骂妻子的应激反应。综上，在起因上看，嫌疑人家漏水在前、与物业争执在前，有两处较小过错。被害人只有一处过错，但其作为晚辈产生错误判断后，当众连续辱骂邻家长辈，对激化矛盾责任较大。"称量"双方过错的天平基本没有倾斜，综合考虑案件的情节，提起公诉就要慎重。

四、前因审查的证据规则

（一）检察机关强制审查机制的构建

检察官负有客观公正义务，在办案中必须坚持不枉不纵的立场。检察官应注意在人身伤害类案件中查明起因，不能将各类情况复杂的起因简单归纳为琐事。但需要构建强制审查机制来压实这一义务。伤害类案件的起因问题，如果不查清，那就要启动专门的内部审查、讨论等程序，才能提起公诉。不能只认定两个人发生了斗殴致一人伤亡，而将为什么发生斗殴这个起因束之高阁。如未启动相应程序的，应视为不符合提起公诉条件。只有建立强制性的审查机制，才能把客观公正的义务真正落实到每一个轻伤害案件的办理中。

当然，这也需要辩方适当地履行主张责任，进而形成争点，包括对被害人过错的大致说明、伤害发生的时空状态以及行为人所使用的手段及工具的描述。因此，类似于非法证据排除规则，辩方的证明责任为"争点形成责任"，至少要有一定的证据或者线索，能够动摇控方的指控体系。

（二）总体处断规则

实践中大量轻伤害案件因民间纠纷引起，且系双方互殴。对此，首先要判断所谓的民间纠纷是否合理，如果是类似"你瞅啥？瞅你咋地？"之类对话，明显是相互挑衅，不属于民间纠纷。如双方的暴力依次升级，都在积极追求实现"暴力对等"，有进一步加害对方的意图，存在明显的过错，不宜从宽处理。

特别重要的是，审查伤害类案件，不能仅仅审查暴力升级时的这个"时间点"，而应该看整个事件发展的"时间线"。评价前因和双方过错必须坚持整体判断，因为双方都有斗殴意图，也不会约好时间同时动手。即使拳击比赛，动手都会有先后。因此，不能简单地认为暴力冲突中后动手者过错就小，必须综合起因、过程及行为人一贯表现等综合判断。

比如一起因情感纠纷引起的故意伤害案，被害人的妻子与嫌疑人长期姘居，且拒不回家。被害人找理由骗妻子与自己见面，嫌疑人去实施所谓解救行为，两人对打中刺伤被害人。该案嫌疑人试图长期维持姘居关系，保护的属于典型的非法利益，不具有正当性。不能看在斗殴中，被害人先动手，而认定嫌疑人一方有防卫情节或者过错较少，而应认定嫌疑人的过错较大。

（三）品格证据的运用

虽然我国尚未确立品格证据制度，但是当事双方的一贯表现，不仅对证据的采信具有很大的价值，同时对于认定其有无主动加害以及案件起因等具有重要价值。检察机关可以进行社会调查，为审查判断提供参考。

比如，最高检第 45 号指导性案例陈某正当防卫案办理过程中，就运用了社会调查报告。案发后，陈某所在学校向司法机关提交材料，证实陈某遵守纪律、学习认真、成绩优秀，是一名品学兼优的学生。

再如，最高检工作报告中提到的邢台董民刚正当防卫案办理过程中，也对当事双方的一贯表现进行了社会调查。对刁某某的社会调查表明，其有犯罪前科，村民视其为村霸。对董民刚的社会调查则表明，其为人老实忠厚，家境困难，与人为善，在当地口碑甚好，很多村民希望司法机关对董民刚宽大处理。从案发前刁某某一系列的非法行为及其社会表现、董民刚的社会表现来看，印证了刁某某盛气凌人、凶残无比，印证了董民刚在案发当晚心理十分恐惧，由此证明了案件发生时刁某某的较大过错，为准确判定案件性质奠定了基础。

法律是最基本的道德，但是司法结论会影响社会的公序良俗，甚至可能重新塑造社会的价值导向。如果我们司法机关把案件处理得好，就能塑造善的公序良俗，让它符合社会更多公众内心的愿景。所以，司法机关办案的结论和社会公众的认知是相互关联的。习近平总书记指出，核心价值观承载着一个民族、一个国家的精神追求，体现着一个社会评判是非曲直的价值标准。用司法办案引领社会公正，体现核心价值观，这是办案更大的价值。在故意伤害类案件中，只有全面审查案件事实，才能落实"法理情"融合的办案效果，才能高质效办好每一个案件，才能真正、切实让人民群众感受到公平正义。

伤害类案件办理中存在的
执法问题研究

李奋军 *

故意伤害类案件是派出所最为常见的案件之一，在执法实践中，因案件定性不准确、调查取证不规范、矛盾纠纷化解不到位等问题影响了执法质效，公安机关要从最大限度维护公平正义的立场出发，积极做好伤害类案件的办理工作。

一、伤害类案件办理中存在的执法问题

（一）案件定性不准确

故意伤害案件办理中确定是否入罪主要看伤情情况。如果经鉴定达到轻伤二级以上，一般都报立刑事案件办理。但在未查清案件起因、是否具有排除犯罪的事由、是否存在过失的情况下仅按照伤情鉴定意见，一刀切立刑事案件办理的做法会导致案件定性不准，违背了公平正义的基本要求。

如某派出所办理的杨某故意伤害一案。2019 年 5 月 6 日 23 时许，吕某、李某、赵某等 3 人在某宾馆门前一啤酒摊上饮酒，酒后李某为防止吕某开车将其钥匙拿走。吕某向赵某索要车钥匙时将正在旁边打牌的杨某脖子处捣了一拳头，吕某与杨某发生争执。接着吕某将杨某压倒在地

---

* 李奋军，甘肃省武威市民勤县公安局法制大队副大队长。

后在杨某身上猛踏，同时持一把木凳砸在杨某的头部，杨某顺手也拿起一把木凳砸在吕某眼部，被在场人劝开。经鉴定，杨某头部损伤构成重伤一级，吕某眼部损伤为轻伤一级。该案办理过程中对吕某构成故意伤害罪无异议，但因杨某致吕某轻伤一级，某派出所也报立刑事案件追究杨某的刑事责任并移送起诉。某人民检察院以杨某构成正当防卫不构成犯罪为由作出不起诉决定。

该案行为人吕某无事生非对杨某殴打，吕某挑事在先，而且手段恶劣，后果严重，致行为人杨某重伤的过程中，杨某顺手持木凳反击过程中致吕某轻伤，但未超过必要限度，杨某主观上是防止再次被吕某殴打，并无伤害故意，二人不构成互殴，杨某的行为完全符合正当防卫的构成要件，属于法定的排除犯罪的事由，但办案民警之所以对杨某立案侦查并且移送起诉，其原因在于"唯结果论"，以为只要出现轻伤就构成犯罪，未正确区分互殴与正当防卫的界限，导致案件定性错误。

（二）调查取证不规范

故意伤害案件办理中，因调查取证不规范导致事实不清、证据不足，案件处理存疑乃至引发信访、缠访、闹访的情形时有发生。调查取证方面主要存在以下三方面的问题。

一是调查取证不及时。大多数伤害类案件具有偶发性的特点，而且证据容易灭失，如视频监控会因存储空间的问题被覆盖、证人走失或囿于各种原因不愿意作证，行为人为逃避责任甚至拒绝如实供述、现场因为天气原因或其他人为原因导致变动等，都会为后续案件的处理增添难度。如某派出所办理付某故意伤害案。2020年3月16日19时许，在某小区门口，付某酒后与何某发生争执，后付某将何某推搡到途经小区门前的一辆小轿车上，致何某头部及腿部受伤，经鉴定何某腿部髌骨骨折达到轻伤二级，何某花去医疗费3万余元。该案发生后某公安局交警大队以交通事故进行处理，处理中发现该案涉嫌故意伤害，遂移交辖区派出所处理，但移交时交警大队未及时固定证据。当事人双方对付某是否推搡何某各执一词，在场一名证人又系付某与何某双方的亲戚，其未避免矛盾拒绝作证，事发 3 日后某派出所民警调取现场监控时发现，监控视频已被覆盖无法调取。导致该案案件事实认定存疑，为此何某多次信访，后该案移送起诉后被检察机关作出存疑不起诉决定。该案导致案件事实不清，主要原因在于调查取证不及时导致关键证据灭失，影响了案件处理的质效。

二是物证提取不及时。故意伤害案件中，作案工具、现场物品等物证都是正确认定案件的关键证据。执法实务中因民警对物证收集不及时影响案件办理的情况时有发生。如某派出所办理赵某故意伤害案。2021 年 9 月 1 日 22 时许，赵某与杨某等人在一酒吧内喝酒时，赵某与杨某发生口角，赵某持啤酒瓶对杨某殴打中啤酒瓶破裂，接着赵某又持破啤酒瓶在杨某的面部、脖子处进行伤害致杨某受伤，经鉴定为轻伤二级。某派出所民警调查中，赵某声称其当时醉酒且对伤害行为予以否认，当时在场的其他人员因事发突然，酒吧内光线不足，并未看清伤害的过程，民警未及时对现场破裂的啤酒瓶及碎渣进行提取。案件移送到检察院后，检察机关经审查因关键物证啤酒瓶及碎渣未提取导致案件存疑，作出存疑不起诉决定。办案民警未对现场及时勘验，作案工具未提取固定，时过境迁，无法补证，影响了案件的处理。

三是伤情鉴定不规范。伤情鉴定是故意伤害类案件办理中的关键证据，如果伤情鉴定不依法进行，将严重影响案件办理质效。执法实践中存在重复鉴定、鉴定委托不及时、鉴定不到位、对鉴定意见审查不深不细等问题，影响了鉴定意见的证据效力。如某派出所办理的彭某故意伤害案。2021 年 9 月 25 日 10 时许，彭某（女）与李某（女）在本村的一块地上割草时，二人因曾经的土地纠纷发生口角后，二人相互厮打在一起致李某面部和胸部受伤，李某报案要求派出所处理。2021 年 12 月 14 日，某司法鉴定中心鉴定，李某左侧 3 根肋骨骨折，达到轻伤二级。某派出所将该案转为刑事案件办理，办理过程中彭某对李某的伤情鉴定意见存有异议，某公安局启动重新鉴定。经另一鉴定机构鉴定，李某3根肋骨骨折与外伤之间的因果关系无法判定，李某的损伤为轻微伤。面对两份完全相反的鉴定意见，某派出所民警对案件的处理陷入了困境。其原因在于伤情鉴定程序不规范，对鉴定意见未作审核直接作为定案的依据。

（三）矛盾纠纷化解不到位

伤害类案件会对受害人产生较大的经济损失和精神损害，案发后如果受害人得不到及时的赔偿，一方面会影响其就医治疗问题，另一方面受害人得不到及时赔偿的情况下，往往通过信访、投诉、网上发帖等方式对公安机关施加压力，影响执法办案效果。特别是一些事实不清证据存疑的伤害类案件，一方面受害人的伤情确实存在，另一方面伤害的因果关系不明，甚至行为人不明确的情况下，案件处理的难度会更大。

二、做好伤害类案件办理的应对措施

（一）依法精准认定案件性质

"两高一部"《关于依法适用正当防卫制度的指导意见》要求要切实防止"谁能闹谁有理""谁死伤谁有理"的错误做法，坚决捍卫"法不能向不法让步"的法治精神；最高人民检察院、公安部联合印发《关于依法妥善办理轻伤害案件的指导意见》（以下简称《指导意见》）明确要求避免"唯结果论""谁受伤谁有理"的错误思想，对于"犯罪嫌疑人只是与被害人发生轻微推搡、拉扯的，或者为摆脱被害人拉扯或者控制实施甩手、后退等应急、防御行为的，不宜认定为刑法意义上的故意伤害行为"；还有"两高一部"发布的正当防卫的典型案例都为故意伤害案件的准确定性指明了方向。

在执法实务中，基层民警要摒弃"唯结果论"的错误倾向，在案件办理中按照《指导意见》的要求做好"三个准确区分"，即准确区分罪与非罪、准确区分寻衅滋事罪与故意伤害罪、准确区分正当防卫与互殴型故意伤害。在全面调查取证的基础上，结合具体案情、作案时间、作案地点、案件起因、作案手段，整体把握案件性质，防止案件错误定性违背公平正义原则，要坚决捍卫"法不能向不法让步"的法治精神。

（二）全面调查取证

按照证据裁判主义的要求，没有证据就没有案件事实，证据是认定案件事实的基础。在故意伤害类案件办理中要从以下两方面做好案件的调查取证工作。

一是要及时、全面、规范收集证据。要防止时过境迁，导致证据灭失的情况发生。接处警过程中，基层民警在控制事态的同时要及时通过执法记录仪固定言词证据，及时现场勘验，及时提取作案工具，及时对受害人进行伤情检查。尤其要第一时间固定言词证据，俗话说"夜长梦多"，言词证据具有易变性的特点，处警民警如果不在第一时间对行为人、在场证人进行询问，离开现场或隔一段时间进行询问，往往会发生不如实陈述或供述问题。在案发后的第一时间固定言词证据对伤害案件的查处具有特殊意义。特别是发生在农村偏远地区的伤害案件，认定案件事实的关键证据可能就是言词证据，如果固定不及时，时隔时间较长，证人拒绝作证或囿于特殊关系虚假作证的可能性更大。此外，对于视听资料、现场勘验等证据也要及时获取，防止因其他技术因素或其他人为因素导致的证据灭失。

二是要规范伤情鉴定。故意伤害案件办理中，伤情鉴定直接关系案件定性，基层民警要高度重视伤情鉴定工作，防止因伤情鉴定问题影响案件的办理，从以下三个方面做好伤情鉴定工作。

首先，要及时启动伤情鉴定，公安部《公安机关办理伤害案件规定》

（公通字〔2005〕98号）第18条规定："公安机关受理伤害案件后，应当在24小时内开具伤情鉴定委托书，告知被害人到指定的鉴定机构进行伤情鉴定。"基层民警在接到故意伤害警情后的第一时间要及时委托鉴定，防止鉴定不及时影响案件办理。

其次，要对伤情鉴定意见及时审查。鉴定意见与其他证据一样，不具有先天的证据效力，能否作为定案的依据，关键在于办案人员要从形式到内容进行全面审查后，确定是否能作为定案的依据，要防止因鉴定意见错误导致案件定性错误的问题发生。

最后，要规范鉴定程序。要慎重启动重新鉴定或补充鉴定。启动重新鉴定或补充鉴定要坚持必要性为原则，不能因为一方当事人对鉴定意见有异议就启动重新鉴定或补充鉴定，鉴定机构之间无上下级之分，重新鉴定增加了审查鉴定意见证据效力的难度。基层民警一般情况下要在审查首次鉴定意见存在错误或存在瑕疵的基础上，再稳妥启动重新鉴定或补充鉴定。对于鉴定意见所需的病例资料，基层民警要通过调取证据的方式向鉴定机构移送，要防止被害人提供病例资料导致的鉴定资料被篡改的执法风险。

（三）多措并举化解矛盾纠纷

故意伤害案件常见多发，如果处理不当，容易埋下社会不稳定的隐患，甚至激化矛盾。为提高办案质效，基层民警要多措并举，把化解矛盾纠纷作为履职办案的重要任务。要分情况做好以下三方面的矛盾化解工作。

一是对于行为人有能力赔偿的故意伤害案件，及时启动刑事和解程序。要用好认罪认罚从宽制度、刑事和解制度和司法救助制度等制度，案发后对于事实明确的故意伤害案件，基层民警要及时做好当事人之间的民事赔偿工作，在行为人履行赔偿协议的基础上及时建议检察机关对行为人从宽处理，以实现案结事了。

二是对于确实无法赔偿的，及时启动司法救助程序，防止因被害人得不到及时赔偿引发次生社会矛盾。

三是对于因受害人漫天要价，行为人有赔偿意愿，但达不成刑事和解的案件，要及时将行为人的赔偿意愿、赔偿情况、公安机关启动的和解情况记录在案，及时移送检察机关依法处理。

做好伤害案件的矛盾化解工作，基层民警要从大局出发，尤其是因邻里矛盾引发的故意伤害案件，要及时做好当事人之间的释法说理工作，敦促行为人积极履行民事赔偿义务，在当事人之间及时架起协商化解矛盾的桥梁，最大限度在案件移送起诉前达成刑事和解协议，以提高办案质效。

故意伤害类案件具有发案多、取证难、维权频、执法风险大等特点，基层民警要从调查取证、案件定性、矛盾化解等方面做好案件办理工作，努力提高办案质效。

故意伤害案件中赔偿对量刑的
影响机制研究

高　通[*]

　　赔偿作为一项量刑情节在司法实践中发挥着越来越重要的作用，有些案件中赔偿成为量刑减免的关键考量因素，认罪认罚从宽制度的实施也将进一步强化赔偿在刑事司法程序中的作用。随着赔偿对量刑影响作用的增加，学界对刑事赔偿问题也予以充分关注。但总体来看，当前研究更侧重于学理分析而实证分析相对不足，[①]且对赔偿影响量刑的机制缺乏研究。如我国的赔偿影响量刑机制是否按照量刑规范化改革的要求运行？赔偿与谅解在影响量刑方面有无区别？谅解时赔偿数额的确定会受哪些因素影响？赔偿时间、赔偿意愿以及赔偿能力会对量刑产生何种影响？对这些问题，学界并没有给出很好的答案。因对赔偿影响量刑机制缺乏了解而带来的风险，可能会随着科技对刑事司法领域的介入而被放大。如笔者先前跟一位量刑智能辅助系统的设计人员聊天时了解到，其在设计赔偿情节时仅使用赔偿与否、谅解与否这两个自变量，并未将赔偿时间、赔偿数额、赔偿意愿等要素设计进去，其原因除与这些赔偿要

---

　　[*]　高通，南开大学法学院副教授，南开大学人权研究中心研究员。

　　[①]　如万娟：《赔偿在刑事司法中的正当性之辨》，载《刑法论丛》2015 年第 1 期；王瑞君：《赔偿作为量刑情节的司法适用》，载《法学论坛》2012 年第 6 期；付小容：《刑事损害赔偿影响量刑的法理分析》，载《暨南学报（哲学社会科学版）》2013 年第 10 期；万国海、高永明：《刑事案件民事赔偿的量刑机理研究》，载《南京社会科学》2018 年第 8 期等。

素对量刑的影响较小有关外，也与我们不了解赔偿影响量刑机制有关。[①]
基于上述考虑，本文拟从司法实践中提炼当前的赔偿影响量刑机制，并
在此基础上回应社会对赔偿影响量刑机制的诸多疑问。考虑到赔偿在死
刑和非死刑案件中对量刑的影响机制存在不同，[②] 而当前学界对非死刑案
件中赔偿影响量刑机制的关注又尤为缺乏，[③] 本文将以故意伤害案件为例
分析赔偿对量刑的影响机制。

一、数据来源与分析工具

（一）数据来源

本研究使用的刑事裁判文书来自于"聚法案例"。首先，为统计方便
本文仅搜集一审刑事裁判文书，并选取裁判时间为 2018 年的文书。其
次，为详尽呈现故意伤害案件中赔偿对量刑的影响机制，本文依据刑法
第 234 条设定的量刑幅度将所有样本分为"致人轻伤""致人重伤"和
"致人死亡"三组。最后，为使样本尽可能多地包含有是否赔偿、赔偿金

[①]　访谈编号 G01。

[②]　Kwai Hang Ng, Xin He, *Internal Contradictions of Judicial Mediation in China*, 39 Law and Social Inquiry 285, 285（2014）.

[③]　对死刑案件中赔偿影响量刑机制进行实证研究的文章主要有：如赵秉志、彭新林：《论民事赔偿与死刑的限制适用》，载《中国法学》2010 年第 5 期；王瑞君：《赔偿作为量刑情节的司法适用研究》，载《法学论坛》2012 年第 6 期；张心向：《死刑案件裁判中非刑法规范因素考量》，载《中外法学》2012 年第 5 期；最高人民检察院公诉二厅课题组：《民事赔偿情节对死刑适用的影响》，载《国家检察官学院学报》2018 年第 1 期等。对非死刑案件中赔偿影响量刑机制进行实证研究的代表性文章主要有，白建军：《基于法官集体经验的量刑预测》，载《法学研究》2016 年第 6 期；赵军：《正当防卫法律规则司法重构的经验研究》，载《法学研究》2019 年第 4 期；文姬：《醉酒型危险驾驶罪量刑影响因素实证研究》，载《法学研究》2016 年第 1 期；董秀红：《交通肇事量刑中的赔偿因素考量——基于百份判决书的统计分析》，载《东南学术》2010 年第 4 期；Yuanyu Xin, Tianjin Cai, *Paying Money for Freedom: Effects of Monetary Compensation on Sentencing for Criminal Traffic Offenses in China*, Journal of Quantitative Criminology（2019）, https://doi.org/10.1007/s10940-019-09409-w.

额、赔偿时间等赔偿要素，本文将"元"作为另一检索词。基于上述检索方法，分别检索到"致人轻伤""致人重伤"和"致人死亡"案件各11045 个、1852 个和 573 个。① 对"致人轻伤"和"致人重伤"案例，本文采用等距抽样的方式，将所有样本按裁判时间进行排序后以等距方式抽取各 1000 个样本；对于"致人死亡"案例，由于 2018 年数量较少故将 2017 年的案例（479 个）纳入进来。在排除判决结果为无罪、重复案例、审判改变罪名、自诉案件以及发生于 1997 年之前案件等样本后，形成 960 个"致人轻伤"样本、1042 个"致人重伤"样本和 894 个"致人死亡"样本，共计 2896 个样本。其中，"致人轻伤"的 960 个样本中，赔偿和不赔偿的样本分别为 688 个和 272 个；"致人重伤"的 1042 个样本中，赔偿和不赔偿的样本分别为 689 个和 353 个；"致人死亡"的 894个样本中，赔偿和不赔偿的样本分别为 518 个和 376 个。

当然，上述数据也存在局限性，如裁判文书并非全部上网、② 裁判文书说理程式化③ 等因素可能会影响到数据的代表性与准确性。故为帮助笔者完善研究假设以及加深对数据的理解，笔者也分别与 4 名刑事法官、5名检察官和 5 名刑辩律师进行深度访谈，以了解其对赔偿影响量刑机制的真实想法。④

---

① 检索时间为 2019 年 10 月 23 日至 25 日。

② 参见唐应茂：《司法公开及其决定因素：基于中国裁判文书网的数据分析》，载《清华法学》2018 年第 4 期。

③ 参见赵军：《正当防卫法律规则司法重构的经验研究》，载《法学研究》2019 年第4 期。

④ 访谈发生于 2018 年 11 月至 2019 年 10 月间，对法官、检察官和律师的访谈分别从J01、P01 和 L01 开始编号，J 代表法官，P 代表检察官、L 代表律师。这些法官、检察官和律师均从事刑事工作十年以上，且均在刑事司法实践一线，非常了解刑事司法现状。此外，笔者对某智能量刑辅助系统主要负责人的访谈编为 G01。

（二）变量设计与数据分析方法

本研究分别将"主刑量刑结果""缓刑适用"和"谅解时每位被害人获得赔偿数额"确定为因变量。[①] 各自变量的认定主要源自刑事裁判文书中"本院认为""当事人个人信息"以及"经审理查明"三个部分。为防止各量刑情节被重复评价，本研究中的自变量不包括裁判文书中提到的"犯罪情节轻微""主观恶性小"等属于法院结合案情二次判断的情节。经查阅裁判文书共提取到 30 个量刑情节，包括被害人人数、伤害程度、伤残、自首、坦白、立功、自动投案、赔偿[②]、谅解、悔罪态度和表现、当庭认罪、初犯偶犯、邻里关系和民间矛盾、家庭成员、年龄、被害人过错、刑法因果关系、防卫过当、从犯、积极救治、认罪认罚、被害人激化矛盾（尚未构成刑法意义上的过错）、被告人为限制行为能力人、案件起因、被告人为残障人士等、被害人为残障人士等、累犯、前科和劣迹、持械、手段残忍。但经过双变量相关性分析后发现，悔罪态度和表现与赔偿、谅解、积极救治等要素间存在较强的相关性，为确保模型的稳定性，本研究将悔罪态度和表现剔除出自变量。

本文使用 SPSS 软件对自变量与因变量的关系进行回归分析。第一，因为主刑量刑结果是连续变量，故使用多元线性回归方法进行回归分析。第二，缓刑与否是二元分类变量，故使用二元 logistic 回归方法进行回归分析。第三，谅解时每位被害人获得赔偿数额与主刑量刑结果和缓刑适用之间并非线性关系，将其进行以自然对数为底的对数转换后，再使用多元线性回归方法进行回归分析。

[①]　由于共同犯罪和共同被害人情形的存在，赔偿数额可能有多种表现形式，如案件合计赔偿数额、每位被害人获得赔偿的数额、每位被告人赔偿的数额等。考虑到赔偿是给予单个被害人的，故将每位被害人获得赔偿的数额作为自变量。

[②]　实践中还出现"预缴赔偿款"情形，本文依据裁判文书认定将其分别归入"部分赔偿"或"积极赔偿"中。

（三）分析工具：刑罚强度与是否适用缓刑

因刑罚种类不同，研究赔偿对主刑量刑结果的影响应当为不同刑罚确定统一的测量工具。笔者借鉴白建军教授提出的"刑罚强度"概念，以"有期徒刑月"（后文简称为"月"）为基本测量单位。[1]管制、拘役、死刑可按一定标准转换为月，转化标准如下：第一，免予处罚、管制。免予处罚意味着被告人无需承担实际刑罚，故标记为 0 个月。管制虽然不属于免予处罚，但其强制程度非常低，为计算方便也标记为 0 个月。第二，拘役。虽然拘役在刑罚强度上要略低于有期徒刑，但考虑到拘役的执行强度与有期徒刑并不存在本质差别，[2]故本文将拘役月数直接转化为有期徒刑月数。第三，无期徒刑。无期徒刑要严于有期徒刑，而有期徒刑数罪并罚的最高刑期为 25 年，即 300 个月。为计算方便，本文将无期徒刑转化为 300 个月。第四，死刑。本文样本库中不涉及死刑立即执行的情形，故仅涉及死缓的转化标准。死缓作为比无期徒刑更严厉的刑罚，本文采用白建军教授的观点，将其等同于 400 个月。[3]

缓刑适用于被判处有期徒刑和拘役的罪犯，但由于样本中还包括判处管制和免予处罚的情形，故涉及管制和免予处罚与缓刑的转化标准问题。由于管制与缓刑均实行社区矫正，二者在刑罚强度上是相当的，故本文在分析各自变量与缓刑适用间因果关系时，将被判处管制算入适用缓刑的情形。免予处罚不属于刑事处罚方式，不应算入缓刑情形。但若将其作为不适用缓刑又有不妥，且由于数量较小剔除后对样本的影响较小（三类案件中分别只有 20 件、3 件和 1 件），故不将这类案件纳入回归分析。

---

① 参见白建军：《刑罚轻重的量化分析》，载《中国社会科学》2001 年第 6 期。

② 参见刘丽华：《对拘役犯"回家权"的思考》，载《中国检察官》2008 年第 11 期。

③ 参见白建军：《刑罚轻重的量化分析》，载《中国社会科学》2001 年第 6 期。

二、故意伤害案件中赔偿影响量刑机制的实践运行

（一）故意伤害案件中赔偿对主刑量刑结果的影响

统计发现，"致人轻伤""致人重伤"和"致人死亡"案件中的主刑量刑均值分别为 11.12 个、40.56 个和 157.65 个月，主刑量刑的中位数分别为 10 个、36 个和 144 个月。通过四分法发现，50% 的"致人轻伤"案件主刑量刑在 6 个至 13 个月间，50% 的"致人重伤"案件主刑量刑在 36 个至 46 个月间，50% 的"致人死亡"案件主刑量刑在 100 个至 180 个月间。"致人轻伤""致人重伤"和"致人死亡"三类案件中，未赔偿比积极赔偿情形下的主刑量刑结果分别多 6.55 个、17.95 个和 82.28 个月，即分别高 72.2 个、54.1 个和 70.2 个百分点。

1. 是否赔偿与主刑量刑结果的关系

简单回归分析后发现，民间矛盾、当庭认罪、积极救治、认罪认罚等自变量与主刑量刑结果间关系不显著，剔除相关变量后重新进行回归分析形成模型 1，结果如表 1 所示。该模型在三类案件中的判定系数 R^2 分别为 0.430、0.549 和 0.443，即该模型在三类案件中分别可以解释 43.0%、54.9% 和 44.3% 的主刑变化。

表 1　量刑情节与主刑量刑结果的回归分析结果

量刑情节	致人轻伤			致人重伤			致人死亡		
	B	标准回归系数	显著性	B	标准回归系数	显著性	B	标准回归系数	显著性
常量	19.266		0.000	61.281		0.000	129.282		0.000
自首	−1.345	−0.095	0.003	−8.332	−0.239	0.000	−23.468	−0.134	0.000
坦白	−0.976	−0.070	0.024	−2.116	−0.060	0.035	−12.571	−0.066	0.044
邻里	−1.642	−0.073	0.004	—	—	—	—	—	—
年龄	−7.255	−0.103	0.000	—	—	—	—	—	—
过错	−2.020	−0.130	0.000	−3.662	−0.093	0.000	−28.162	−0.175	0.000

续表

量刑情节	致人轻伤			致人重伤			致人死亡		
	B	标准回归系数	显著性	B	标准回归系数	显著性	B	标准回归系数	显著性
从犯	−7.427	−0.079	0.002	−21.725	−0.218	0.000	−90.338	−0.203	0.000
累犯	1.890	0.065	0.009	5.748	0.083	0.000	34.116	0.098	0.000
持械	2.843	0.101	0.000	—	—	—	−38.720	−0.057	0.025
赔偿	−2.239	−0.296	0.000	−2.951	−0.158	0.002	−15.828	−0.171	0.000
谅解	−1.357	−0.097	0.036	−8.065	−0.233	0.000	−45.299	−0.257	0.000
被害人数①	1.866	0.193	0.000	20.414	0.163	0.000	101.963	0.087	0.001
损害结果②	−3.274	−0.227	0.000	−14.946	−0.125	0.000	—	—	—
伤残	6.570	0.184	0.000	6.117	0.143	0.000	—	—	—
残忍	—	—	—	76.497	0.336	0.000	—	—	—
限制行为	—	—	—	−11.528	−0.082	0.000	−70.190	−0.145	0.000
因果关系	—	—	—	—	—	—	−55.000	−0.203	0.000
防卫过当	—	—	—	—	—	—	−98.384	−0.233	0.000

第一，赔偿对主刑量刑结果的影响显著，且对主刑量刑结果的变化具有很强的解释力。"致人轻伤""致人重伤"和"致人死亡"三类案件中，赔偿的 P 值均小于 0.05，提示赔偿对主刑量刑结果有显著影响。且由于赔偿的偏回归系数均为负值，意味着作出赔偿可减轻主刑量刑。由

———

① 本部分仅统计"致人轻伤"案件中的轻伤人数、"致人重伤"案件中的重伤人数和"致人死亡"案件中的死亡人数。

② 本研究在设计自变量时，用 1 代表一级、2 代表二级。所以，回归分析反映出来的是主刑量刑结果随着数字增加而减少。后文中关于伤害程度的统计亦如此。

于司法实践中赔偿通常与谅解合并使用，我们也可通过去除赔偿谅解后模型判定系数 R^2 的变化来发现赔偿谅解对主刑量刑变化的解释程度。将赔偿与谅解从模型 1 中去除后，模型的判定系数 R^2 在"致人轻伤""致人重伤"和"致人死亡"三类案件中分别从 0.430、0.549 和 0.443 降至 0.298、0.416 和 0.229。这意味着赔偿谅解能解释主刑量刑结果 13%—20% 的变化，具有很强的解释力。所以，赔偿谅解在司法实践中对法院减免主刑具有重要影响。

第二，赔偿对主刑量刑结果的影响要高于其他大部分法定量刑情节。通过标准回归系数的对比，可发现不同自变量对主刑量刑的影响大小。以各自变量对主刑量刑影响程度排名，"致人轻伤"案件中的前七名是赔偿、轻伤程度、被害人人数、伤残情况、谅解、被害人过错、自首，"致人重伤"案件中的前七名是谅解、自首、从犯、手段残忍、赔偿、伤残情况、重伤程度，"致人死亡"案件中的前七名是防卫过当、谅解、因果关系、从犯、赔偿、被害人过错、自首。所以，赔偿对主刑量刑结果的影响程度要高于其他大部分法定量刑情节。

第三，随着案件严重程度的增加，赔偿对主刑量刑结果的影响作用相对下降，而谅解对主刑量刑结果的影响作用在上升。如"致人轻伤"案件中，赔偿对主刑量刑结果的影响作用居于首位，而谅解对主刑量刑结果的影响作用居于第五位；但在"致人重伤"和"致人死亡"案件中，赔偿对主刑量刑的影响作用分别下滑至第五位，而谅解则分别上升至第一位和第二位。所以，"致人重伤"和"致人死亡"案件中，谅解对量刑的影响程度要大于赔偿对量刑的影响程度。这也与先前其他实证研究中关于谅解在是否判处死刑中发挥关键作用的发现相印证。[①]

---

① 参见王越：《故意杀人罪死刑裁量机制的实证研究》，载《法学研究》2017 年第 5 期。

2. 赔偿数额与主刑量刑结果的关系

赔偿数额是判断被告人积极赔偿和社会危害性的一个重要标准，[1] 过去研究中较少关注赔偿数额对量刑结果的影响，有实证研究表明在判处死刑案件中赔偿数额与量刑结果并不存在相关性。[2] 为验证故意伤害案件中赔偿数额与主刑量刑结果的关系，本部分将每位被害人获得的赔偿数额作为一个自变量也加入到模型 1 中，形成模型 2。此外，由于并非所有样本中均含有确定的赔偿数额，本部分将不包含有确定赔偿数额的样本剔除出样本库。经剔除后，"致人轻伤""致人重伤"和"致人死亡"案件中分别剩余 592 个、559 个和 441 个样本，符合定量分析的样本数量要求。回归分析后发现，赔偿、赔偿数额、被害人人数、被害人过错、自首、持械对主刑量刑结果影响显著。该模型在"致人轻伤""致人重伤"和"致人死亡"三类案件中的 R^2 分别为 0.212、0.347 和 0.403，总体拟合程度较好。

第一，赔偿数额对主刑量刑结果的影响在"致人轻伤"和"致人重伤"案件中显著，但在"致人死亡"案件中则不显著。回归分析后发现，"致人轻伤"和"致人重伤"案件中的 P 值分别为 0.000、0.000，均小于 0.05，提示赔偿数额在这两类案件中对主刑量刑结果具有显著影响；但"致人死亡"案件中赔偿数额的 P 值为 0.825，大于 0.05，提示赔偿数额在"致人死亡"案件中对主刑量刑结果影响并不显著。

第二，赔偿数额对主刑量刑结果的影响作用较强，但其对主刑量刑结果的影响随案件严重程度加大而降低。通过对比标准回归系数发现，赔偿数额对主刑量刑的影响作用在"致人轻伤"和"致人重伤"案件中分别位居第 4 和 7 位，"致人死亡"案件中赔偿数额则对主刑量刑结果的影响不显著。在模型 2 中去除赔偿数额后，"致人轻伤"和"致人重伤"

---

① 参见熊选国主编：《〈人民法院量刑指导意见〉与"两高三部"〈关于规范量刑程序若干问题的意见〉理解与适用》，法律出版社 2010 年版，第 163 页。

② 参见王越：《故意杀人罪死刑裁量机制的实证研究》，载《法学研究》2017 年第 5 期。

案件中的 R^2 分别减少 3.2 个和 1.6 个百分点，而"致人死亡"案件中的 R^2 则无变化。标准回归系数以及去除赔偿数额后模型 R^2 的变化，表明赔偿数额对主刑量刑的影响随案件严重程度增大而下滑。

第三，赔偿数额与主刑量刑结果变化呈正向关系。回归分析结果显示，每增加 1 单位的赔偿数额，"致人轻伤"和"致人死亡"案件中的主刑量刑结果分别平均增加 1.662 个和 3.307 个月。这与《关于常见犯罪的量刑指导意见（试行）》中对赔偿数额与主刑量刑结果成反比关系的界定是不一致的。对此一种可能的解释是，赔偿数额是犯罪严重程度的体现，犯罪越严重的案件被害人获得的赔偿数额也越多，而犯罪严重程度与主刑量刑结果呈正向关系，故赔偿数额与主刑量刑结果间呈正向关系。

此外，学理上通常认为赔偿时间、赔偿意愿也应与主刑量刑存在影响。[①]但将赔偿时间、赔偿意愿分别加入上述模型后发现，二者对主刑量刑的影响并不显著。而且，加入这两个变量时模型 R^2 变化也微乎其微。如在模型 1 中加入赔偿意愿后，"致人轻伤""致人重伤"和"致人死亡"案件中模型的 R^2 比未加入时分别少 0.5 个、0.1 个和 0.1 个百分点；在模型 2 中加入赔偿时间后，"致人轻伤"和"致人重伤"案件中模型的 R^2 分别只比未加入时多 0.1 个和 0.1 个百分点，而"致人死亡"案件中模型的 R^2 则没有变化。所以，赔偿时间和赔偿意愿当前尚未对主刑量刑结果产生显著影响，其对主刑量刑结果的变化解释力极为有限。

（二）故意伤害案件中赔偿对缓刑适用的影响

先前研究虽已表明赔偿对缓刑适用存在显著影响，[②]但并未揭示赔偿

---

① 参见赵恒：《论量刑从宽——围绕认罪认罚从宽制度的分析》，载《中国刑事法杂志》2018 年第 4 期；赵恒：《论从宽处理的三种模式》，载《现代法学》2017 年第 5 期。

② 参见古未爽、张雅芳：《故意伤害罪缓刑适用情况的实证研究——以 2016 年重庆地区法院的判决为样本》，载《南都学坛（人文社会科学学报）》2018 年第 5 期；董秀红：《交通肇事量刑中的赔偿因素考量》，载《东南学术》2010 年第 4 期。

诸要素（如赔偿时间、赔偿数额、赔偿意愿等）与缓刑适用的关系。笔者在访谈中了解到，赔偿时间和赔偿数额在实践中都会对缓刑适用产生影响。[①]所以，本研究将进一步验证是否赔偿、赔偿时间、赔偿数额以及赔偿意愿等要素与缓刑适用间的关系。考虑到缓刑仅适用于可能判处3年有期徒刑以下刑罚的案件，故在使用二元logistic回归分析时将"小于等于36个月"作为自由变量，以避免那些不可能适用缓刑的案件对回归结果产生干扰。经统计，"致人轻伤"案件量刑结果在36个月以下的有959个样本，"致人重伤"案件中有639个样本，"致人死亡"案件中有43个样本。由于"致人死亡"案件中样本数量过少，不适合定量分析，而且，"致人死亡"情形下的量刑起点即为120个月，适用缓刑属于极其个别的情形。故本部分仅分析"致人轻伤"和"致人重伤"案件中赔偿对缓刑适用的影响。

1. 是否赔偿与缓刑适用的关系

简单统计后发现，不同赔偿情形下的缓刑适用情况存在较大差别。如在判处3年有期徒刑以下的案件中，"致人轻伤"案件中积极赔偿、部分赔偿和未赔偿情形下的缓刑适用率分别为68.1%、25%和8.46%，"致人重伤"案件中积极赔偿、部分赔偿和未赔偿情形下的缓刑适用率分别为80.95%、28.21%和13.51%。初步回归分析后发现，"致人轻伤"和"致人重伤"案件中，各自有坦白、初犯偶犯、民间矛盾、被害人过错等情节对缓刑适用不存在显著影响，在各自模型中将其排除后重新进行logistic回归分析形成模型3，结果如表2所示。模型的拟合效果检验显示该模型的总体拟合度较好，且模型的预测正确率较高。如"致人轻伤"案件中Cox&Snell R^2 和Negelkerke R^2 分别为0.343和0.457，"致人重伤"案件中Cox&Snell R^2 和Negelkerke R^2 分别为0.267和0.367；[②]"致人

---

① 访谈编号L01、L02。

② 霍斯默－莱梅肖检验结果为，"致人轻伤"和"致人重伤"案件中的P值分别为0.362和0.752，均大于0.05，表明本模型能较好地拟合实际观察数据。

轻伤"致人重伤"和"致人死亡"案件中回归模型预测的总体正确率分别为 77.9%、78.1% 和 89.1%。

表 2　是否适用缓刑的回归分析结果

量刑情节	"致人轻伤"案件			"致人重伤"案件		
	B	显著性	Exp（B）	B	显著性	Exp（B）
赔偿	0.861	0.000	2.365	−0.056	0.864	0.945
谅解	1.690	0.000	5.420	3.281	0.000	26.606
被害人数	−0.342	0.012	0.711	−1.760	0.068	0.172
年龄	4.029	0.000	56.188	—	—	—
伤害级别	0.305	0.092	1.356	1.430	0.076	4.178
自首	0.413	0.015	1.512	—	—	—
初犯	—	—	—	0.864	0.010	2.373
邻里	—	—	—	0.805	0.043	2.236
前科	−1.590	0.000	0.204	−1.290	0.011	0.275
持械	−0.820	0.025	0.440	—	—	—
防卫过当	—	—	—	2.576	0.015	13.141
从犯	—	—	—	−0.946	0.051	0.388
常数	−2.649	0.000	0.071	−3.180	0.094	0.042

第一，法院在犯罪严重程度不同的案件中决定适用缓刑的考量因素并不完全相同，赔偿谅解对适用缓刑的影响力远超其他量刑情节。回归结果显示，法院在"致人轻伤"和"致人重伤"案件中决定缓刑适用的考量因素并不完全相同，如被告人年龄、自首以及持械等情节在"致人轻伤"案件中对缓刑适用具有显著性影响，在"致人重伤"案件中则对缓刑适用不具有显著性影响。但在模型 3 中去除赔偿谅解后，"致人轻伤"和"致人重伤"案件中模型的 Cox&Snell R^2 分别由 0.343 和 0.267降为 0.064 和 0.067，模型的预测正确率也分别从 77.9% 和 78.1% 降为

58.3% 和 67.6%。这说明赔偿谅解在司法实践中对缓刑适用具有决定性影响力。

第二，赔偿在"致人轻伤"案件中对缓刑适用影响显著，但在"致人重伤"案件中对缓刑适用的影响则不显著。赔偿在"致人轻伤"案件中的 P 值小于 0.05，提示赔偿与缓刑适用具有显著影响；但在"致人重伤"案件中，赔偿的 P 值则大于 0.05，意味着赔偿与缓刑适用并不具有显著影响。"致人轻伤"案件中赔偿的 Exp（B）值大于 1，提示赔偿能增加缓刑适用的概率。

第三，随着案件严重程度的增加，谅解对缓刑适用发挥更大的作用。通过对比 Exp（B）值发现，无论是在"致人轻伤"案件还是在"致人重伤"案件中，谅解都比赔偿更能提高缓刑适用的概率，但这种差别在"致人重伤"案件中要更为明显。如"致人轻伤"和"致人重伤"案件中，谅解的 Exp（B）值分别为 5.420 和 26.606，提示当存在谅解时，法院决定适用缓刑的概率在"致人轻伤"和"致人重伤"案件中分别是没有这一情节时适用缓刑概率的 5.420 倍和 26.606 倍。

2.赔偿时间和赔偿数额对缓刑适用的影响

回归分析后发现赔偿意愿对缓刑适用不存在显著影响，故本部分将主要分析赔偿时间和赔偿数额与缓刑适用的关系。由于只有在赔偿案件中才会有赔偿时间和赔偿数额这两个要素，故本部分仅分析作出赔偿且有明确赔偿数额的案件。如上所述，"致人轻伤""致人重伤"和"致人死亡"案件中分别剩余 592 个、559 个和 441 个样本，符合定量分析的样本容量要求。虽然本部分案件均为作出赔偿的情况，但"赔偿"这个自变量中除包含是否赔偿外，还包含有部分赔偿和积极赔偿两种情形，故仍然保存赔偿这个自变量。经初步统计分析，坦白、立功、案件起因等量刑情节对缓刑适用影响不显著，故将其剔除并形成模型 4。模型的拟合效果检验显示，"致人轻伤"案件中 Cox&Snell R^2 和 Negelkerke R^2 分别为 0.158 和 0.218，"致人重伤"案件中两种 R^2 分别为 0.172 和 0.247。[①]
模型总体的预测正确率分别为 73.1% 和 77.7%。值得注意的是，虽然该
模型在预测应当适用缓刑时的准确率达到 90% 多，但其在预测不应当适
用缓刑时的准确率只有 30% 多，故该模型在预测应当判处缓刑时具有较
高的准确性。

第一，赔偿时间在"致人轻伤"案件中对缓刑适用的影响显著，但
赔偿时间对法院决定适用缓刑的解释较为有限。回归分析发现，"致人轻
伤"和"致人重伤"案件中赔偿时间的 P 值分别为 0.003 和 0.132，提示
赔偿时间对缓刑适用的影响在"致人轻伤"案件中显著，但在"致人重
伤"案件中不显著。"致人轻伤"案件中 Exp（B）值为 0.553 小于 1，提
示赔偿时间对缓刑适用具有相反的影响，即赔偿越晚越不利于缓刑的适
用。[②] 但赔偿时间对缓刑适用的解释力是有限的。如去除赔偿时间后，"致
人轻伤"案件中 Cox&Snell R^2 和 Negelkerke R^2 分别减少 1.3 个和 1.8 个
百分点，"致人重伤"案件中两种 R^2 分别减少 0.4 个和 0.6 个百分点，模
型预测正确率没有变化。所以，赔偿时间并非是适用缓刑的决定性因素。

第二，赔偿数额对缓刑适用具有显著影响，但赔偿数额对法院决定
适用缓刑的解释有限。"致人轻伤"和"致人重伤"案件中，赔偿数额的
P 值分别为 0.024 和 0.045，均小于 0.05，提示赔偿数额对缓刑适用均具
有显著影响。两类案件中的 Exp（B）值分别为 1.690 和 1.804，均大于 1，
提示赔偿数额增加可提高适用缓刑的概率。但去除赔偿数额后，"致人轻
伤"和"致人重伤"案件中的伪判定系数 Cox&Snell R^2 分别变为 0.151
和 0.165，即分别比有赔偿数额这个自变量时各低 0.7 个百分点。这也说

---

① 对该模型进行霍斯默－莱梅肖检验，"致人轻伤"和"致人重伤"案件中模型的拟
合优度分比为 0.593 和 0.223，大于 0.05，拟合优度较好。

② 在"赔偿时间"这个自变量设计上，本文将审前阶段的赔偿标记为 1、审判阶段的
赔偿标记为 2，自变量数字的增大意味着赔偿时间变晚。所以，结论仍是赔偿时间越晚而缓
刑适用率越低。

明赔偿数额的变化对适用缓刑的解释力度并不是很高。

第三，当存在赔偿情节时，积极赔偿并不会比部分赔偿更能增加适用缓刑的概率，影响缓刑适用的关键因素仍是谅解。统计结果显示，"致人轻伤"和"致人重伤"案件中赔偿的 P 值分别为 0.286 和 0.203，P 值均大于 0.05，意味着在存在赔偿情节时，赔偿情况不再对缓刑适用产生显著影响。由于样本中仅包括部分赔偿和积极赔偿两种，故当存在赔偿情节时，积极赔偿不会比部分赔偿更能增加缓刑适用的概率。进一步对比各自变量的 Exp（B）值后发现，"致人轻伤"和"致人重伤"案件中，谅解的 Exp（B）值分别为 4.698 和 24.200，意味着谅解可显著提高缓刑适用的概率。所以，当存在赔偿情节时，谅解是影响缓刑适用的关键因素。

（三）故意伤害案件中谅解时赔偿数额的确定机制

当事人双方能否达成赔偿谅解协议，关键在于就赔偿数额协商一致。虽然社会各界已关注到实践中赔偿数额的不统一问题，但法律法规对谅解赔偿数额的影响因素并没有规范，学界对此也缺乏深入研究。在谅解时赔偿数额的影响因素上，有观点提出合理合法标准，"被害人的合理、合法赔偿请求得到全部满足的，从轻幅度应高于部分满足的"；[1] 还有观点提出，赔偿数额主要取决于被告人赔偿意愿、赔偿能力及地区经济发展水平等因素；[2] 还有观点认为，赔偿谅解呈现一定的"加害—被害关系的丛林法则"。[3] 可见，谅解时赔偿数额的确定机制杂糅理性与非理性化

---

[1]　参见熊选国主编：《〈人民法院量刑指导意见〉与"两高三部"〈关于规范量刑程序若干问题的意见〉理解与适用》，法律出版社 2010 年版，第 163 页。

[2]　参见最高人民检察院公诉二厅课题组：《民事赔偿情节对死刑适用的影响》，载《国家检察官学院学报》2018 年第 1 期。

[3]　参见林喜芬：《论刑事司法中的"被害补偿"——基于日本经验的比较分析》，载《兰州学刊》2016 年第 11 期。

的双重特征，可能跟犯罪严重程度相关，也可能与当事人双方的经济赔偿能力以及谈判协商能力相关。本部分将进一步检验上述假设，并发掘谅解时赔偿数额的影响因素。虽然刑事裁判文书记载内容存在限制，但本研究尽可能地挖掘裁判文书中可能呈现出的影响因素。将犯罪严重程度通过从裁判文书中提炼的 29 个自变量表示，将经济赔偿能力通过案发地区、被告人身份来表示，① 而将协商能力通过有无辩护人来表示。去除不包含赔偿数额、被告人身份两个自变量的样本，"致人轻伤"案件中剩余 432 个样本，"致人重伤"案件中剩余 407 个样本，"致人死亡"案件中剩余 284 个样本，样本容量符合定量研究的要求。简单回归后发现，赔偿时间、辩护人、法院调解、邻里犯罪和民间矛盾、家庭成员犯罪等对谅解后赔偿数额的影响不显著，在各自模型中去除相关自变量后形成模型 5，结果如表 3 所示。模型 5 在"致人轻伤""致人重伤"和"致人死亡"中的判定系数 R^2 分别为 0.137、0.169 和 0.133。

表 3　每位被害人获得赔偿数额影响因素的回归分析结果

案件类型	量刑情节	偏回归系数	标准误差	标准回归系数	T	显著性
致人轻伤	（常量）	4.931	0.099		49.627	0.000
	轻伤级别	−0.178	0.044	−0.207	−4.056	0.000
	案发地区	−0.048	0.027	−0.095	−1.818	0.070
	共同犯罪	0.169	0.067	0.128	2.503	0.013
	初犯	0.156	0.051	0.158	3.048	0.002
	被告人身份	0.071	0.020	0.185	3.595	0.000

---

① 对于案发地区的设计，本研究采用国家统计局对中国地区的分类标准，将全国分为东部、中部和西部。对于被告人经济身份的设计，根据样本情况本研究将其分为如下三类，第一类为无业人员（包括没有经济收入的在校学生）；第二类为农民；第三类为城市工作者，包括务工、职工、职员、合同制公务人员等人员；第四类为收入较高以及具有较高社会地位的人员，包括经商、个体、公务员、教师、医生等。

续表

案件类型	量刑情节	偏回归系数	标准误差	标准回归系数	T	显著性
致人重伤	（常量）	6.535	0.290		22.505	0.000
	共同犯罪	0.123	0.063	0.100	1.951	0.052
	重伤级别	−0.677	0.142	−0.247	−4.761	0.000
	案发地区	−0.126	0.028	−0.234	−4.452	0.000
	初犯	0.148	0.060	0.126	2.456	0.015
	从犯	−0.225	0.112	−0.104	−1.997	0.047
	被告人身份	0.045	0.026	0.092	1.751	0.081
致人死亡	（常量）	5.596	0.132		42.533	0.000
	案发地区	−0.070	0.036	−0.137	−1.939	0.054
	赔偿时间	−0.150	0.060	−0.177	−2.504	0.013
	手段残忍	0.967	0.407	0.169	2.376	0.019
	被告人身份	0.098	0.031	0.226	3.200	0.002

第一，犯罪严重程度对谅解时的赔偿数额有显著影响。统计发现，轻伤级别、重伤级别、手段残忍分别在"致人轻伤""致人重伤"和"致人死亡"案件中与谅解时的赔偿数额存在显著影响，伤害程度的增大将会带来谅解时赔偿数额的增加。这些自变量代表着犯罪的严重程度，故谅解后赔偿数额与犯罪严重程度存在相关性。而如果将犯罪严重程度从模型5中去除后，三类案件中判定系数 R^2 分别下降4.3个、5.8个和2.8个百分点，意味着犯罪严重程度对谅解时赔偿数额的变化具有较大的解释力。

第二，被告人所在地区、经济收入等经济要素对谅解时的赔偿数额具有显著影响。统计结果显示，发达地区以及被告人具有较高经济收入或社会地位时，达成谅解所需的赔偿数额也较高。

第三，因果关系、防卫过当、被害人过错等情节对谅解时的赔偿数额不具有显著影响，但是否初犯对谅解时的赔偿数额具有显著影响。首先，因果关系、防卫过当、被害人过错等量刑情节对谅解赔偿数额的影响不显著。这些情节在附带民事诉讼中通常用来决定被告人承担民事责任的大小，这也意味着谅解时赔偿数额的确定并未完全遵循民事责任的分配原则，具有非理性化的特征。其次，"致人轻伤"和"致人重伤"案件中，是否初犯对谅解后赔偿数额存在显著影响。上述两方面表明，谅解时赔偿数额的确定机制并非完全是个理性机制。

第四，赔偿时间对谅解赔偿数额的影响随着案件严重程度增加而增大。回归结果表明，赔偿时间仅在"致人死亡"案件中对谅解时的赔偿数额存在显著影响，在"致人轻伤"和"致人重伤"案件中则不存在显著影响。而且，赔偿时间对谅解时赔偿数额的影响作用随着案件严重程度增加而增强。如在模型 5 中加入赔偿时间后，"致人轻伤"案件的判定系数 R^2 没有变化，但"致人重伤"案件中的 R^2 则从 0.169 增加至 0.176；"致人死亡"案件中，去除赔偿时间后模型 5 的判定系数从 0.133 变为 0.102。笔者认为这可能与被害人主张赔偿数额的内容有关。被害人主张的赔偿数额通常包括两部分，一部分是因犯罪行为而造成的物质损失，另一部分是精神损害赔偿等精神损失。犯罪行为造成的物质损失通常比较明确，且可通过附带民事诉讼获得支持，该部分赔偿通常不会因时间变化而有所不同。而精神损害赔偿无法通过附带民事诉讼获得支持，只能通过当事人达成赔偿谅解协议来获得。但精神损害赔偿数额并不存在统一的确定标准，与被害人及其家属的感受有很大关系。被害人及其家属的痛苦会随着时间的流逝而减少，故其要求的精神损害赔偿数额也会受到赔偿时间的较大影响。[1] 而且，越严重的犯罪案件中，精神损害赔偿在被害人主张的赔偿数额中占比也越高，赔偿时间对谅解赔偿数额的影响也越大。

---

[1]　访谈编号 J01、P01、P02、L01、L02、L03。

此外，统计结果还发现共同犯罪案件中谅解时的赔偿数额通常更高些，但其影响随着犯罪严重程度的增加而减少。共同犯罪案件中赔偿数额的增加主要是因被告人人数增加导致，但对单个被告人来说其谅解的成本并未增加。

三、故意伤害案件中赔偿影响量刑机制的分析与讨论

（一）故意伤害案件中赔偿影响量刑的内在机制

第一，赔偿谅解对主刑量刑结果与缓刑适用产生重要影响。赔偿与谅解对量刑的影响并不同步，随着案件严重程度的增加，赔偿对量刑的影响越小，而谅解对量刑的影响则迅速增加。但单纯的赔偿意愿对量刑影响不显著，法院更关注被告人是否切实进行赔偿，并将其作为一项重要的量刑因素。

第二，赔偿时间对主刑影响不显著，但较早时间的赔偿可大幅提高非羁押性强制措施和缓刑的适用比率。[①]

第三，赔偿数额在"致人轻伤"和"致人重伤"案件中对量刑存在显著影响。前述研究发现，虽然具有较高赔偿数额的案件中，主刑量刑更高但缓刑适用概率也更高。较高赔偿数额情形下缓刑适用率更高的解释可能有两种，一种是赔偿数额的增加意味着获得被害人谅解的可能性增大，从而提升适用缓刑的可能；另一种是即便在没有获得被害人谅解的案件中，犯罪嫌疑人、被告人做出较高数额的赔偿会被法院认为具有

---

① 如"致人轻伤"案件中，侦查阶段赔偿后，侦查、审查起诉和审判的羁押率分别为70.2%、69.3%和67.2%；审判阶段赔偿后，侦查、审查起诉和审判的羁押率分别为90.0%、89.5%和88.2%。"致人重伤"案件中，侦查阶段赔偿后，侦查、审查起诉和审判的羁押率分别为76.9%、76.4%和74.8%；审判阶段赔偿后，侦查、审查起诉和审判的羁押率分别为91.1%、90.8%和89.6%。即侦查阶段赔偿后的羁押率比审判阶段赔偿的羁押率，平均低15%—20%。

较低的社会危险性，从而被适用缓刑。[1]

第四，谅解时赔偿数额的确定机制兼具理性化与非理性化的双重特征。一方面，从谅解后赔偿数额并未过高、谅解时赔偿数额与犯罪严重程度和被告人经济政治条件相关来看，谅解时赔偿数额并未完全脱离犯罪情节和经济基础而独立存在，谅解时赔偿数额的确定机制总体上具有理性化特征。但另一方面，从防卫过当、被害人过错、因果关系等影响责任分配的量刑情节与谅解时赔偿数额没有显著影响来看，谅解时赔偿数额的确定可能会受到当事人的意愿、有无第三人调解以及当事人知识结构等与刑事责任判断无关因素的影响。

通过上文对故意伤害案件中赔偿影响量刑机制的总结，我们发现，法院在量刑时主要关注当事人之间是否达成赔偿谅解协议以及是否实际履行赔偿。对于我国法院来说，法院裁判不仅要追求法律效果，更要考虑"案结事了"等社会效果。而"案结事了"的基本指向和评价标准是案件审结后当事人服判息诉，不采取上诉、申诉、上访等形式表达其对案件处理的不满。[2] 在轻罪案件中，由于双方当事人的矛盾没有重罪案件中那么激烈，而且可能判处的总刑期并不高，被告人实际获得的量刑减免并不多。所以，在被告人赔偿但未获得谅解情形下，即便法院给出一定程度的量刑减免也不会给被害人心理造成较大冲击，被害人上诉或上访的可能性也不会显著增加。

（二）故意伤害案件中赔偿影响量刑机制可能存在的风险

虽然故意伤害案件中赔偿影响量刑机制当前总体上仍在法律轨道内运行，但法院的量刑思路也可能增加故意伤害案件中赔偿影响量刑机制

---

[1]　如 3 号被访谈律师表示，对于做出赔偿但未获得谅解的犯罪嫌疑人、被告人，如果是因为被害人赔偿要求过高而导致的，法院可能会通过适用缓刑来"补偿"被告人。（访谈编号 L03）

[2]　参见冯俊海：《对案结事了追求的法理学思考》，载《山东社会科学》2014 年第 5 期。

的失范风险。

第一，故意伤害案件中赔偿谅解对量刑的影响被过度放大，出现"量刑剪刀差"风险。为调动被告人的赔偿意愿，法院需要给予作出赔偿的被告人以量刑减免。[①]但过多的量刑减免则会出现"量刑剪刀差"现象，而"量刑剪刀差"的出现意味着赔偿与量刑的关系出现扭曲。赔偿之所以影响量刑在于赔偿表明被告人社会危险性的降低，赔偿从轻应以被告人认罪悔罪为前提。[②]但"量刑剪刀差"可能会使犯罪嫌疑人、被告人非基于认罪悔罪而赔偿，而仅为获得更低刑罚而赔偿。为防范"量刑剪刀差"的出现，我国也规定赔偿后量刑减免的限度。但如前所述，司法实践中积极赔偿且谅解情形下的主刑量刑均值比未赔偿未谅解情形下的主刑量刑均值至少要低 50%。而且，赔偿谅解对量刑的影响还通过较高的非羁押强制措施和缓刑适用率被进一步放大。如"致人轻伤"案件中，侦查阶段未赔偿未谅解和赔偿且谅解后未被羁押的比例分别为 21.0% 和 60.9%，未赔偿未谅解和赔偿且谅解后缓刑的适用比例分别为 7.87% 和 71.08%。这也意味着，赔偿谅解可能会使犯罪嫌疑人、被告人在整个刑事诉讼程序中都无需被剥夺或限制人身自由。对犯罪嫌疑人、被告人来说，这种处理方式可能比主刑减轻更重要。[③]此外，赔偿谅解还可能会带来案件的出罪化。所以，赔偿谅解带来的量刑减免足以形成"量刑剪刀差"的风险。

第二，我国法院量刑时主要关注赔偿谅解与否、赔偿数额以及是否实际履行赔偿等，而对赔偿意愿、赔偿能力等要素则较少关注。虽然前

---

① Gabrielle S. Adams, Elizabeth Mullen, *Punishing the Perpetrator Decreases Compensation for Victims*, 6 Social Psychological and Personality Science 31, 31（2014）.

② 参见何显兵：《恢复性司法视野下赔偿与量刑关系的重构》，载《西南政法大学学报》2012 年第 2 期。

③ 参见［美］马尔科姆·M. 菲利：《程序即是惩罚——基层刑事法院的案件处理》，魏晓娜译，中国政法大学出版社 2014 年版，第 27 页。

述研究发现富人进行赔偿谅解的成本更高些，但穷人在支付赔偿方面通常面临更大的困难。而法院对赔偿意愿、赔偿能力等赔偿要素所体现出来的被告人认罪悔罪态度关注不足，从而使得穷人在量刑程序中有面临不公的风险。

第三，为追求案件法律效果和社会效果的统一，近些年来法院积极介入当事人的赔偿谅解过程。但前文研究却发现法院调解对谅解赔偿数额的影响不显著，即法院调解的案件与当事人自行和解的案件在赔偿数额方面并没有显著差别。如前文关于谅解时赔偿数额回归模型的 R^2 不到 0.2，提示赔偿数额还受大量非规范因素的影响。通过标准差发现谅解时赔偿数额的离散程度较大，意味着赔偿数额受个案影响较大。如"致人轻伤""致人重伤"和"致人死亡"案件中，谅解后赔偿数额的标准差分别为 63847 元、271338 元、650544 元。再如笔者在访谈中也了解到，有些犯罪嫌疑人、被告人家属为使被羁押的犯罪嫌疑人、被告人变更强制措施，很有可能会接受明显不合理的赔偿要求。[1]

第四，当事人获取法律帮助的不足，会进一步放大非理性因素在故意伤害案件赔偿影响量刑机制中的作用。赔偿谅解的理性化有赖于当事人掌握知识和信息的对等性，否则，当事人很容易因为对方的吓唬欺骗、夸大其词，恐惧和怀疑而误入歧途。[2]辩护律师的介入则有利于当事人理性地赔偿谅解。虽然随着刑事辩护全覆盖制度试点改革以来，各地刑事案件辩护率有了较大提升，如本样本中"致人轻伤""致人重伤"和"致人死亡"案件中的辩护率分别为 50.1%、61.0% 和 93.1%。但客观来说，对于赔偿谅解来说这一辩护率仍有待进一步提升。而且，当前刑事辩护全覆盖仅针对犯罪嫌疑人、被告人一方，被害人在刑事诉讼程序中获得律师帮助的情况则非常少。

---

① 访谈编号 J02、P02、L03。

② 参见［美］斯蒂芬诺斯·毕贝斯:《庭审之外的辩诉交易》，杨先德、廖钰译，中国法制出版社 2018 年版，第 28 页。

四、完善故意伤害案件中赔偿影响量刑机制的可能进路

虽然故意伤害案件中赔偿影响量刑机制存在诸多风险，但我们亦无需将其视为"洪水猛兽"。该机制在国外量刑实践中也广泛存在。如大陆法系国家中刑事责任与民事责任的分离并不彻底，损害赔偿请求和刑罚相结合规定的方式一直存在；[①] 20 世纪后期开始的恢复性司法认为赔偿本身即可作为刑事责任的一种实现方式；[②] 在日本，四分之三左右的检察官将"受害者对惩罚的感受"和"嫌疑人是否补偿了受害者"作为决定是否起诉的重要依据。[③] 而且，在司法救助制度尚不健全的情况下，赔偿的确可以有效弥补被害人一方的经济损失。所以，我们应关注如何完善赔偿影响量刑机制。由于故意伤害案件赔偿影响量刑机制跨越实体法与程序法两个领域，故对该机制的完善也应从实体法和程序法两个层面来实现。

（一）完善故意伤害案件中赔偿影响量刑的实体法机制

第一，故意伤害案件当事人之间达成赔偿谅解协议对社会危害性一般较小。特别是对发生于家庭成员、邻里之间的故意伤害案件，赔偿谅解后给予较大的量刑减免幅度有利于社会关系的恢复。但故意伤害案件中也存在一些犯罪情节比较严重的案件，如造成比较严重的伤害后果、伤害部位致命等。如果也给予这些被告人以较大的量刑减免，不仅不利于受损社会关系的恢复，还会引发社会对司法公正的强烈质疑。所以，法院在这类案件中因赔偿而减免量刑时要格外慎重，应结合犯罪事实的

---

① 参见万国海、高永明：《刑事案件民事赔偿的量刑机理研究》，载《南京社会科学》2018 年第 8 期。

② 参见黄云波：《论赔偿对量刑、定罪与行刑的影响》，载《中南大学学报（社会科学版）》2016 年第 1 期。

③ 参见［美］戴维·T. 约翰逊：《日本刑事司法的语境与特色：以检察起诉为例》，林喜芬等译，上海交通大学出版社 2017 年版，第 291 页。

性质、情节、对社会危害程度等因素来综合决定从宽幅度。①

　　第二，法院在故意伤害案件的量刑中应更加关注赔偿态度、赔偿时间、赔偿数额以及赔偿能力在故意伤害案件量刑中的作用。法院在故意伤害案件的量刑中除关注是否赔偿谅解外，还应适当关注赔偿态度、赔偿时间以及赔偿数额等赔偿情节，并将其作为判断被告人赔偿情况的重要参考。此外，赔偿能力也应成为判断被告人认罪悔罪态度的重要参考。特别是当被告人无赔偿能力或赔偿能力有限时，法院更应关注其他认罪悔罪表现对量刑的影响。

　　第三，建立多元化的赔偿形式，并完善被害人的国家补偿制度和社会救助体系。当前赔偿的主要形式是金钱赔偿，间或有些其他形式的物质赔偿，但其本质上也是金钱赔偿。虽然金钱赔偿的优势明显，如便捷、高效且更容易为被害人所接受，但过分倚重金钱赔偿不仅会限制认罪悔罪情节的适用，也不利于被害人获得足额赔偿。考虑到被告人赔偿能力问题并非是我国所单独面临的问题，其他国家和地区解决该问题的有效做法可供我国借鉴。如美国对犯罪人的损害恢复命令中，通过允许分期支付以及多种形式的赔偿来解决被告人裁判时无赔偿能力的问题，这些方式使得裁判时被告人没有资力的问题不再成为法院科处损害恢复命令的绝对妨碍。②我国法院也可借鉴这一做法，允许分期支付或其他形式的赔偿，从而尽可能减少被告人仅因无赔偿能力而遭受更严重刑罚情形的出现。此外，我国还应进一步完善被害人的国家补偿制度和社会救助体系，从而减轻和解对被告人经济赔偿的过度依赖。③

----

①　参见杨立新：《认罪认罚从宽制度理解与适用》，载《国家检察官学院学报》2019年第1期。

②　参见［日］佐伯仁志：《制裁论》，丁胜明译，北京大学出版社2018年版，第163页。

③　参见熊秋红：《从刑事被害人司法救助走向国家补偿》，载《人民检察》2013年第21期。

（二）完善故意伤害案件中赔偿影响量刑的程序保障机制

第一，公安司法机关应适度介入当事人的赔偿谅解过程，并授权其对明显违反公平要求的赔偿谅解不予认定。在中国更加注重裁判法律效果与社会效果统一以及赔偿谅解过程呈现一定非理性化特征的背景下，公安司法机关适度介入赔偿谅解过程不仅有利于保障赔偿谅解的理性化，也有利于彻底化解当事人间的矛盾。[1]特别是在被告人没有委托辩护人的案件中，为弥补犯罪嫌疑人、被告人法律知识的欠缺以及防止赔偿谅解的显失公平，法院应主动介入调解并尽力促成赔偿谅解。[2]此外，为保障赔偿谅解的公平性，应授权公安司法机关对明显违反公平要求的赔偿谅解不予认定，[3]或对已积极充分赔偿但仍未获得谅解的被告人仍可做出较大程度的从宽处理。当然，公安司法机关介入当事人的赔偿谅解应适度且应遵循法律的基本原则，如调解过程不得违反刑事司法原则，[4]不能出现"以调压判""逼迫调解"等情形。

第二，将法律援助、值班律师、公共法律服务等制度引入赔偿谅解过程，为当事人双方提供充分的法律服务。律师对赔偿谅解过程的介入，一方面有利于促使犯罪嫌疑人、被告人作出合理的赔偿，另一方面也有利于帮助被害人形成合理的赔偿预期，从而尽可能实现赔偿谅解过程的理性化。所以，我国可在赔偿谅解过程中引入法律援助、值班律师以及公共法律服务等制度，为未委托辩护律师或代理律师的当事人提供法律帮助。

---

[1] 如笔者在访谈中了解到，当事人也更倾向于公安司法机关主持的调解，认为其具有更强的中立性。（访谈编号 L03）

[2] 参见［日］城下裕二：《量刑理论的现代课题（增补版）》，黎其武、赵姗姗译，法律出版社 2016 年版，第 93 页。

[3] 参见宋英辉：《刑事和解实证研究》，北京大学出版社 2010 年版，第 28 页。

[4] 参见［西］S. 维拉尔：《刑事调解：让被害人可见的工具，刑事司法公正的有机组成》，郭烁译，载《求是学刊》2018 年第 3 期。

第三，完善量刑说理机制。从本研究搜集到的裁判文书来看，裁判文书中对赔偿影响量刑的说理是非常薄弱的。如通常只提及"积极赔偿""部分赔偿""达成谅解"，或"据此减轻""据此从轻"等，但对于赔偿影响量刑的幅度以及赔偿要素如何影响量刑等则极少提及。量刑说理的不充分，不仅可能有损裁判文书的公正性，也会平添社会各界对"花钱买刑"以及司法腐败等问题的质疑。所以，应完善量刑说理机制，在刑事裁判文书中将赔偿谅解如何影响量刑以及影响量刑的幅度等问题予以说明。

第四，允许附带民事诉讼中提起精神损害赔偿。由于附带民事诉讼仅支持物质损失而不支持精神损害赔偿，这使得被害人很大程度上只能依赖赔偿谅解协议来获取足额的赔偿。如本研究发现，"致人轻伤"和"致人重伤"案件中法院判决数额中位数约为谅解后赔偿数额中位数的一半，"致人死亡"案件中法院判决赔偿数额中位数不足谅解后赔偿数额中位数的四分之一。所以，建议允许被害人在附带民事诉讼中提起精神损害赔偿以获得足额赔偿，从而减少被害人对赔偿谅解协议的依赖，使赔偿谅解回归因认罪悔罪而做出的本来形态。

第四章

实务经验

办理轻伤害案件要准确定性，不能唯结果论

赵　花[*]

作为新时代检察官，要始终坚持以人民为中心，保持客观中立立场，肩负检察担当，更新司法理念。敖某故意伤害案的办理，使我对检察工作有了更全面、更深刻的理解和感悟。

2019 年 7 月至 10 月，作为案件的承办检察官，我先后多次找到敖某及被害人唐某了解案情及听取双方意见，每次见面总能感受到双方尖锐的矛盾。通过准确认定事实、适用法律、耐心细致释法说理，最终，还嫌疑人清白，解开被害人心结。如今，本为村邻的敖某和唐某已经放下成见，平和面对彼此。

一、基本案情

2018 年 11 月 22 日，敖某驾车到贵州省盘州市胜境街道大箐村居委会黄坡口，接其叔叔敖某甲（村干部）去处理本村事务。当敖某甲坐在车上，敖某驾车准备离开时，唐某酒后来到车旁，趴在敖某副驾驶车门上，要敖某甲安排自己第二天去拉土，敖某甲答应，并要他回去休息，但唐某依然趴在车上反复说拉土的事情。于是，敖某下车将唐某拉到一旁，准备驾车离开，唐某又趴在副驾驶车门上，敖某下车再次将其拉开，二人拉扯时一起摔倒在地上，被在场群众拉开。当日 23 时许，唐某到医院就诊，诊断为左侧 5、6 肋骨骨折。次日，唐某到医院进一步住院治疗。

＊　赵花，贵州省盘州市人民检察院第一检察部副主任，一级检察官。

经鉴定，唐某伤情为轻伤二级。2019 年 7 月 2 日，盘州市公安局将案件移送审查起诉。

受理案件后，唐某要求严惩敖某，并要求敖某赔偿损失 10 万元。敖某表示虽然不理解自己的行为怎么会涉嫌犯罪，但愿意从人道主义角度给唐某 2 万元钱医药费。

二、办案体会

（一）法司于人，虽小必慎

从当时的办案环境看，通常遇到类似本案的轻伤害未赔偿案件，大家首先会想到如何化解案件矛盾，引导开展当事人之间的调解赔偿及嫌疑人敖某的认罪认罚工作，也可能会以敖某构成故意伤害罪向法院提起公诉。敖某以及许多像敖某一样的犯罪嫌疑人，在被侦查机关以故意伤害立案侦查后，往往不理解自己只是将唐某（或其他被害人）拉开的简单行为，为何就构成了故意伤害罪。也正是这种不理解，使他们对被害人提出的赔偿要求更加排斥。如果一刀切以敖某构成犯罪向法院提起公诉，最终处理结果难以使敖某真正认罪服判，也难以满足人民群众对公平正义最朴素的追求。检察机关不仅仅是犯罪的追诉者，更是无辜的保护者，应当与时俱进，修正传统思维，更新司法理念，在看似平常的类似"小案"中，体现以人民为中心的发展思想，增强人民群众对司法公平正义的获得感。

（二）"走出去"与"坐下来"相结合，厘清案件真相

长期以来，检察人员办理刑事案件多以审查卷宗为主，对案件事实的了解多来源于侦查机关提供的证据材料。但通过对敖某故意伤害案的办理，我认识到，走出去办案才能更接近真相。敖某故意伤害案看似简单、普通，实则事实不清，为厘清案件真相、准确适用法律、增加内心

确信，承办人决定不拘泥于侦查机关提供的卷宗材料，走出去办案。通过到案发现场进行查看走访，了解当事人的性格及双方关系，讯问嫌疑人，询问被害人、关键证人，反复核实细节，最终梳理出本案的三个焦点：第一，敖某对唐某的拉扯行为是否属于伤害行为；第二，敖某主观上有没有伤害故意；第三，敖某是否应当对唐某的伤情负责。

全案证据证实，唐某多次趴在车门上，敖某仅是将其拉开，虽然唐某坚称敖某用脚踢了自己的胸部，并否认当天饮酒，但在场证人均证实敖某没有殴打的行为，并证实唐某走路歪歪斜斜，有饮酒的情况。经审查认为，唐某陈述与客观事实不符，遂采信证人证言及敖某的供述，认定敖某客观上除了拉扯行为以外，对唐某没有殴打行为，该拉扯行为不是刑法意义上的伤害行为，且二人同村，素无矛盾，敖某没有伤害唐某的动机、故意。

（三）依法不起诉，检察办案有温度

作为承办检察官，自受理案件起，一直承担着来自侦查机关、犯罪嫌疑人及被害人各方的压力。要始终认识到，秉持客观公正立场是我们作为检察人员高质效办理每一起案件的基础。从检生涯中，我们所办理的不可能都是案情影响大、社会关注度高、案情复杂的案件，更多的是轻微刑事案件。但无论案件大小，都事关别人的人生，审慎处理每一起轻微刑事案件，在捕与不捕、诉与不诉的抉择中，都应该充分考虑到处理结果所带来的影响及社会效果和法律效果，在宽严相济中体现司法温度和检察担当。2019 年 10 月 23 日，根据刑事诉讼法第 177 条第 1 款的规定对敖某作出法定不起诉决定，有效避免错误案件发生。

（四）积极化解双方矛盾，实现案件办理"三个效果"

在作出不起诉决定并向敖某和唐某宣布这一决定的过程中，敖某表示非常感谢检察机关能够明察秋毫、公正司法，而唐某及家人则表示要申诉，反复强调其伤情就是敖某殴打所致。在告知救济途径之后，我们从法理上充分阐释了敖某与唐某拉扯导致唐某受伤的法律后果，结合案发的原因、过程、敖某的动机及实施的具体行为，从证据采信、事实认定和法律适用等方面逐一进行解释，耐心疏导。因前期多次与唐某沟通打下了较好基础，再加上后期充分进行耐心细致的解释，最终唐某及家人解开心结，表示接受我们的处理意见，也通过我们的工作，对国家的法律政策有了进一步的认识，未再申诉。

严格执行法律的目的是让已经被破坏的社会关系得到修复。很多伤害案件都是由双方的一时失控引发，当事人事后往往后悔不已，如果一味机械执法，简单应用法条处理，可能会让原本已经激化的矛盾变得更加尖锐。所以案件办结并不是工作的最终目的，"案结事了人和"才是我们追求的目标。办理故意伤害案件，除了对案件进行实体和程序审查以外，还需对当事人双方进行充分释法说理，了解矛盾引发原因、耐心倾听双方诉求、捕捉彼此争论焦点、及时疏导紧张情绪，并尽力促使双方换位思考，减少当事人内心怨恨；合理利用宽严相济的刑事政策，促成双方矛盾化解，实现案件办理"三个效果"有机统一。

依法准确认定故意伤害行为的性质

沈　洁[*]

作为一名身处办案一线的基层检察官，我既办理过上级挂牌督办的大要案，也办理过因普通的生活纠纷未能及时化解矛盾而上升为犯罪的普通案件。相较于"大案"，我更加关注来源于基层的"小案"，其中具有典型代表意义的便是故意伤害致人轻伤案件，这也是基层检察机关办案的"大头"。在办理这类所谓的"小案"中，我发现，一些具有普遍性的问题贯穿了案件办理的始终：行为是否属于伤害行为、罪与非罪、法定不起诉还是相对不起诉等。在个人的办案历程中，印象最深的是李某某故意伤害案。

该案案发于 2019 年 9 月 20 日晚，李某某因琐事与郭某某发生口角，郭某某用木棍打了李某某，李某某遂即抢夺木棍，抢夺过程中推倒郭某某致其摔坐在地受伤。经鉴定，郭某某的损伤程度为轻伤二级。李某某赔偿郭某某 3.9 万元，最终法院判处李某某拘役 4 个月，缓刑 5 个月。虽然本案已作出最终判决，但仍然引起我的思考：对于这类案件和案件中犯罪嫌疑人的行为，是否应当以刑罚处罚的方式进行处理？这类行为是否属于刑法规定的故意伤害行为？

最高检、公安部于 2022 年 12 月联合印发《关于依法妥善办理轻伤害案件的指导意见》（以下简称《意见》），对这一类轻微推搡致人轻伤类案件进行了回应。《意见》明确指出，"如果犯罪嫌疑人只是与被害人发

---

　　* 沈洁，湖北省枣阳市人民检察院第一检察部主任，三级检察官。

生轻微推搡、拉扯的，或者为摆脱被害人拉扯或者控制而实施甩手、后退等应急、防御行为的，不宜认定为刑法意义上的故意伤害行为"。基层检察官们在办案中，特别是在办理这种因日常矛盾纠纷而引起的故意伤害案时，所面临的不仅仅是要对是非曲直进行判断，更要妥善处理矛盾化解、正确研判社会风险、有效避免负面舆论等工作。"小案"但不"简办"，检察机关办理的每一件案件都承载着人民群众对公平正义的期盼。作为基层检察官，更需要全力去实现案件办理政治效果、法律效果、社会效果的有机统一，高质效办好每一个"小案"，以个案办理推动类案治理，进一步挖掘如李某某案等轻微推搡致人轻伤类案件背后的深层法理，推动办案理念、能力的全面提档升级。

一、是故意伤害还是轻微推搡

基层故意伤害案件较多发生于农村地区，此类案件多是由于日常纠纷、矛盾未能及时化解引起，监控覆盖低、目击证人少，双方当事人对于推搡、拉扯的过程和性质认定各执一词，导致在案证据对证实是否构罪、处以何罪上存在鲜明的两极分化特点，也导致对客观事实的还原难度大。以李某某案为代表的轻伤害案件在事实、情节认定上难度较大，案件客观事实与法律事实往往存在差异，在此种情况下，承办检察官应当通过不断引导侦查、强化证据审查来还原客观情况、厘清法律事实、正确适用法律。

李某某案中，双方在争夺木棍时造成的推倒属于伤害行为，还是《意见》中的轻微推搡？根据《意见》的规定，轻微推搡、拉扯行为是指行为人向被害人实施推、拉、甩、拦等造成轻伤害以下的暴力，却因耦合其他因素导致被害人轻伤的行为，而故意伤害罪中的伤害行为往往表现为行为人积极、主动实施侵害行为，主观目的是为追求伤害后果，客观上也对被害人实施了伤害行为。但就"推倒"这一行为看，"故意推倒"和"轻微推搡"导致摔伤还是存在着一定差别，可以从以下三点来把握：一是行为人是否积极主动实施推搡行为。积极主动推倒他人的一般属于故意伤害罪中的伤害行为，而出于避让、躲避等心理而推搡他人的一般属于轻微推搡。二是是否存在伤害的故意。行为人如果认识到二者位置、力量悬殊等情形，明知推搡行为可能发生危害后果，依然积极追求或放任危害结果发生的，一般认定为故意伤害罪中的伤害行为。三是是否属于当时案件发展的正常走向。行为人在争吵纠缠中难免产生负面情绪，实施推搡行为事出有因，在没有超出对抗的必要限度下，一般认定为轻微推搡行为。

办案检察官在判断犯罪嫌疑人因推倒他人致其受伤的行为是否构成故意伤害罪时，应当在全面审查案件事实、证据的基础上，根据双方的主观方面和客观行为准确认定，对案件事实认定、证据采信、法律适用等方面的问题进行全面梳理。通过对在案证据的细致梳理、分析来严格审查"故意推倒"和"轻微推搡"，设身处地以社会公众的一般认知来判断一般人在类似情境下可能作出的反应，根据案发时的情形综合判断、认定，切忌以事后思维苛责。

二、矛盾化解是轻伤害案件办理的最终落脚点

在双方未达成赔偿谅解的轻伤害刑事案件中，当事人双方往往因赔偿数额存在差距而未能达成一致意见，主要表现为被害人提出的高额获赔预期与犯罪嫌疑人的实际赔偿能力有明显差距。

轻微推搡致人轻伤案件中的这一矛盾更为突出。一方面，犯罪嫌疑人因不构成刑事犯罪，检察机关作出不起诉决定后刑事程序终结。犯罪嫌疑人以自己不构成刑事犯罪为由赔偿较少甚至不愿赔偿，被害人的赔偿预期难以实现。即使被害人提起民事诉讼，法院作出的赔偿判决数额可能也远低于调解中双方能达到的预期。另一方面，行为已经造成轻伤后果，被害人很难接受不起诉的处理决定，且刑事审查的终结与行政处罚的启动衔接不畅通，导致案件处理周期较长，被害人的负面情绪也会

因为矛盾未能及时化解而越积越深，影响案件最终的稳妥处理。

对于检察机关，不仅要做到"案结事了"，更要努力实现"人和"，通过化解矛盾、修复被侵害的法益，进而切实消除社会矛盾风险隐患。不捕不诉只是"第一步"，化解矛盾才是案件办理之"归途"。

第一，以积极的释法说理引导树立正确赔偿价值观。向当事人释明轻微推搡致人轻伤案件的赔偿范围、赔偿标准，稳定被害人情绪，引导其逐步将赔偿条件置于合理范围，既要充分保障被害人合理经济补偿权利，也要维护犯罪嫌疑人的合法权益。对于当事人调解意愿差、社会风险大的案件，充分发挥人民调解作用，引入专业调解机构或人员进行矛盾调解，全力化解双方矛盾。

第二，应做好行刑程序性衔接，既严格避免出现以刑代行、以刑代罚、降格处理等问题，也要切实防止有罪不纠不罚的问题。主动与公安机关开展工作对接，对于决定不起诉的轻伤害案件，通过制发检察意见衔接公安机关的后续处罚跟进，实现行政处罚与刑事处罚的无缝对接。

第三，加强普法宣传，引导当事人通过合法合理的信访、申诉等渠道来主张自身权利，同时畅通"民主＋法治"渠道，与当地基层村组、社区形成工作联络，深入考察纠纷缘由，做好犯罪治理，解决好引发纠纷、矛盾的深层问题，实质性化解矛盾。

三、健全制度机制是更加扎实落实好《意见》的有力保障

相较于轻微推搡致人重伤或死亡的案件可能造成刑法理论界定罪量刑的争议，轻微推搡、拉扯等致人轻伤的案件虽简单、清晰且看似争议较小，实则在司法实践处理中仍显复杂，在处理该类案件过程中依然存在事实情节认定的争议和社会矛盾难以化解的问题。

实质性审查鉴定意见，夯实办案基础

江苏省苏州市人民检察院第一检察部

随着我国刑事犯罪结构的变化，轻伤害案件成为人民群众日常生活的常见案件。2020年以来，苏州检察机关共受理故意伤害案件2541件，故意伤害罪已成为全市排名第4位的罪名。轻伤害案件看似小案，实践中却存在着责任确定难、矛盾化解难、释法说理难等诸多问题，且此类案件往往由民间矛盾或偶发事件引发，处理不当容易埋下问题隐患或者激化矛盾，而动辄入刑又会带来"一伤一牢、两败俱伤"的局面。

为提升轻伤害案件办案质效，2022年12月22日，最高检、公安部联合发布《关于依法妥善办理轻伤害案件的指导意见》（以下简称《意见》）。苏州检察机关在办理轻伤害案件过程中，以"案结、事了、人和"为目标，探索创新工作机制，坚持"小案不简办"，用心用情办理轻伤害案件，实现"三个效果"有机统一。

一、有效借助"技术外脑"，破解案件审查难题

轻伤害案件为高发传统类"小案"，长期位于苏州刑事案件前列。但此类案件却往往因当事人言词证据不稳定、伤情形成原因疑难等问题，在审查认定方面存在困难。《意见》规定，对伤情鉴定等意见要进行实质性审查，需要对鉴定意见等技术性证据材料进行专门审查的，可以按照有关规定送交检察、侦查技术人员或者其他有专门知识的人进行审查并出具审查意见。在2018年，苏州检察机关探索由刑事检察与技术部门联

合开展技术性证据审查，先后出台《关于进一步规范刑事案件技术性证据审查工作的暂行办法》《疑难案件人体损伤证据审查指引》。办法出台至今，苏州检察机关共委托技术部门开展技术性证据审查2600余次，通过充分发挥"技术外脑"作用，有效解决人体损伤成因、损伤程度、损伤结果存在疑难的案件，破解案件审查难题，夯实案件办理的基础。如在孙某某故意伤害案中，双方对被害人肋骨伤情鉴定与初始就医诊断不同存在较大争议，经技术证据审查认定，肋骨伤情确实存在开始难以发现后逐渐凸显的情况，最大程度上还原案件事实，为案件办理、矛盾化解工作打下基础。

二、全程贯彻"司法为民"理念，破解矛盾化解难题

作为发生在人民群众身边的"小案"，轻伤害案件的办理效果直接关乎群众的切身利益和对司法的直观感受。《意见》规定，办理此类案件要注重矛盾化解、犯罪治理。苏州检察机关秉持司法为民初衷，推动刑事和解工作向前向后分别延伸至侦查环节和审判环节。

一是联合苏州市公安局出台《办理刑事和解案件程序规定》，确立轻伤害类案件"每件必经和解程序"的程序处理规则。2022年以来，依托侦查监督与协作配合办公室，进一步实现对侦查机关的理念引导，最大程度上推动公、检对运用和解理念化解轻伤害案件达成共识。2022年，苏州检察机关共对涉嫌故意伤害罪354人作出相对不起诉决定，其中137人通过刑事和解作相对不起诉处理，63人为调解后和解。

二是准确把握起诉条件。强调对轻伤害类小案，应全面审查案件背景、充分考量当事人双方的身份和关系、案件的起因和背景，从法律、情理、社会关系、一般人的认知习惯等多元角度考量行为人的人身危险性和社会危害性，从一般预防和特殊预防的角度全面衡量个案是否起诉。2020年以来，两级检察机关共对1059名故意伤害案的犯罪嫌疑人作出相对不起诉决定，相对不起诉率高达36.6%。

三、充分利用"云公开听证",破解释法说理难题

故意伤害案件往往由民间矛盾引发,群众诉求强烈、矛盾突出,加上伤情形成的鉴定较为专业,为更好地释法说理,让案件办理结果能够被当事人"感知、接受、认同",苏州检察机关充分运用各种"公开听证"方式,破解释法说理难题。

2020 年以来,苏州检察机关在办案中发现,部分案件当事人对本地鉴定机构存在不信任、提出异地鉴定的诉求增多,且疫情防控等因素导致实体、传统"公开听证"工作存在一定障碍。为解决上述问题,苏州检察机关借助电子办案平台等软件技术,积极探索"云公开听证"。如办理的刘某某故意伤害拟不起诉案,被害人起初情绪激动,多次扬言将非正常上访。为释明法理,检察机关邀请人民监督员、侦查机关、当事人双方以及苏州大学法医学系主任等专业人士参与公开听证现场评议,同时建立网络通道,连线位于上海的司法部科学研究鉴定所人员参与"云公开听证",对被害人的伤情系殴打他人造成的"拳击手"详细解释。该案以存疑不起诉结案后,被害人未提出申诉、信访,社会矛盾成功化解。

充分运用检调对接机制，促进矛盾纠纷化解

陈明南　　王　悦[*]

"检察官，我现在想通了，我是来领赔偿款的，保证不再上访。"2023年5月29日，我们接到被害人孟某的电话，心里的最后一块石头终于落地。孟某是一个轻伤害案件中的被害人，调解时他提出高额赔偿，拒绝谅解，甚至多次扬言上访。如今，被害人领回了赔偿款，双方当事人都满意，真正实现案结事了人和。

一、对于轻伤害小案，应该怎么办理

我们办的不仅仅是案件，而是别人的人生。即使是轻伤害的"小案"，我们也要全面审查，尽可能还原案发经过，查明定罪事实和所有法定、酌定量刑情节。受理案件后，我们审查发现，公安机关认定的事实只写明了犯罪嫌疑人陈某某在何时何地用拳打脚踢的方式殴打被害人孟某，造成孟某轻伤二级。这也是实务中常见的问题，只看到伤害后果，而忽视对案件起因、背景等整体情况的考察；只看鉴定结论，而缺少实质性审查。我们从三个方面开展了实质性全面审查。

一是通过讯问、询问了解事情起因和当事人之间的关系。查明孟某和叶某曾是男女朋友，因性格不合分手。案发当天孟某在路上偶然碰到叶某，陈某某是叶某的男性朋友，当天驾驶车辆接送叶某回家。此前陈

* 陈明南，浙江省金华市婺城区人民检察院党组成员、副检察长；王悦，浙江省金华市婺城区人民检察院检察委员会委员、第一检察部主任。

某某与孟某并不相识更无过节。二是通过调取完整监控还原事情经过，查清案件起因，确认被害人有过错。公安机关提供的监控只有陈某某殴打孟某一段，我们要求公安机关重新调取从孟某碰到叶某至警察到现场处警的完整视频。查明在殴打之前，孟某有拍打叶某手中物品、谩骂叶某和陈某某的行为，而陈某某起初很克制，未予理会。随着孟某持续谩骂，陈某某冲动之下对孟某进行殴打。孟某的谩骂行为与陈某某的殴打行为，时间上连续且有因果关系，在客观上激发了犯罪行为的发生，被害人有过错在先。三是调取就诊记录，发挥特邀检察官助理辅助作用，对鉴定意见进行实质性审查。我们注意到，实务中鼻骨骨折有可能是旧伤引发，为确认鉴定意见中的鼻骨骨折系新伤，我们调取了鉴定意见中的检材，从特邀检察官助理中选取骨科医生辅助我们办案，确认孟某鼻骨骨折确为新伤，排除了陈旧伤的可能，采纳了鉴定意见的结论。

二、对于曾调解不成的，有无必要再次调解

对于侦查阶段曾组织调解却失败的案件，在检察阶段有无必要再次组织调解？我们的答案是肯定的，积极促进矛盾化解是检察机关履行检察职能、积极参与犯罪治理的应有之义。在办理陈某某故意伤害案中，我们的工作重点是制定个性化和解方案，针对性开展调解工作。

依照本院《认罪认罚案件刑事和解工作指引》，结合本案案情特点，主要从三个方面展开调解工作。一是借助第三方专业力量。考虑到此前调解效果不佳，我们委托了某司法所的金牌调解员组织调解，该调解员特别擅长处理因情感纠纷引发的案件。同时，我们事先告知调解员事情的起因、案发经过、双方当事人的关系及之前的调解过程与结果，让调解员心中有数，方便开展调解工作。二是将调解地点放在调解员所在的司法所。为确保场面可控，有效应对调解过程可能出现的矛盾激化等意外情况，我们选择了有安保人员配备的司法所，并事先征得双方同意。三是确定调解重点，包括赔偿金额、支付方式、赔礼道歉等。经前期预

判，再调解成功率不高，本着尽可能化解矛盾的原则，事先考虑分期支付、先行赔礼道歉的方案。虽然最终调解失败，但是检察履职未缺位，更重要的是我们通过调解解决了两个问题：第一，被害人接受了犯罪嫌疑人的赔礼道歉，一定程度上化解了矛盾；第二，被害人坚持的15万元赔偿数额并无依据。被害人受伤的部位在鼻部，在受伤后独立生活，无需他人护理，每天正常上下班，加上误工费、营养费等不超过3000元。

三、对于愿意提供担保但被害人不接受的，是否直接起诉

面对被害人提出不满足其要求就不谅解，犯罪嫌疑人又愿意赔偿的情况，我们该怎么做？实践中最简单的做法，往往是以双方未达成刑事和解为由，对陈某某以故意伤害罪直接提起公诉。但是基于朴素的正义感，我们迟疑了。与其他轻伤害案件相比，本案系冲动引发，双方无原发矛盾。陈某某有正当的工作，自始认罪态度好，自愿认罪认罚，多次强烈表达愿意在合理的范围内赔偿被害人损失。如果提起公诉，会不会过于机械办案？会不会加深当事人之间的矛盾？

达成和解谅解并非作出不起诉决定的唯一要件，不起诉决定有例外情形，重点需厘清两个问题：一是被害人的赔偿请求是否明显不合理；二是犯罪嫌疑人能否提供担保。针对第一个问题，被害人孟某所花费用不超过3000元，但被害人赔偿请求15万元，远远超过法律所保护的范围，两者悬殊之大足足超过了十几倍，其赔偿请求明显不合理。针对第二个问题，犯罪嫌疑人陈某某在接受讯问、组织调解、征求意见时多次表示认罪认罚，愿意提供担保，赔偿和提供担保意愿强烈。经工作，陈某某提供了2万元担保，该数额是基于医药费、营养费等合理数额上浮一定比例计算得出。

四、对于赔偿请求明显不合理的，能否作出不起诉决定

在犯罪嫌疑人提供了担保，被害人明确不谅解的情形下，我们依法

提出相对不起诉的处理意见。同时，鉴于被害人多次以上访为要挟，作出不起诉决定前，我们依法召开公开听证。

2023 年 5 月 8 日，陈某某故意伤害案召开听证会，通过听证把事理、情理、法理讲清说透。听证会由分管检察长主持，听证员来自律师、记者、社区工作人员等不同群体，被害人也到场参加。听证会上，我们出示了全案证据，查明了犯罪事实，充分听取了各方意见，并经听证员评议。评议后，听证员代表当场发表经评议所形成的一致意见，认为被害人在案件中有过错，且在调解中提出的赔偿数额明显不合理。陈某某自愿认罪认罚，已提供赔偿担保，可以对其相对不起诉。

2023 年 5 月 12 日，本院对陈某某依法作出不起诉决定。我们向孟某送达不起诉决定书的时候，孟某表示不服。半个月之后，事情反转，出现文中开头的一幕。功不唐捐，或许是询问，或许是调解，又或许是公开听证，其间的释法说理，他其实听进去了。小案不简办、检察机关依法、充分运用检调对接机制，对本案最终实现"三个效果"的有机统一发挥了积极作用。

依法充分适用刑事和解制度，
心结法结一起"解"

李 根[*]

作为基层检察院检察官，我平时办理的案件大部分都是轻刑案件。但越是群众身边的"小案"，越是关乎群众对公平正义的感知，越是需要高质效办理。江苏省连云港市赣榆区检察院在长期司法实践中不断发展新时代"枫桥经验"，创新形成轻微刑事案件和解"赣榆模式"，通过刑事和解将群众内部矛盾化解在基层、化解在检察环节。依托刑事和解"赣榆模式"，2019 年我办理了王某故意伤害案。下面我就办理该案来谈谈心得体会。

一、依法适用刑事和解制度

矛盾性质决定处理方式。在司法办案中，检察官首先要做的就是给案件准确定性。而准确定性不仅是准确适用法律，还需对案件中反映的深层次矛盾有清晰的认识。

王某故意伤害案审查逮捕卷宗只有薄薄的一册，这符合轻刑案件事实简单的特点。虽然大部分基层案件都是简单案件，但是引发矛盾的事由却是千差万别的，因此对于薄卷宗更需要细看。通过阅卷、讯问和听取意见，我发现该案系民间纠纷引发的轻伤害案件，并且还是一起弟媳打伤姑姐的案件，犯罪嫌疑人王某认罪认罚，被害人王某香也有和解意

---

* 李根，江苏省连云港市赣榆区人民检察院第一检察部副主任，二级检察官。

愿，和解基础较好。

检察人员办案，最理想的办案效果就是案结、事了、人和，通过案件办理使犯罪人受到应有惩处，使被害人得到心理上的抚慰、物质上的补偿，同时还要使受损的社会关系得以修复。王某故意伤害案中，被害人王某香构成轻伤一级，如果就案办案、构罪即捕，将对一个大家庭内部造成难以消弭的伤害。类似这样的案件，就需要检察官多想一点、多走一步。依法履职、检察为民，从来不是口号和宣传语，而是体现在办案的每一个细节。依法积极运用刑事和解制度，就是检察履职的生动体现。

二、规范开展检调对接工作

在开展刑事和解工作中，我发现部分被害人一听到"和解"这两个字，就急得跳脚，态度坚决地表示不和解，甚至认为和解就是司法机关偏袒犯罪嫌疑人。还有的被害人在犯罪嫌疑人真诚悔罪、积极退赃、诚恳道歉的情况下，仍漫天要价，提出巨额赔偿金。因此，依法规范开展刑事和解工作非常重要，尤其需要有明确具体的规定来规范刑事和解的条件、流程、损害赔偿金额等关键内容，以同时保障被害人和犯罪嫌疑人的权利。为了使检察机关在刑事和解中发挥好法律监督职能，赣榆区检察院与区司法局、区公安局、区法院先后联合会签《关于进一步深化"检调对接"工作的实施意见》《轻微刑事案件办理机制》等制度文件，全面规范刑事和解工作，并将制度上墙，让当事人看得明白、调得放心。

在办理王某故意伤害案中，同样遇到了被害人索要赔偿金过高的问题。虽然双方有和解意愿，但王某香要求赔偿数额高，而王某经济困难。为此，我们积极开展释法说理工作，引导被害人理性对待赔偿，向双方当事人释明认罪认罚从宽制度、刑事和解制度规定以及赣榆区司法机关会签的文件要求，解释此类案件最高赔偿标准上限，即"除犯罪嫌疑人自愿支付外，不得超过实际损失的3倍"。在明确的制度规范下，被害人王某香自愿降低索赔数额。

三、充分借智借力促成调解

赣榆区人民调解委员会在赣榆区检察院设立了人民调解工作室,由工作经验丰富的退休检察干警担任人民调解员,实现"检调对接"的衔接顺畅。然而,人民调解员的调解能力毕竟有限,单凭人民调解员开展工作是不够的。在社会大调解格局下,就需要积极地"拉外援",广泛借助社会力量。

在王某故意伤害案调解初期,被害人要求赔偿金20万元,远远超出王某经济承受能力,致使调解工作陷入僵局。而且该案在侦查阶段,公安机关就曾组织双方当事人调解,也因赔偿金额过高未达成调解。到了检察环节,我们和人民调解员一起到当事人村庄了解双方家庭关系、纠纷症结,以及王某的家庭经济状况和王某香的治疗情况。为了使调解顺利进行,我们联系当地党委、政府、村委会负责人,邀请人大代表共同参与调解,经多方共同工作,王某香最终同意接受王某5万元赔偿,这个数额对于同类轻伤害案件来说是合理的,也在王某的承受范围内。调解达成当日,王某就支付王某香3万元赔偿,王某香对王某表示谅解。在此基础上我们以无社会危险性为由,对王某作出不批准逮捕决定。

事实上,"壮大调解力量"是赣榆区检察院在刑事和解工作中一直重视的工作方法。检察环节的刑事和解案件,有许多是在侦查环节未能调解成功的案件,因此,调解难度较大。为此,我们在工作中引入社会多方力量,充分借智借力,邀请人大代表、政协委员、人民监督员、律师以及当地乡贤、镇村干部、网格员、当事人亲友共同参与刑事和解释法说理,集法律专业优势、亲情感化优势、律师及镇村干部信任优势和代表委员群众性优势于一体,使当事人信服,更好更快促进和解。

四、做好刑事和解"后半篇文章"

刑事和解的最终结果，不是那一份和解协议，而是当事人长期的安宁生活。这种"人和"的效果并不是和解协议自然产生的，而是需要前期释法说理的充分铺垫，需要后期上门回访的强化巩固。我们在依法对王某作出不起诉决定后，通过定期回访发现，王某与王某香两家日常走动频繁，当事人之间已无芥蒂。

"后半篇文章"不仅是针对案件来说的，对于我们检察干警自身来讲，同样要做好工作复盘的"后半篇文章"。刑事和解工作需要直面当事人，需要有做群众工作的经验积累，并且应具备协调各方权益的能力。我自担任检察官助理时起，就开始参与刑事案件和解，这是赣榆区检察院为青年干警提供的成长机会与平台，即要求所有青年干警参与到刑事和解工作中，以此壮大调解队伍，同时培养青年干警做群众工作的能力。每一个刑事和解案件办结后，参与办案的青年干警都要撰写心得体会，并将刑事和解过程中产生的所有材料及时归档，将刑事和解案件化办理、档案化管理。在长期参与办理刑事和解案件的过程中，青年干警的整体办案、办事能力有了显著提升，面对再棘手的群众矛盾也不犯怵，处理疑难复杂案件也更游刃有余。优秀的检察官是用案件"喂"出来的，用刑事和解案件"喂"出来的赣榆区检察院轻伤害办案团队，先后入选了江苏省检察机关重点培育的特色专业化办案团队、获评江苏省检察机关"十佳办案团队"。

王某故意伤害案是我办理的众多刑事和解案件中的一个，也是难度较大的一件。虽然我已经从青年干警蜕变为经验丰富的检察官，但还是按照长期以来的工作习惯，撰写了办案心得。在办案心得里，我写道："磨破了嘴皮子，磨破了脚底板，做了许多别人看不见的工作，但是效果却是实实在在地产生了，而且是长期的。"确实，作为基层检察官面临着很大的办案压力，工作上需争分夺秒，而刑事和解工作要投入大量精力。

然而，念兹在兹，枝叶关情。用足用好法律赋予的职权，穷尽方式方法守护群众生活的长期安宁，我想这就是深耕于刑事和解工作的意义所在，也是"高质效办好每一个案件"的应有之义。

轻伤害案件中法医证据的收集与审查

重庆市人民检察院检察一部 等 [*]

　　重庆市检察院检察一部联合市公安局法制总队，在市检察院业务保障部门和公安局司法鉴定中心协助下，编撰了《轻伤害案件法医证据收集审查手册》，将轻伤害案件中常见的鼻骨骨折、肋骨骨折、头面部皮肤损伤、四肢重要神经损伤等伤情，以常见伤情判断提示、必要鉴定检材提示、常见误区提示三个部分详细解读，并配上图片和相关案例，引导侦查人员及时有效侦查取证，引导检察官实质性审查鉴定意见，共同筑牢以客观证据为中心的刑事指控体系。

一、轻伤害案件法医证据收集审查要点

　　法医证据在轻伤害案件办案中起核心作用，直接影响刑事案件事实认定和法律准确适用。办案人员应当高度重视法医证据，共同提升客观证据、言词证据和鉴定意见的收集审查与判断运用能力，确保轻伤害案件得到准确、及时处理。

（一）客观证据的固定

　　1.规范佩戴使用执法记录仪，利用执法记录仪等电子设备对现场环境进行同步录音录像，及时完整地固定现场环境证据。便于对案发现场、争斗经过等进行有效录像取证。

　　* 重庆市人民检察院检察一部、检察业务保障部，重庆市公安局刑事侦查总队、法制总队，重庆市人民检察院第三分院，重庆市渝中区人民检察院。

2.对受伤人员案发当时伤情进行及时拍照固定，照片应明确损伤的部位、大小、形态等，同时对受害者受伤部位处的衣物进行检查，有无对应部位的破损及血迹等。

3.及时提取致伤物，注意做好指纹或其他黏附物的提取。

4.对衣物上的掌印、足迹、鞋印以及现场地面血迹等易消失证据及时拍照固定并提取。

5.对案发地现场环境、其他涉案物品空间摆放位置等及时勘验并拍照固定。

6.提取案发当地及周边监控视频判断冲突纠纷真相。

7.对犯罪嫌疑人及时进行人身检查，提取指纹、采集接触性擦拭物、血液等，如果嫌疑人存在损伤，应及时进行拍照、检查等，固定受伤当时情况，为查明案件事实提供可靠证据。

（二）言词证据的收集

1.在询问纠纷起因、争执焦点等问题同时，高度重视涉案人员对伤情形成过程的描述。对具体伤害方式、侵害部位、是否受伤、受伤部位、是否使用器械等问题应着重单独提问了解。

2.询问时，要特别重视对言词证据合理性与真实性的分析，应注意言词证据的证明要点与客观证据的有机联系。在形成笔录时，注意从常识常情常理出发甄别真伪，避免出现多次口供不一致，无法判断案件事实及伤害过程的情况。

3.除固定犯罪嫌疑人、被害人的笔录外，也应第一时间对旁观证人进行询问取证，避免事后证人因其他因素拒绝配合，影响证据证明力。

4.在向被询问人了解伤者基本情况时，注意重点询问伤者是否存在陈旧性损伤，避免出现影响损伤程度鉴定的干扰因素。

（三）鉴定意见的制作

1.对容易产生争议的损伤程度鉴定，在致伤机制、条款适用等问题上预先与鉴定人员进行必要的交流，引导鉴定人员在鉴定报告中进行规范、明确、清晰地表达，避免使用模棱两可的语句。

2.对确有疑问、不能作出确定性结论的损伤程度鉴定，引导鉴定人在鉴定报告中尽可能对存在的疑点进行深入分析，充分阐述致伤机制的可能原因及可能性大小。对无法排除的情形，也应要求鉴定人进行周密的分析，不宜描述过于简单抽象。

举例：2022年6月5日，某甲与其邻居发生斗殴。民警出警后，某甲称左胸部疼痛就医，影像学检查见左侧第4、5前肋不全性骨折。2022年6月28日复查见左侧第4、5前肋不全性骨折伴骨痂生长，在时间上符合新鲜骨折后病程变化过程。

但案发当日，出警人员在现场对某甲胸部进行了拍照，照片显示，其左胸第4、5肋间皮肤有散在点状、竖条状排列的皮肤破损，破损处未见血液或组织液渗出，可见少许皮下出血呈青紫色，少许痂皮形成，证实该损伤为陈旧性损伤，且距案发当日1—3天。同时公安机关对某甲所穿的白色汗衫进行对应部位的拍照，未发现其衣物左胸有血渍。后公安机关又调取现场监控，显示某甲与其邻居均为徒手斗殴，其左胸"散在点状、竖条状排列的皮肤破损"特征明显与徒手所造成损伤不符。综上推断，某甲左胸第4、5肋间存在陈旧性损伤，其左侧第4、5肋骨不全性骨折为陈旧性骨折的可能性不能排除。

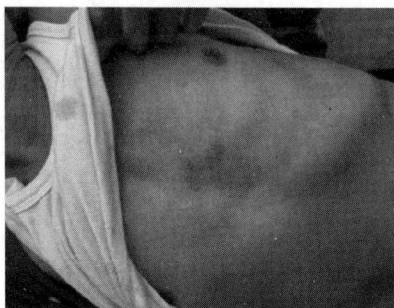

图1　某甲胸部损伤照片　　图2　某甲左侧胸部损伤细目

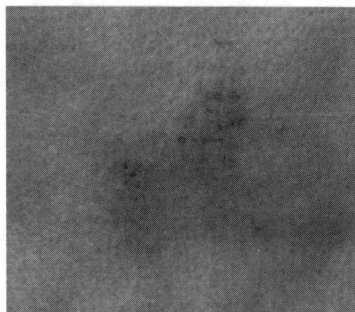

二、常见损伤中法医证据收集审查要点

鼻骨骨折

（一）常见伤情判断提示

1. 一侧鼻骨单纯线性骨折、单侧上颌骨额突骨折或者鼻中隔骨折评定为轻微伤。

2. 鼻骨粉碎性骨折、双侧鼻骨骨折、鼻骨骨折合并上颌骨额突骨折、鼻骨骨折合并鼻中隔骨折、双侧上颌骨额突骨折评定为轻伤二级。

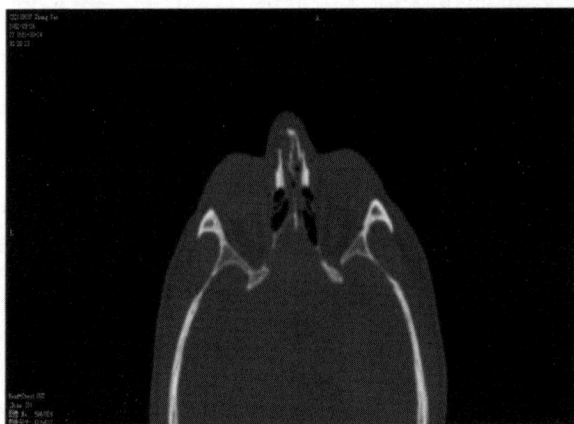

图3　双侧鼻骨骨折

（二）必要鉴定检材提示

1. 病历材料原件及复印件。材料中必须包含鼻部外伤相关体格检查记录。

2. 鼻部损伤后影像学检查资料。尽可能提供多方位拍摄的鼻部 CT 片，必要时可进行图像重组。尽可能提供影像学原始电子数据。

3. 鼻部损伤后 3—6 周复查影像学检查资料。尽可能提供影像学原始

电子数据。

4.存在陈旧性损伤的，调取既往病历、体检报告等资料。

（三）常见误区提示

1.成年人鼻骨骨折愈合后可能出现骨折线不消失的情况，在出现新的软组织损伤的情况下，可能会被误判为新鲜骨折。

2.多数成年人均存在生理性鼻中隔偏曲，需与外伤性鼻中隔骨折或鼻中隔软骨脱位导致的鼻中隔偏曲相鉴别。

（四）参考案例

某甲，2018年被打伤鼻骨，影像学检查见双侧鼻骨骨折，错位畸形，鉴定为轻伤二级。嫌疑人进行刑事申诉，提出某甲曾在2012年有过鼻骨骨折，对本次鉴定意见有异议。经查看2012年某甲鼻骨骨折既往病历、2014年体检报告提示鼻骨骨折情况，以及2018年伤后鼻骨骨折情况，认为2018年鼻骨损伤结果不能确定与2012年的陈旧性损伤有关系，补充鉴定后，评定为轻微伤。

参考意义：陈旧性损伤对鉴定意见的影响。

视觉功能障碍

（一）常见伤情判断提示

1.一眼重度视力损害；双眼中度视力损害；一眼视野半径30°以下（视野有效值48%以下）；双眼视野半径50°以下（视野有效值80%以下），评定为轻伤一级。

2.一眼矫正视力减退至0.5以下（或者较伤前视力下降0.3以上）；双眼矫正视力减退至0.7以下（或者较伤前视力下降0.2以上）；一眼视野半径50°以下（视野有效值80%以下）；原单眼中度以上视力损害者，

伤后视力降低一个级别，评定为轻伤二级。

3.眼球损伤影响视力评定为轻微伤。

（二）必要鉴定检材提示

1.病历材料原件及复印件。材料中必须包含眼科专科检查资料、眼部专科医生会诊记录等。

2.伤后3至6个月眼科复查视力材料。

3.既往眼睛视力情况。如体检报告、配镜资料；陈旧性损伤或患有眼部基础疾病的，还应调取既往病历资料。

（三）常见误区提示

1.视觉功能障碍包括视力及视野的损伤，评定视觉功能障碍，需要有眼部明确的原发性损伤或伤后并发症、后遗症等，并配合客观医学检查结论确定因果关系。

2.涉及视力障碍的评定，无论是否有陈旧性损伤或眼部疾病，均应调取既往视力情况；单侧视力受损时，也应检查健侧视力用以对比。

3.疑似伪盲、伪装视力降低者，可进行伪盲检查，并参考视觉电生理检查结果。

（四）参考案例

2021年，某甲被他人打伤左眼部，入院检查见其左眼青紫，右眼无明显外伤。眼科检查见左眼充血，右眼上方虹膜根部离断。第一、二次鉴定均以其"右眼虹膜根部离断"为依据，鉴定为轻伤二级。本案移送起诉后，经检察机关复核某甲病历，发现其右眼毫无新鲜损伤依据，且虹膜系括约肌，延展收缩的功能强大，因头部震荡导致其离断的可能性可忽略，故怀疑其右眼虹膜根部离断为陈旧性损伤。后经补充某甲既往病历，证实其三年前曾因打架斗殴致其右眼虹膜根部离断。据此，某甲右眼虹膜根部离断评定为轻伤二级的依据不足，未达故意伤害罪起诉标准，后本案撤案。

参考意义：陈旧性损伤对鉴定意见的影响。

鼓膜损伤

（一）常见伤情判断提示

鼓膜穿孔评定为轻微伤，但是鼓膜穿孔 6 周以上不能自行愈合的为轻伤二级。

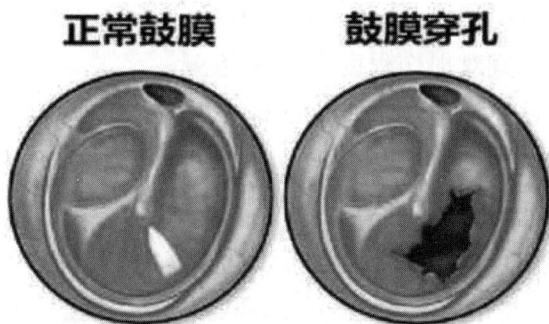

图4　鼓膜穿孔

（二）必要鉴定检材提示

1.病历材料原件及复印件。材料中必须包含损伤初期高分辨率的鼓膜内窥镜检查图片。

2.伤后六周内，定期复查鼓膜损伤情况的病历材料。

3.存在鼓膜陈旧性损伤、外耳道或中耳疾病的，调取既往病历资料。

（三）常见误区提示

1.牙签、针状物、细小棍棒等外物直接作用鼓膜导致破裂的常伴有出血，破裂部位不定，可有多个破口；掌掴、爆炸震荡、跳水等外力导致外耳道压强突破鼓膜生理限制导致破裂的，出血一般较少，破口多位于紧张部前下方，多为一个破口。

2.鼓膜损伤程度评定需要注意排除造作伤、病理性穿孔等情况，明确因果关系后予以评定。

（四）参考案例

某甲与人发生纠纷，被掌掴右侧耳部 1 日后，称自己右耳听力下降。入院行耳镜检查发现鼓膜周围见充血及瘀血等损伤表现，但经鉴别，其右耳鼓膜穿孔在形态上为针刺损伤，不符合掌掴导致的间接损伤特征，考虑为造作伤，不宜对损伤程度进行鉴定。

参考意义：鼓膜损伤鉴定应注意与造作伤、病理性穿孔相鉴别。

听力障碍

（一）常见伤情判断提示

1.双耳听力障碍评定为轻伤一级。

2.一耳听力障碍（≥ 41dB HL）；一侧前庭平衡功能障碍，伴同侧听力减退，评定为轻伤二级。

3.外伤后听力减退评定为轻微伤。

（二）必要鉴定检材提示

1.病历材料原件及复印件。材料中必须包含耳科专科检查资料、耳部专科医生会诊记录等。

2.伤后主诉听力下降者，应提供伤后 1 周内进行常规听力测试结果，及伤后 3—6 月再次复查听力测试结果。

3.伤前双耳听力情况。如体检报告、助听器配购记录；陈旧性损伤或患有耳部基础疾病的，还应调取既往病历资料。

（三）常见误区提示

1. 听力障碍者的损伤程度评定，应在确定有损伤基础的前提下进行，明确损伤是导致听力障碍的完全或者主要原因，损伤与听力障碍之间存在直接因果关系，才能进行评定。

2. 听觉功能障碍的鉴定必须要有客观医学检查作为依据，尽可能调查了解伤前听力情况；一侧听力障碍者，要有健侧听力检查作为对照依据。

（四）参考案例

某甲 2021 年被人掌掴左面部，自述听力下降，多次主、客观听力检查，证实其伤后左耳存在听力障碍（≥ 41dB HL），评定为轻伤二级。经调查，某甲伤前并未发现听力障碍表现，但 2013 年既往病历资料提示某甲存在左耳上方囊肿，嫌疑人因此提出某甲既往疾病对本次鉴定结果有影响。阅 2021 年伤后多次影像学检查结果提示，其左耳上方囊肿表面及内部未见出血或其他组织改变，囊肿未压迫脑干、听神经结构，故该囊肿与其左耳听力障碍不存在因果关系。

参考意义：既往疾病与本次损伤因果关系的判定。

头面部皮肤损伤

（一）常见伤情判断提示

1. 头部：

（1）头皮创口或者瘢痕长度累计 20.0cm 以上；头皮撕脱伤面积累计 50.0cm² 以上；头皮缺损面积累计 24.0cm² 以上，评定为轻伤一级。

（2）头皮创口或者瘢痕长度累计 8.0cm 以上；头皮撕脱伤面积累计 20.0cm² 以上；头皮缺损面积累计 10.0cm² 以上；帽状腱膜下血肿范围

50.0cm² 以上，评定为轻伤二级。

（3）头部外伤后伴有神经症状；头皮擦伤面积 5.0cm² 以上；头皮挫伤；头皮下血肿；头皮创口或者瘢痕，评定为轻微伤。

2. 面部：

（1）面部单个创口或者瘢痕长度 6.0cm 以上；多个创口或者瘢痕长度累计 10.0cm 以上。面部块状瘢痕，单块面积 4.0cm² 以上；多块面积累计 7.0cm² 以上。面部片状细小瘢痕或者明显色素异常，面积累计 30.0cm² 上。以上损伤评定为轻伤一级。

（2）面部单个创口或者瘢痕长度 4.5cm 以上；多个创口或者瘢痕长度累计 6.0cm 以上。面颊穿透创，皮肤创口或者瘢痕长度 1.0cm 以上。口唇全层裂创，皮肤创口或者瘢痕长度 1.0cm 以上。面部块状瘢痕，单块面积 3.0cm² 以上或多块面积累计 5.0cm² 以上。面部片状细小瘢痕或者色素异常，面积累计 8.0cm² 以上。以上损伤评定为轻伤二级。

（3）面部软组织创。面部损伤留有瘢痕或者色素改变。面部皮肤擦伤，面积 2.0cm² 以上；面部软组织挫伤；面部划伤 4.0cm 以上。以上损伤评定为轻微伤。

（二）必要鉴定检材提示

1. 受伤当时及时拍照，固定损伤情况。

2. 病历材料原件及复印件。材料中必须包含清创缝合探查记录，美容医疗修复资料等。

（三）常见误区提示

1. 清创缝合等治疗所必要的扩创，应当计入损伤长度范围；面部皮肤擦伤等轻微表皮剥脱，如经过度医疗遗留瘢痕，属于医疗因素介入，不宜作为损伤程度鉴定依据。

2. 外伤致头发脱落不生长的，比照头皮瘢痕条款进行鉴定。

3. 损伤跨头部和面部的，应按照《人体损伤程度鉴定标准》6.17 的有关附则规定，比照数值规定较高的头部损伤计算。

4. 出现皮肤损伤的，以创口为鉴定依据，伤后即可鉴定；以瘢痕为鉴定依据，需在伤后三个月进行鉴定。

5. 使用瘢痕鉴定的，可以以瘢痕长度鉴定，也可以用瘢痕面积鉴定，两者达标一个即可鉴定。

6. 两次及以上损伤形成的交叉创口按单个计算；一次性形成的不连续创口按多个累计计算。

（四）参考案例

某甲被人砍伤左侧额部，瘢痕长 8.5cm，其中 3.0cm 位于发际线外、5.5cm 位于发际线内，考虑同一类损伤跨头部和面部，按照《人体损伤程度鉴定标准》有关附则 6.17 "对于两个部位以上同类损伤可以累加，比照相关部位数值规定高的条款进行评定"。本案所涉及的鉴定条款中，头部损伤数值（8.0cm）明显高于面部损伤数值（6.0cm），则某甲左侧额部瘢痕应当依据 5.1.4a 有关附则 "头皮创口或者瘢痕长度累计 8.0cm 以上" 之规定，评定为轻伤二级。

参考意义：两个部位以上同类损伤的鉴定。

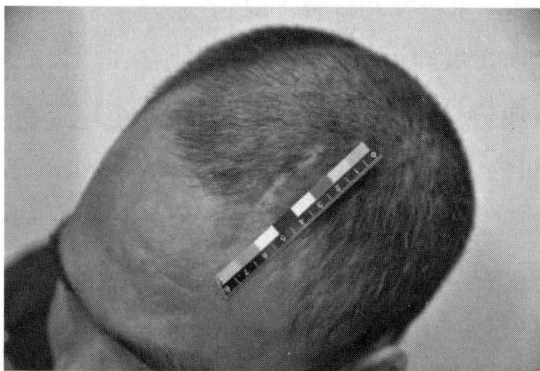

图5 跨头面部损伤

牙齿损伤

（一）常见伤情判断提示

1. 牙齿脱落或者牙折 4—6 枚，评定为轻伤一级。

2. 牙齿脱落或者牙折 2—3 枚，评定为轻伤二级。

3. 牙齿脱落或者缺损，牙齿松动 2 枚以上或者Ⅲ度松动 1 枚以上，评定为轻微伤。

（二）必要鉴定检材提示

1. 病历材料原件及复印件。材料中必须包含口腔检查记录，牙科治疗情况等。

2. 后续牙科治疗病历资料。

3. 存在口腔疾病，如蛀齿、牙周炎等导致牙齿原本就有不同程度的松动，应当提取既往病历资料。

（三）常见误区提示

1. 牙折为冠折时须暴露牙髓腔才能认定。

2. 条款中牙齿脱落或折断包括恒牙、乳牙和固定义齿中的种植牙等，不包括损坏后无须手术更换和修复的义齿。

3. 一般牙齿损伤后即可进行鉴定，即使存在牙齿脱落经再植、再造手术成功的，按损伤当时情形进行损伤程度鉴定；但是牙齿松动可能无法保留的，待其治疗终结后鉴定。

4. 对牙损伤的治疗过程应进行科学审查，排除存在过度治疗的因素。

（四）参考案例

某甲外伤致牙齿 B1 松动自行脱落，B2 冠折暴露牙髓腔；经调取证据发现其既往病史证实 2012 年 8 月行 B1 拔髓根管治疗。故某甲受伤时 B1 为无髓牙，B1 脱落为损伤与既往病共同作用所致，二者作用相当。依据《人体损伤程度鉴定标准》5.2.4 q）"牙齿脱落或者牙折 2 枚以上"、4.3.2 "损伤与既往伤／病共同作用的，即二者作用相当的，应依据本标准相应条款适度降低损伤程度等级，即等级为重伤一级和重伤二级的，可视具体情况鉴定为轻伤一级或者轻伤二级，等级为轻伤一级和轻伤二级的，均鉴定为轻微伤"之规定，其牙齿损伤构成轻微伤。

参考意义：既往疾病与本次损伤因果关系的判定。

肋骨骨折

（一）常见伤情判断提示

1. 肋骨骨折 6 处以上，评定为轻伤一级。
2. 肋骨骨折 2 处以上，评定为轻伤二级。
3. 肋骨骨折、肋软骨骨折，评定为轻微伤。

（二）必要鉴定检材提示

1. 病历材料原件及复印件。材料中必须包含胸部体格检查、胸廓挤压试验等记录。

2. 胸部损伤后影像学检查资料。尽可能提供多方位拍摄的胸部 X 片，必要时可进行 CT 片图像重组。尽可能提供影像学原始电子数据。

3. 胸部损伤后 3—6 周复查影像学检查资料。尽可能提供影像学原始电子数据。

4. 存在陈旧性损伤的，调取既往病历、体检报告等资料。

（三）常见误区提示

1. 单纯肋骨骨折损伤程度鉴定是以"几处"骨折为依据，不以"几根（匹）"为依据；粉碎性肋骨骨折视为 2 处以上肋骨骨折。

2.遭受直接暴力打击的肋骨骨折，通常骨折线出现在打击部位；遭受间接暴力，如胸廓挤压伤，骨折线通常出现在挤压受力部位的一侧或两侧。

3.阅读胸部 X 线片时要排除伪影、重叠影或者生理变异的干扰，以免误诊。部分骨折因为损伤较轻或者影像学检查伪影等原因，导致受伤当时检查无法确认，需要几周后复查骨痂形成情况进行综合判断。

4.注意鉴别新鲜肋骨骨折与陈旧性骨折，新鲜骨折无骨痂、骨折线锐利，陈旧性骨折有骨痂形成或已骨性愈合。部分陈旧性肋骨骨折愈合后有软组织嵌顿时，可能会被误判为新鲜骨折，需根据损伤当时的情况和伤后多次复查结果进行综合评判。

5.当胸部出现多处多根肋骨骨折，注意查看是否合并胸内器官损伤，重点查明损伤当时是否存在呼吸困难，如存在以上损伤表现，应结合呼吸功能障碍相关条款进行综合评定。

（四）参考案例

1.某甲在被打伤胸部后就医，影像学检查见左侧第 3 肋骨骨折，骨折线清晰。2 周后复查，影像学检查提示左侧第 3、4、5 肋骨均见线性骨折线并骨痂形成。由于第 4、5 肋骨骨折为线性骨折，断端无错位，在第一次检查时可能无法发现，在数日后骨折线吸收、骨痂形成时骨折状态可更加明显。

参考意义：隐藏性骨折的鉴定。

2.某乙在纠纷后入院就诊，诊断为右侧第 10 肋骨不连续、可见断端明显错位。后续多次复查无明显变化且无骨痂形成，调取其既往就诊病历后发现该处肋骨曾在 2 年前出现骨折，因软组织嵌顿，导致骨折无法正常恢复，呈现不连续且断端错位。

参考意义：新鲜骨折与陈旧性骨折的鉴别判断。

四肢重要神经损伤

（一）常见伤情判断提示

四肢重要神经损伤，评定为轻伤二级。

（二）必要鉴定检材提示

1.病历材料原件及复印件。材料中必须包含体格检查、神经功能检查、神经电生理检查等资料。

2.复查神经功能恢复情况的检查材料。

3.单侧四肢重要神经受伤时，应同时检查健侧肢体神经功能对比参照。

4.既往存在四肢重要神经损伤或神经基础疾病的，还应调取既往病历资料。

（三）常见误区提示

1.本部分所指四肢重要神经损伤主要指的是《人体损伤程度鉴定标准》5.9.4 b）和 6.10 中规定的神经，包括臂丛及其分支神经（正中神经、尺神经、桡神经和肌皮神经）和腰骶丛及其分支神经（包括坐骨神经、腓总神经、腓浅神经和胫神经）。

2.《人体损伤程度鉴定标准》5.9.4 b）未要求神经必须出现离断的状态，只需出现明确的神经损伤情况。

3.注意鉴定时机的选择，以原发性四肢重要神经损伤为鉴定依据，伤后即可进行鉴定，但涉及四肢功能障碍的并发症，鉴定时须对有可能出现的后遗症加以说明，必要时应进行复检并予以补充鉴定。

4.注意鉴别因软组织肿胀等压迫原因导致神经出现数周以内短暂异常，在压迫情况消失后神经恢复正常的，一般不作损伤程度鉴定。

5.对于案发较久的案件，部分神经损伤可能出现神经恢复的情况，这种恢复状态是能够印证神经曾经受过损伤，并排除自身疾病的重要佐证。

（四）参考案例

某甲左臂被刺伤，入院检查后发现左侧正中神经损伤，检查右侧正中神经正常，鉴定为轻伤二级。后嫌疑人不服，三年内多次申请重新鉴定，多次检查某甲左侧正中神经损伤，神经损伤明显减轻，右侧正中神经一直正常。某甲正中神经损伤和发展过程符合周围神经轻微损伤的特征，故某甲正中神经损伤的结果和本次外伤有因果关系，鉴定为轻伤二级无误。

参考意义：四肢重要神经损伤可通过神经恢复情况予以鉴别。

附则

相关规范汇编

《中华人民共和国刑法》（节录）

（2023 年 12 月 29 日第十四届全国人民代表大会
常务委员会第七次会议通过的《中华人民共和国
刑法修正案（十二）》修正）

第三条　法律明文规定为犯罪行为的，依照法律定罪处刑；法律没有明文规定为犯罪行为的，不得定罪处刑。

第五条　刑罚的轻重，应当与犯罪分子所犯罪行和承担的刑事责任相适应。

第十四条　明知自己的行为会发生危害社会的结果，并且希望或者放任这种结果发生，因而构成犯罪的，是故意犯罪。

故意犯罪，应当负刑事责任。

第十五条　应当预见自己的行为可能发生危害社会的结果，因为疏忽大意而没有预见，或者已经预见而轻信能够避免，以致发生这种结果的，是过失犯罪。

过失犯罪，法律有规定的才负刑事责任。

第十六条　行为在客观上虽然造成了损害结果，但是不是出于故意或者过失，而是由于不能抗拒或者不能预见的原因所引起的，不是犯罪。

第二十条　为了使国家、公共利益、本人或者他人的人身、财产和其他权利免受正在进行的不法侵害，而采取的制止不法侵害的行为，对不法侵害人造成损害的，属于正当防卫，不负刑事责任。

正当防卫明显超过必要限度造成重大损害的，应当负刑事责任，但是应当减轻或者免除处罚。

对正在进行行凶、杀人、抢劫、强奸、绑架以及其他严重危及人身安全的暴力犯罪，采取防卫行为，造成不法侵害人伤亡的，不属于防卫过当，不负刑事责任。

第二十五条 共同犯罪是指二人以上共同故意犯罪。

二人以上共同过失犯罪，不以共同犯罪论处；应当负刑事责任的，按照他们所犯的罪分别处罚。

第三十六条 由于犯罪行为而使被害人遭受经济损失的，对犯罪分子除依法给予刑事处罚外，并应根据情况判处赔偿经济损失。

承担民事赔偿责任的犯罪分子，同时被判处罚金，其财产不足以全部支付的，或者被判处没收财产的，应当先承担对被害人的民事赔偿责任。

第三十七条 对于犯罪情节轻微不需要判处刑罚的，可以免予刑事处罚，但是可以根据案件的不同情况，予以训诫或者责令具结悔过、赔礼道歉、赔偿损失，或者由主管部门予以行政处罚或者行政处分。

第九十八条 本法所称告诉才处理，是指被害人告诉才处理。如果被害人因受强制、威吓无法告诉的，人民检察院和被害人的近亲属也可以告诉。

第二百三十四条 故意伤害他人身体的，处三年以下有期徒刑、拘役或者管制。

犯前款罪，致人重伤的，处三年以上十年以下有期徒刑；致人死亡或者以特别残忍手段致人重伤造成严重残疾的，处十年以上有期徒刑、无期徒刑或者死刑。本法另有规定的，依照规定。

第二百九十三条 有下列寻衅滋事行为之一，破坏社会秩序的，处五年以下有期徒刑、拘役或者管制：

（一）随意殴打他人，情节恶劣的；

（二）追逐、拦截、辱骂、恐吓他人，情节恶劣的；

（三）强拿硬要或者任意损毁、占用公私财物，情节严重的；

（四）在公共场所起哄闹事，造成公共场所秩序严重混乱的。

纠集他人多次实施前款行为，严重破坏社会秩序的，处五年以上十年以下有期徒刑，可以并处罚金。

《中华人民共和国刑事诉讼法》（节录）

（根据 2018 年 10 月 26 日第十三届全国人民代表大会
常务委员会第六次会议《关于修改〈中华人民共和国
刑事诉讼法〉的决定》第三次修正）

第十五条 犯罪嫌疑人、被告人自愿如实供述自己的罪行，承认指控的犯罪事实，愿意接受处罚的，可以依法从宽处理。

第十六条 有下列情形之一的，不追究刑事责任，已经追究的，应当撤销案件，或者不起诉，或者终止审理，或者宣告无罪：

（一）情节显著轻微、危害不大，不认为是犯罪的；

（二）犯罪已过追诉时效期限的；

（三）经特赦令免除刑罚的；

（四）依照刑法告诉才处理的犯罪，没有告诉或者撤回告诉的；

（五）犯罪嫌疑人、被告人死亡的；

（六）其他法律规定免予追究刑事责任的。

第五十条 可以用于证明案件事实的材料，都是证据。证据包括：

（一）物证；

（二）书证；

（三）证人证言；

（四）被害人陈述；

（五）犯罪嫌疑人、被告人供述和辩解；

（六）鉴定意见；

（七）勘验、检查、辨认、侦查实验等笔录；

（八）视听资料、电子数据。

证据必须经过查证属实，才能作为定案的根据。

第五十二条　审判人员、检察人员、侦查人员必须依照法定程序，收集能够证实犯罪嫌疑人、被告人有罪或者无罪、犯罪情节轻重的各种证据。严禁刑讯逼供和以威胁、引诱、欺骗以及其他非法方法收集证据，不得强迫任何人证实自己有罪。必须保证一切与案件有关或者了解案情的公民，有客观地充分地提供证据的条件，除特殊情况外，可以吸收他们协助调查。

第五十五条　对一切案件的判处都要重证据，重调查研究，不轻信口供。只有被告人供述，没有其他证据的，不能认定被告人有罪和处以刑罚；没有被告人供述，证据确实、充分的，可以认定被告人有罪和处以刑罚。

证据确实、充分，应当符合以下条件：

（一）定罪量刑的事实都有证据证明；

（二）据以定案的证据均经法定程序查证属实；

（三）综合全案证据，对所认定事实已排除合理怀疑。

第八十一条　对有证据证明有犯罪事实，可能判处徒刑以上刑罚的犯罪嫌疑人、被告人，采取取保候审尚不足以防止发生下列社会危险性的，应当予以逮捕：

（一）可能实施新的犯罪的；

（二）有危害国家安全、公共安全或者社会秩序的现实危险的；

（三）可能毁灭、伪造证据，干扰证人作证或者串供的；

（四）可能对被害人、举报人、控告人实施打击报复的；

（五）企图自杀或者逃跑的。

批准或者决定逮捕，应当将犯罪嫌疑人、被告人涉嫌犯罪的性质、情节，认罪认罚等情况，作为是否可能发生社会危险性的考虑因素。

对有证据证明有犯罪事实，可能判处十年有期徒刑以上刑罚的，或者有证据证明有犯罪事实，可能判处徒刑以上刑罚，曾经故意犯罪或者身份不明的，应当予以逮捕。

被取保候审、监视居住的犯罪嫌疑人、被告人违反取保候审、监视居住规定，情节严重的，可以予以逮捕。

第九十条 人民检察院对于公安机关提请批准逮捕的案件进行审查后，应当根据情况分别作出批准逮捕或者不批准逮捕的决定。对于批准逮捕的决定，公安机关应当立即执行，并且将执行情况及时通知人民检察院。对于不批准逮捕的，人民检察院应当说明理由，需要补充侦查的，应当同时通知公安机关。

第一百一十五条 公安机关对已经立案的刑事案件，应当进行侦查，收集、调取犯罪嫌疑人有罪或者无罪、罪轻或者罪重的证据材料。对现行犯或者重大嫌疑分子可以依法先行拘留，对符合逮捕条件的犯罪嫌疑人，应当依法逮捕。

第一百四十六条 为了查明案情，需要解决案件中某些专门性问题的时候，应当指派、聘请有专门知识的人进行鉴定。

第一百四十七条 鉴定人进行鉴定后，应当写出鉴定意见，并且签名。

鉴定人故意作虚假鉴定的，应当承担法律责任。

第一百四十八条 侦查机关应当将用作证据的鉴定意见告知犯罪嫌疑人、被害人。如果犯罪嫌疑人、被害人提出申请，可以补充鉴定或者重新鉴定。

第一百七十一条 人民检察院审查案件的时候，必须查明：

（一）犯罪事实、情节是否清楚，证据是否确实、充分，犯罪性质和罪名的认定是否正确；

（二）有无遗漏罪行和其他应当追究刑事责任的人；

（三）是否属于不应追究刑事责任的；

（四）有无附带民事诉讼；

（五）侦查活动是否合法。

第一百七十三条 人民检察院审查案件，应当讯问犯罪嫌疑人，听取辩护人或者值班律师、被害人及其诉讼代理人的意见，并记录在案。辩护人或者值班律师、被害人及其诉讼代理人提出书面意见的，应当附卷。

犯罪嫌疑人认罪认罚的，人民检察院应当告知其享有的诉讼权利和认罪认罚的法律规定，听取犯罪嫌疑人、辩护人或者值班律师、被害人及其诉讼代理人对下列事项的意见，并记录在案：

（一）涉嫌的犯罪事实、罪名及适用的法律规定；

（二）从轻、减轻或者免除处罚等从宽处罚的建议；

（三）认罪认罚后案件审理适用的程序；

（四）其他需要听取意见的事项。

人民检察院依照前两款规定听取值班律师意见的，应当提前为值班律师了解案件有关情况提供必要的便利。

第一百七十四条 犯罪嫌疑人自愿认罪，同意量刑建议和程序适用的，应当在辩护人或者值班律师在场的情况下签署认罪认罚具结书。

犯罪嫌疑人认罪认罚，有下列情形之一的，不需要签署认罪认罚具结书：

（一）犯罪嫌疑人是盲、聋、哑人，或者是尚未完全丧失辨认或者控制自己行为能力的精神病人的；

（二）未成年犯罪嫌疑人的法定代理人、辩护人对未成年人认罪认罚有异议的；

（三）其他不需要签署认罪认罚具结书的情形。

第一百七十六条 人民检察院认为犯罪嫌疑人的犯罪事实已经查清，证据确实、充分，依法应当追究刑事责任的，应当作出起诉决定，按照审判管辖的规定，向人民法院提起公诉，并将案卷材料、证据移送人民法院。

犯罪嫌疑人认罪认罚的，人民检察院应当就主刑、附加刑、是否适用缓刑等提出量刑建议，并随案移送认罪认罚具结书等材料。

第一百七十七条 犯罪嫌疑人没有犯罪事实，或者有本法第十六条规定的情形之一的，人民检察院应当作出不起诉决定。

对于犯罪情节轻微，依照刑法规定不需要判处刑罚或者免除刑罚的，人民检察院可以作出不起诉决定。

人民检察院决定不起诉的案件，应当同时对侦查中查封、扣押、冻结的财物解除查封、扣押、冻结。对被不起诉人需要给予行政处罚、处分或者需要没收其违法所得的，人民检察院应当提出检察意见，移送有关主管机关处理。有关主管机关应当将处理结果及时通知人民检察院。

第一百七十八条 不起诉的决定，应当公开宣布，并且将不起诉决定书送达被不起诉人和他的所在单位。如果被不起诉人在押，应当立即释放。

第二百一十条 自诉案件包括下列案件：

（一）告诉才处理的案件；

（二）被害人有证据证明的轻微刑事案件；

（三）被害人有证据证明对被告人侵犯自己人身、财产权利的行为应当依法追究刑事责任，而公安机关或者人民检察院不予追究被告人刑事责任的案件。

第二百八十八条 下列公诉案件，犯罪嫌疑人、被告人真诚悔罪，通过向被害人赔偿损失、赔礼道歉等方式获得被害人谅解，被害人自愿和解的，双方当事人可以和解：

（一）因民间纠纷引起，涉嫌刑法分则第四章、第五章规定的犯罪案件，可能判处三年有期徒刑以下刑罚的；

（二）除渎职犯罪以外的可能判处七年有期徒刑以下刑罚的过失犯罪案件。

犯罪嫌疑人、被告人在五年以内曾经故意犯罪的，不适用本章规定的程序。

第二百八十九条 双方当事人和解的，公安机关、人民检察院、人民法院应当听取当事人和其他有关人员的意见，对和解的自愿性、合法性进行审查，并主持制作和解协议书。

第二百九十条 对于达成和解协议的案件，公安机关可以向人民检察院提出从宽处理的建议。人民检察院可以向人民法院提出从宽处罚的建议；对于犯罪情节轻微，不需要判处刑罚的，可以作出不起诉的决定。人民法院可以依法对被告人从宽处罚。

《人民检察院、公安机关羁押必要性审查、评估工作规定》

（高检发〔2023〕12号　2023年11月30日发布）

为加强对犯罪嫌疑人、被告人被逮捕后羁押必要性的审查、评估工作，规范羁押强制措施适用，依法保障犯罪嫌疑人、被告人合法权益，保障刑事诉讼活动顺利进行，根据《中华人民共和国刑事诉讼法》《人民检察院刑事诉讼规则》《公安机关办理刑事案件程序规定》等，制定本规定。

第一条　犯罪嫌疑人、被告人被逮捕后，人民检察院应当依法对羁押的必要性进行审查。不需要继续羁押的，应当建议公安机关、人民法院予以释放或者变更强制措施。对于审查起诉阶段的案件，应当及时决定释放或者变更强制措施。

公安机关在移送审查起诉前，发现采取逮捕措施不当或者犯罪嫌疑人及其法定代理人、近亲属或者辩护人、值班律师申请变更羁押强制措施的，应当对羁押的必要性进行评估。不需要继续羁押的，应当及时决定释放或者变更强制措施。

第二条　人民检察院、公安机关开展羁押必要性审查、评估工作，应当分工负责、互相配合、互相制约，以保证准确有效地执行法律。

第三条　人民检察院、公安机关应当依法、及时、规范开展羁押必要性审查、评估工作，全面贯彻宽严相济刑事政策，准确把握羁押措施适用条件，严格保守办案秘密和国家秘密、商业秘密、个人隐私。

羁押必要性审查、评估工作不得影响刑事诉讼依法进行。

第四条 人民检察院依法开展羁押必要性审查，由捕诉部门负责。负责刑事执行、控告申诉、案件管理、检察技术的部门应当予以配合。

公安机关对羁押的必要性进行评估，由办案部门负责，法制部门统一审核。

犯罪嫌疑人、被告人在异地羁押的，羁押地人民检察院、公安机关应当予以配合。

第五条 人民检察院、公安机关应当充分保障犯罪嫌疑人、被告人的诉讼权利，保障被害人合法权益。

公安机关执行逮捕决定时，应当告知被逮捕人有权向办案机关申请变更强制措施，有权向人民检察院申请羁押必要性审查。

第六条 人民检察院在刑事诉讼过程中可以对被逮捕的犯罪嫌疑人、被告人依职权主动进行羁押必要性审查。

人民检察院对审查起诉阶段未经羁押必要性审查、可能判处三年有期徒刑以下刑罚的在押犯罪嫌疑人，在提起公诉前应当依职权开展一次羁押必要性审查。

公安机关根据案件侦查情况，可以对被逮捕的犯罪嫌疑人继续采取羁押强制措施是否适当进行评估。

第七条 人民检察院、公安机关发现犯罪嫌疑人、被告人可能存在下列情形之一的，应当立即开展羁押必要性审查、评估并及时作出审查、评估决定：

（一）因患有严重疾病、生活不能自理等原因不适宜继续羁押的；

（二）怀孕或者正在哺乳自己婴儿的妇女；

（三）系未成年人的唯一抚养人；

（四）系生活不能自理的人的唯一扶养人；

（五）继续羁押犯罪嫌疑人、被告人，羁押期限将超过依法可能判处的刑期的；

221

（六）案件事实、情节或者法律、司法解释发生变化，可能导致犯罪嫌疑人、被告人被判处拘役、管制、独立适用附加刑、免予刑事处罚或者判决无罪的；

（七）案件证据发生重大变化，可能导致没有证据证明有犯罪事实或者犯罪行为系犯罪嫌疑人、被告人所为的；

（八）存在其他对犯罪嫌疑人、被告人采取羁押强制措施不当情形，应当及时撤销或者变更的。

未成年犯罪嫌疑人、被告人被逮捕后，人民检察院、公安机关应当做好跟踪帮教、感化挽救工作，发现对未成年在押人员不予羁押不致发生社会危险性的，应当及时启动羁押必要性审查、评估工作，依法作出释放或者变更决定。

第八条 犯罪嫌疑人、被告人及其法定代理人、近亲属或者辩护人、值班律师可以向人民检察院申请开展羁押必要性审查。申请人提出申请时，应当说明不需要继续羁押的理由，有相关证据或者其他材料的，应当予以提供。

申请人依据刑事诉讼法第九十七条规定，向人民检察院、公安机关提出变更羁押强制措施申请的，人民检察院、公安机关应当按照本规定对羁押的必要性进行审查、评估。

第九条 经人民检察院、公安机关依法审查、评估后认为有继续羁押的必要，不予释放或者变更的，犯罪嫌疑人、被告人及其法定代理人、近亲属或者辩护人、值班律师未提供新的证明材料或者没有新的理由而再次申请的，人民检察院、公安机关可以不再开展羁押必要性审查、评估工作，并告知申请人。

经依法批准延长侦查羁押期限、重新计算侦查羁押期限、退回补充侦查重新计算审查起诉期限，导致在押人员被羁押期限延长的，变更申请不受前款限制。

第十条 办案机关对应的同级人民检察院负责控告申诉或者案件管

理的部门收到羁押必要性审查申请的，应当在当日将相关申请、线索和证据材料移送本院负责捕诉的部门。负责刑事执行检察的部门收到有关材料或者发现不需要继续羁押的，应当及时将有关材料和意见移送负责捕诉的部门。

负责案件办理的公安机关的其他相关部门收到变更申请的，应当在当日移送办案部门。

其他人民检察院、公安机关收到申请的，应当告知申请人向负责案件办理的人民检察院、公安机关提出申请，或者在二日以内将申请材料移送负责案件办理的人民检察院、公安机关，并告知申请人。

第十一条　看守所在工作中发现在押人员不适宜继续羁押的，应当及时提请办案机关依法变更强制措施。

看守所建议人民检察院开展羁押必要性审查的，应当以书面形式提出，并附证明在押人员身体状况的证据材料。

人民检察院收到看守所建议后，应当立即开展羁押必要性审查，依法及时作出审查决定。

第十二条　开展羁押必要性审查、评估工作，应当全面审查、评估犯罪嫌疑人、被告人涉嫌犯罪事实、主观恶性、悔罪表现、案件进展情况、可能判处的刑罚、身体状况、有无社会危险性和继续羁押必要等因素，具体包括以下内容：

（一）犯罪嫌疑人、被告人基本情况，涉嫌罪名、犯罪性质、情节，可能判处的刑罚；

（二）案件所处诉讼阶段，侦查取证进展情况，犯罪事实是否基本查清，证据是否收集固定，犯罪嫌疑人、被告人认罪情况，供述是否稳定；

（三）犯罪嫌疑人、被告人是否有前科劣迹、累犯等从严处理情节；

（四）犯罪嫌疑人、被告人到案方式，是否被通缉到案，或者是否因违反取保候审、监视居住规定而被逮捕；

（五）是否有不在案的共犯，是否存在串供可能；

（六）犯罪嫌疑人、被告人是否有认罪认罚、自首、坦白、立功、积极退赃、获得谅解、与被害方达成和解协议、积极履行赔偿义务或者提供担保等从宽处理情节；

（七）犯罪嫌疑人、被告人身体健康状况；

（八）犯罪嫌疑人、被告人在押期间的表现情况；

（九）犯罪嫌疑人、被告人是否具备采取取保候审、监视居住措施的条件；

（十）对犯罪嫌疑人、被告人的羁押是否符合法律规定，是否即将超过依法可能判处的刑期；

（十一）犯罪嫌疑人、被告人是否存在可能作撤销案件、不起诉处理、被判处拘役、管制、独立适用附加刑、宣告缓刑、免予刑事处罚或者判决无罪的情形；

（十二）与羁押必要性审查、评估有关的其他内容。

犯罪嫌疑人、被告人系未成年人的，应当重点审查其成长经历、犯罪原因以及有无监护或者社会帮教条件。

第十三条 开展羁押必要性审查、评估工作，可以采取以下方式：

（一）审查犯罪嫌疑人、被告人不需要继续羁押的理由和证明材料；

（二）听取犯罪嫌疑人、被告人及其法定代理人、近亲属或者辩护人、值班律师意见；

（三）听取被害人及其法定代理人、诉讼代理人、近亲属或者其他有关人员的意见，了解和解、谅解、赔偿情况；

（四）听取公安机关、人民法院意见，必要时查阅、复制原案卷宗中有关证据材料；

（五）调查核实犯罪嫌疑人、被告人身体健康状况；

（六）向看守所调取有关犯罪嫌疑人、被告人羁押期间表现的材料；

（七）进行羁押必要性审查、评估需要采取的其他方式。

听取意见情况应当制作笔录，与书面意见、调查核实获取的其他证据材料等一并附卷。

第十四条　审查、评估犯罪嫌疑人、被告人是否有继续羁押的必要性，可以采取自行或者委托社会调查、开展量化评估等方式，调查评估情况作为作出审查、评估决定的参考。

犯罪嫌疑人、被告人是未成年人的，经本人及其法定代理人同意，可以对未成年犯罪嫌疑人、被告人进行心理测评。

公安机关应当主动或者按照人民检察院要求收集、固定犯罪嫌疑人、被告人是否具有社会危险性的证据。

第十五条　人民检察院开展羁押必要性审查，可以按照《人民检察院羁押听证办法》组织听证。

第十六条　人民检察院审查后发现犯罪嫌疑人、被告人具有下列情形之一的，应当向公安机关、人民法院提出释放或者变更强制措施建议；审查起诉阶段的，应当及时决定释放或者变更强制措施。

（一）案件证据发生重大变化，没有证据证明有犯罪事实或者犯罪行为系犯罪嫌疑人、被告人所为的；

（二）案件事实、情节或者法律、司法解释发生变化，犯罪嫌疑人、被告人可能被判处拘役、管制、独立适用附加刑、免予刑事处罚或者判决无罪的；

（三）继续羁押犯罪嫌疑人、被告人，羁押期限将超过依法可能判处的刑期的；

（四）案件事实基本查清，证据已经收集固定，符合取保候审或者监视居住条件的；

（五）其他对犯罪嫌疑人、被告人采取羁押强制措施不当，应当及时释放或者变更的。

公安机关评估后发现符合上述情形的，应当及时决定释放或者变更强制措施。

第十七条　人民检察院审查后发现犯罪嫌疑人、被告人具有下列情形之一的，且具有悔罪表现，不予羁押不致发生社会危险性的，可以向公安机关、人民法院提出释放或者变更强制措施建议；审查起诉阶段的，可以决定释放或者变更强制措施。

（一）预备犯或者中止犯；

（二）主观恶性较小的初犯；

（三）共同犯罪中的从犯或者胁从犯；

（四）过失犯罪的；

（五）防卫过当或者避险过当的；

（六）认罪认罚的；

（七）与被害方依法自愿达成和解协议或者获得被害方谅解的；

（八）已经或者部分履行赔偿义务或者提供担保的；

（九）患有严重疾病、生活不能自理的；

（十）怀孕或者正在哺乳自己婴儿的妇女；

（十一）系未成年人或者已满七十五周岁的人；

（十二）系未成年人的唯一抚养人；

（十三）系生活不能自理的人的唯一扶养人；

（十四）可能被判处一年以下有期徒刑的；

（十五）可能被宣告缓刑的；

（十六）其他不予羁押不致发生社会危险性的情形。

公安机关评估后发现符合上述情形的，可以决定释放或者变更强制措施。

第十八条　经审查、评估，发现犯罪嫌疑人、被告人具有下列情形之一的，一般不予释放或者变更强制措施：

（一）涉嫌危害国家安全犯罪、恐怖活动犯罪、黑社会性质组织犯罪、重大毒品犯罪或者其他严重危害社会的犯罪；

（二）涉嫌故意杀人、故意伤害致人重伤或死亡、强奸、抢劫、绑架、放火、爆炸、投放危险物质等严重侵犯公民人身财产权利、危害公共安全的严重暴力犯罪；

（三）涉嫌性侵未成年人的犯罪；

（四）涉嫌重大贪污、贿赂犯罪，或者利用职权实施的严重侵犯公民人身权利的犯罪；

（五）可能判处十年有期徒刑以上刑罚的；

（六）因违反取保候审、监视居住规定而被逮捕的；

（七）可能毁灭、伪造证据，干扰证人作证或者串供的；

（八）可能对被害人、举报人、控告人实施打击报复的；

（九）企图自杀或者逃跑的；

（十）其他社会危险性较大，不宜释放或者变更强制措施的。

犯罪嫌疑人、被告人具有前款规定情形之一，但因患有严重疾病或者具有其他不适宜继续羁押的特殊情形，不予羁押不致发生社会危险性的，可以依法变更强制措施为监视居住、取保候审。

第十九条　人民检察院在侦查阶段、审判阶段收到羁押必要性审查申请或者建议的，应当在十日以内决定是否向公安机关、人民法院提出释放或者变更的建议。

人民检察院在审查起诉阶段、公安机关在侦查阶段收到变更申请的，应当在三日以内作出决定。

审查过程中涉及病情鉴定等专业知识，需要委托鉴定，指派、聘请有专门知识的人就案件的专门性问题出具报告，或者委托技术部门进行技术性证据审查，以及组织开展听证审查的期间，不计入羁押必要性审查期限。

第二十条　人民检察院开展羁押必要性审查，应当规范制作羁押必要性审查报告，写明犯罪嫌疑人、被告人基本情况、诉讼阶段、简要案情、审查情况和审查意见，并在检察业务应用系统相关捕诉案件中准确填录相关信息。

审查起诉阶段，人民检察院依职权启动羁押必要性审查后认为有继续羁押必要的，可以在审查起诉案件审查报告中载明羁押必要性审查相关内容，不再单独制作羁押必要性审查报告。

公安机关开展羁押必要性评估，应当由办案部门制作羁押必要性评估报告，提出是否具有羁押必要性的意见，送法制部门审核。

第二十一条 人民检察院经审查认为需要对犯罪嫌疑人、被告人予以释放或者变更强制措施的，在侦查和审判阶段，应当规范制作羁押必要性审查建议书，说明不需要继续羁押犯罪嫌疑人、被告人的理由和法律依据，及时送达公安机关或者人民法院。在审查起诉阶段的，应当制作决定释放通知书、取保候审决定书或者监视居住决定书，交由公安机关执行。

侦查阶段，公安机关认为需要对犯罪嫌疑人释放或者变更强制措施的，应当制作释放通知书、取保候审决定书或者监视居住决定书，同时将处理情况通知原批准逮捕的人民检察院。

第二十二条 人民检察院向公安机关、人民法院发出羁押必要性审查建议书后，应当跟踪公安机关、人民法院处理情况。

公安机关、人民法院应当在收到建议书十日以内将处理情况通知人民检察院。认为需要继续羁押的，应当说明理由。

公安机关、人民法院未在十日以内将处理情况通知人民检察院的，人民检察院应当依法提出监督纠正意见。

第二十三条 对于依申请或者看守所建议开展羁押必要性审查的，人民检察院办结后，应当制作羁押必要性审查结果通知书，将提出建议情况和公安机关、人民法院处理情况，或者有继续羁押必要的审查意见和理由及时书面告知申请人或者看守所。

公安机关依申请对继续羁押的必要性进行评估后，认为有继续羁押的必要，不同意变更强制措施的，应当书面告知申请人并说明理由。

第二十四条 经审查、评估后犯罪嫌疑人、被告人被变更强制措施的，公安机关应当加强对变更后被取保候审、监视居住人的监督管理；

人民检察院应当加强对取保候审、监视居住执行情况的监督。

侦查阶段发现犯罪嫌疑人严重违反取保候审、监视居住规定，需要予以逮捕的，公安机关应当依照法定程序重新提请批准逮捕，人民检察院应当依法作出批准逮捕的决定。审查起诉阶段发现的，人民检察院应当依法决定逮捕。审判阶段发现的，人民检察院应当向人民法院提出决定逮捕的建议。

第二十五条　人民检察院直接受理侦查案件的羁押必要性审查参照本规定。

第二十六条　公安机关提请人民检察院审查批准延长侦查羁押期限，应当对继续羁押的必要性进行评估并作出说明。

人民检察院办理提请批准延长侦查羁押期限、重新计算侦查羁押期限备案审查案件，应当依法加强对犯罪嫌疑人羁押必要性的审查。

第二十七条　本规定自发布之日起施行。原《人民检察院办理羁押必要性审查案件规定（试行）》同时废止。

《人民检察院审查案件听证工作规定》

（高检发办字〔2020〕53号　2020年9月14日发布）

第一章　总　则

第一条　为深化履行法律监督职责，进一步加强和规范人民检察院以听证方式审查案件工作，切实促进司法公开，保障司法公正，提升司法公信，落实普法责任，促进矛盾化解，根据《中华人民共和国人民检察院组织法》等法律规定，结合检察工作实际，制定本规定。

第二条　本规定中的听证，是指人民检察院对于符合条件的案件，组织召开听证会，就事实认定、法律适用和案件处理等问题听取听证员和其他参加人意见的案件审查活动。

第三条　人民检察院以听证方式审查案件，应当秉持客观公正立场，以事实为根据，以法律为准绳，做到依法独立行使检察权与保障人民群众的知情权、参与权和监督权相结合。

第四条　人民检察院办理羁押必要性审查案件、拟不起诉案件、刑事申诉案件、民事诉讼监督案件、行政诉讼监督案件、公益诉讼案件等，在事实认定、法律适用、案件处理等方面存在较大争议，或者有重大社会影响，需要当面听取当事人和其他相关人员意见的，经检察长批准，可以召开听证会。

人民检察院办理审查逮捕案件，需要核实评估犯罪嫌疑人是否具有社会危险性、是否具有社会帮教条件的，可以召开听证会。

第五条　拟不起诉案件、刑事申诉案件、民事诉讼监督案件、行政诉讼监督案件、公益诉讼案件的听证会一般公开举行。

审查逮捕案件、羁押必要性审查案件以及当事人是未成年人案件的听证会一般不公开举行。

第二章　听证会参加人

第六条　人民检察院应当根据案件具体情况，确定听证会参加人。听证会参加人除听证员外，可以包括案件当事人及其法定代理人、诉讼代理人、辩护人、第三人、相关办案人员、证人和鉴定人以及其他相关人员。

第七条　人民检察院可以邀请与案件没有利害关系并同时具备下列条件的社会人士作为听证员：

（一）年满二十三周岁的中国公民；

（二）拥护中华人民共和国宪法和法律；

（三）遵纪守法、品行良好、公道正派；

（四）具有正常履行职责的身体条件。

有下列情形之一的，不得担任听证员：

（一）受过刑事处罚的；

（二）被开除公职的；

（三）被吊销律师、公证员执业证书的；

（四）其他有严重违法违纪行为，可能影响司法公正的。

参加听证会的听证员一般为三至七人。

第八条　人民检察院可以邀请人民监督员参加听证会，依照有关规定接受人民监督员监督。

第三章　听证会程序

第九条　人民检察院可以根据案件办理需要，决定召开听证会。当事人及其辩护人、代理人向审查案件的人民检察院申请召开听证会的，人民检察院应当及时作出决定，告知申请人。不同意召开听证会的，应当向申请人说明理由。

第十条 人民检察院决定召开听证会的，应当做好以下准备工作：

（一）制定听证方案，确定听证会参加人；

（二）在听证三日前告知听证会参加人案由、听证时间和地点；

（三）告知当事人主持听证会的检察官及听证员的姓名、身份；

（四）公开听证的，发布听证会公告。

第十一条 听证员确定后，人民检察院应当向听证员介绍案件情况、需要听证的问题和相关法律规定。

第十二条 听证会一般在人民检察院检察听证室举行。有特殊情形的，经检察长批准也可以在其他场所举行。

听证会席位设置按照有关规定执行。

第十三条 听证会一般由承办案件的检察官或者办案组的主办检察官主持。

检察长或者业务机构负责人承办案件的，应当担任主持人。

第十四条 听证会开始前，人民检察院应当确认听证员、当事人和其他参加人是否到场，宣布听证会的程序和纪律。

第十五条 听证会一般按照下列步骤进行：

（一）承办案件的检察官介绍案件情况和需要听证的问题；

（二）当事人及其他参加人就需要听证的问题分别说明情况；

（三）听证员向当事人或者其他参加人提问；

（四）主持人宣布休会，听证员就听证事项进行讨论；

（五）主持人宣布复会，根据案件情况，可以由听证员或者听证员代表发表意见；

（六）当事人发表最后陈述意见；

（七）主持人对听证会进行总结。

第十六条 听证员的意见是人民检察院依法处理案件的重要参考。拟不采纳听证员多数意见的，应当向检察长报告并获同意后作出决定。

第十七条 人民检察院充分听取各方意见后，根据已经查明的事实、证据和有关法律规定，能够当场作出决定的，应当由听证会主持人当场宣布决定并说明理由；不能当场作出决定的，应当在听证会后依法作出决定，向当事人宣告、送达，并将作出的决定和理由告知听证员。

第十八条 听证过程应当由书记员制作笔录，并全程录音录像。

听证笔录由听证会主持人、承办检察官、听证会参加人和记录人签名或者盖章。笔录应当归入案件卷宗。

第十九条 公开听证的案件，公民可以申请旁听，人民检察院可以邀请媒体旁听。经检察长批准，人民检察院可以通过中国检察听证网和其他公共媒体，对听证会进行图文、音频、视频直播或者录播。

公开听证直播、录播涉及的相关技术和工作规范，依照有关规定执行。

第二十条 听证的期间计入办案期限。

第四章 附 则

第二十一条 人民检察院听证活动经费按照人民检察院财务管理办法有关规定执行，不得向当事人收取费用。

第二十二条 参加不公开听证的人员应当严格遵守有关保密规定。

故意或者过失泄露国家秘密、商业秘密或者办案秘密的，依纪依法追究责任人员的纪律责任和法律责任。

第二十三条 本规定自公布之日起施行。

最高人民检察院以前发布的相关规范性文件与本规定不一致的，以本规定为准。

《人民检察院羁押听证办法》

（高检发办字〔2021〕55 号　2021 年 8 月 17 日发布）

第一条　为进一步加强和规范人民检察院羁押审查工作，准确适用羁押措施，依法保障犯罪嫌疑人、被告人的合法权利，根据《中华人民共和国刑事诉讼法》及有关规定，结合检察工作实际，制定本办法。

第二条　羁押听证是指人民检察院办理审查逮捕、审查延长侦查羁押期限、羁押必要性审查案件，以组织召开听证会的形式，就是否决定逮捕、是否批准延长侦查羁押期限、是否继续羁押听取各方意见的案件审查活动。

第三条　具有下列情形之一，且有必要当面听取各方意见，以依法准确作出审查决定的，可以进行羁押听证：

（一）需要核实评估犯罪嫌疑人、被告人是否具有社会危险性，未成年犯罪嫌疑人、被告人是否具有社会帮教条件的；

（二）有重大社会影响的；

（三）涉及公共利益、民生保障、企业生产经营等领域，听证审查有利于实现案件办理政治效果、法律效果和社会效果统一的；

（四）在押犯罪嫌疑人、被告人及其法定代理人、近亲属或者辩护人申请变更强制措施的；

（五）羁押必要性审查案件在事实认定、法律适用、案件处理等方面存在较大争议的；

（六）其他有必要听证审查的。

第四条 羁押听证由负责办理案件的人民检察院组织开展。

经审查符合本办法第三条规定的羁押审查案件，经检察长批准，可以组织羁押听证。犯罪嫌疑人、被告人及其法定代理人、近亲属或者辩护人申请羁押听证的，人民检察院应当及时作出决定并告知申请人。

第五条 根据本办法开展的羁押听证一般不公开进行。人民检察院认为有必要公开的，经检察长批准，听证活动可以公开进行。

未成年人案件羁押听证一律不公开进行。

第六条 羁押听证由承办案件的检察官办案组的主办检察官或者独任办理案件的检察官主持。检察长或者部门负责人参加听证的，应当主持听证。

第七条 除主持听证的检察官外，参加羁押听证的人员一般包括参加案件办理的其他检察人员、侦查人员、犯罪嫌疑人、被告人及其法定代理人和辩护人、被害人及其诉讼代理人。

其他诉讼参与人，犯罪嫌疑人、被告人、被害人的近亲属，未成年犯罪嫌疑人、被告人的合适成年人等其他人员，经人民检察院许可，可以参加听证并发表意见。必要时，人民检察院可以根据相关规定邀请符合条件的社会人士作为听证员参加听证。

有重大影响的审查逮捕案件和羁押必要性审查案件的公开听证，应当邀请人民监督员参加。

第八条 决定开展听证审查的，承办案件的检察官办案组或者独任检察官应当做好以下准备工作：

（一）认真审查案卷材料，梳理、明确听证审查的重点问题；

（二）拟定听证审查提纲，制定听证方案；

（三）及时通知听证参加人员，并告知其听证案由、听证时间和地点。参加听证人员有书面意见或者相关证据材料的，要求其在听证会前提交人民检察院。

第九条 听证审查按照以下程序进行：

（一）主持人宣布听证审查开始，核实犯罪嫌疑人、被告人身份，介绍参加人员。

（二）告知参加人员权利义务。

（三）宣布听证程序和纪律要求。

（四）介绍案件基本情况、明确听证审查重点问题。

（五）侦查人员围绕听证审查重点问题，说明犯罪嫌疑人、被告人需要羁押或者延长羁押的事实和依据，出示证明社会危险性条件的证据材料。羁押必要性审查听证可以围绕事实认定出示相关证据材料。

（六）犯罪嫌疑人、被告人及其法定代理人和辩护人发表意见，出示相关证据材料。

（七）需要核实评估社会危险性和社会帮教条件的，参加听证的其他相关人员发表意见，提交相关证据材料。

（八）检察官可以向侦查人员、犯罪嫌疑人、被告人、辩护人、被害人及其他相关人员发问。经主持人许可，侦查人员、辩护人可以向犯罪嫌疑人、被告人等相关人员发问。社会人士作为听证员参加听证的，可以向相关人员发问。

（九）经主持人许可，被害人等其他参加人员可以发表意见。

（十）社会人士作为听证员参加听证的，检察官应当听取其意见。必要时，听取意见可以单独进行。

两名以上犯罪嫌疑人、被告人参加听证审查的，应当分别进行。

第十条 涉及国家秘密、商业秘密、侦查秘密和个人隐私案件的羁押听证，参加人员应当严格限制在检察人员和侦查人员、犯罪嫌疑人、被告人及其法定代理人和辩护人、其他诉讼参与人范围内。听证审查过程中认为有必要的，检察官可以在听证会结束后单独听取意见、核实证据。

第十一条 犯罪嫌疑人、被告人认罪认罚的，听证审查时主持听证的检察官应当核实认罪认罚的自愿性、合法性，并听取侦查人员对犯罪嫌疑人是否真诚认罪认罚的意见。

犯罪嫌疑人、被告人认罪认罚的情况是判断其是否具有社会危险性的重要考虑因素。

第十二条　听证过程应当全程录音录像并由书记员制作笔录。

听证笔录由主持听证的检察官、其他参加人和记录人签名或者盖章，与录音录像、相关书面意见等归入案件卷宗。

第十三条　听证员的意见是人民检察院依法提出审查意见和作出审查决定的重要参考。拟不采纳听证员多数意见的，应当向检察长报告并获同意后作出决定。

第十四条　检察官充分听取各方意见后，综合案件情况，依法提出审查意见或者作出审查决定。

当场作出审查决定的，应当当场宣布并说明理由；在听证会后依法作出决定的，应当依照相关规定及时履行宣告、送达和告知义务。

第十五条　人民监督员对羁押听证活动的监督意见，人民检察院应当依照相关规定及时研究处理并做好告知和解释说明等工作。

第十六条　参加羁押听证的人员应当严格遵守有关保密规定，根据案件情况确有必要的，可以要求参加人员签订保密承诺书。

故意或者过失泄露国家秘密、商业秘密、侦查秘密、个人隐私的，依法依纪追究责任人员的法律责任和纪律责任。

第十七条　犯罪嫌疑人、被告人被羁押的，羁押听证应当在看守所进行。犯罪嫌疑人、被告人未被羁押的，听证一般在人民检察院听证室进行。

羁押听证的安全保障、技术保障，由本院司法警察和技术信息等部门负责。

第十八条　本办法自公布之日起施行。

最高人民法院、最高人民检察院、公安部、国家安全部、司法部《关于适用认罪认罚从宽制度的指导意见》（节录）

（高检发〔2019〕13号　2019年10月11日发布）

适用认罪认罚从宽制度，对准确及时惩罚犯罪、强化人权司法保障、推动刑事案件繁简分流、节约司法资源、化解社会矛盾、推动国家治理体系和治理能力现代化，具有重要意义。为贯彻落实修改后刑事诉讼法，确保认罪认罚从宽制度正确有效实施，根据法律和有关规定，结合司法工作实际，制定本意见。

一、基本原则

1. 贯彻宽严相济刑事政策。落实认罪认罚从宽制度，应当根据犯罪的具体情况，区分案件性质、情节和对社会的危害程度，实行区别对待，做到该宽则宽，当严则严，宽严相济，罚当其罪。对可能判处三年有期徒刑以下刑罚的认罪认罚案件，要尽量依法从简从快从宽办理，探索相适应的处理原则和办案方式；对因民间矛盾引发的犯罪，犯罪嫌疑人、被告人自愿认罪、真诚悔罪并取得谅解、达成和解、尚未严重影响人民群众安全感的，要积极适用认罪认罚从宽制度，特别是对其中社会危害不大的初犯、偶犯、过失犯、未成年犯，一般应当体现从宽；对严重危害国家安全、公共安全犯罪，严重暴力犯罪，以及社会普遍关注的重大敏感案件，应当慎重把握从宽，避免案件处理明显违背人民群众的公平正义观念。

2. 坚持罪责刑相适应原则。办理认罪认罚案件，既要考虑体现认罪认罚从宽，又要考虑其所犯罪行的轻重、应负刑事责任和人身危险性的大小，依照法律规定提出量刑建议，准确裁量刑罚，确保罚当其罪，避免罪刑失衡。特别是对于共同犯罪案件，主犯认罪认罚，从犯不认罪认罚的，人民法院、人民检察院应当注意两者之间的量刑平衡，防止因量刑失当严重偏离一般的司法认知。

3. 坚持证据裁判原则。办理认罪认罚案件，应当以事实为根据，以法律为准绳，严格按照证据裁判要求，全面收集、固定、审查和认定证据。坚持法定证明标准，侦查终结、提起公诉、作出有罪裁判应当做到犯罪事实清楚，证据确实、充分，防止因犯罪嫌疑人、被告人认罪而降低证据要求和证明标准。对犯罪嫌疑人、被告人认罪认罚，但证据不足，不能认定其有罪的，依法作出撤销案件、不起诉决定或者宣告无罪。

4. 坚持公检法三机关配合制约原则。办理认罪认罚案件，公、检、法三机关应当分工负责、互相配合、互相制约，保证犯罪嫌疑人、被告人自愿认罪认罚，依法推进从宽落实。要严格执法、公正司法，强化对自身执法司法办案活动的监督，防止产生"权权交易"、"权钱交易"等司法腐败问题。

二、适用范围和适用条件

5. 适用阶段和适用案件范围。认罪认罚从宽制度贯穿刑事诉讼全过程，适用于侦查、起诉、审判各个阶段。

认罪认罚从宽制度没有适用罪名和可能判处刑罚的限定，所有刑事案件都可以适用，不能因罪轻、罪重或者罪名特殊等原因而剥夺犯罪嫌疑人、被告人自愿认罪认罚获得从宽处理的机会。但"可以"适用不是一律适用，犯罪嫌疑人、被告人认罪认罚后是否从宽，由司法机关根据案件具体情况决定。

6."认罪"的把握。认罪认罚从宽制度中的"认罪",是指犯罪嫌疑人、被告人自愿如实供述自己的罪行,对指控的犯罪事实没有异议。承认指控的主要犯罪事实,仅对个别事实情节提出异议,或者虽然对行为性质提出辩解但表示接受司法机关认定意见的,不影响"认罪"的认定。犯罪嫌疑人、被告人犯数罪,仅如实供述其中一罪或部分罪名事实的,全案不作"认罪"的认定,不适用认罪认罚从宽制度,但对如实供述的部分,人民检察院可以提出从宽处罚的建议,人民法院可以从宽处罚。

7."认罚"的把握。认罪认罚从宽制度中的"认罚",是指犯罪嫌疑人、被告人真诚悔罪,愿意接受处罚。"认罚",在侦查阶段表现为表示愿意接受处罚;在审查起诉阶段表现为接受人民检察院拟作出的起诉或不起诉决定,认可人民检察院的量刑建议,签署认罪认罚具结书;在审判阶段表现为当庭确认自愿签署具结书,愿意接受刑罚处罚。

"认罚"考察的重点是犯罪嫌疑人、被告人的悔罪态度和悔罪表现,应当结合退赃退赔、赔偿损失、赔礼道歉等因素来考量。犯罪嫌疑人、被告人虽然表示"认罚",却暗中串供、干扰证人作证、毁灭、伪造证据或者隐匿、转移财产,有赔偿能力而不赔偿损失,则不能适用认罪认罚从宽制度。犯罪嫌疑人、被告人享有程序选择权,不同意适用速裁程序、简易程序的,不影响"认罚"的认定。

三、认罪认罚后"从宽"的把握

8."从宽"的理解。从宽处理既包括实体上从宽处罚,也包括程序上从简处理。"可以从宽",是指一般应当体现法律规定和政策精神,予以从宽处理。但可以从宽不是一律从宽,对犯罪性质和危害后果特别严重、犯罪手段特别残忍、社会影响特别恶劣的犯罪嫌疑人、被告人,认罪认罚不足以从轻处罚的,依法不予从宽处罚。

办理认罪认罚案件,应当依照刑法、刑事诉讼法的基本原则,根据犯罪的事实、性质、情节和对社会的危害程度,结合法定、酌定的量刑情节，综合考虑认罪认罚的具体情况，依法决定是否从宽、如何从宽。对于减轻、免除处罚，应当于法有据；不具备减轻处罚情节的，应当在法定幅度以内提出从轻处罚的量刑建议和量刑；对其中犯罪情节轻微不需要判处刑罚的，可以依法作出不起诉决定或者判决免予刑事处罚。

9. 从宽幅度的把握。办理认罪认罚案件，应当区别认罪认罚的不同诉讼阶段、对查明案件事实的价值和意义、是否确有悔罪表现，以及罪行严重程度等，综合考量确定从宽的限度和幅度。在刑罚评价上，主动认罪优于被动认罪，早认罪优于晚认罪，彻底认罪优于不彻底认罪，稳定认罪优于不稳定认罪。

认罪认罚的从宽幅度一般应当大于仅有坦白，或者虽认罪但不认罚的从宽幅度。对犯罪嫌疑人、被告人具有自首、坦白情节，同时认罪认罚的，应当在法定刑幅度内给予相对更大的从宽幅度。认罪认罚与自首、坦白不作重复评价。

对罪行较轻、人身危险性较小的，特别是初犯、偶犯，从宽幅度可以大一些；罪行较重、人身危险性较大的，以及累犯、再犯，从宽幅度应当从严把握。

四、犯罪嫌疑人、被告人辩护权保障

10. 获得法律帮助权。人民法院、人民检察院、公安机关办理认罪认罚案件，应当保障犯罪嫌疑人、被告人获得有效法律帮助，确保其了解认罪认罚的性质和法律后果，自愿认罪认罚。

犯罪嫌疑人、被告人自愿认罪认罚，没有辩护人的，人民法院、人民检察院、公安机关（看守所）应当通知值班律师为其提供法律咨询、程序选择建议、申请变更强制措施等法律帮助。符合通知辩护条件的，应当依法通知法律援助机构指派律师为其提供辩护。

人民法院、人民检察院、公安机关（看守所）应当告知犯罪嫌疑人、被告人有权约见值班律师，获得法律帮助，并为其约见值班律师提供便

利。犯罪嫌疑人、被告人及其近亲属提出法律帮助请求的，人民法院、人民检察院、公安机关（看守所）应当通知值班律师为其提供法律帮助。

13. 法律帮助的衔接。对于被羁押的犯罪嫌疑人、被告人，在不同诉讼阶段，可以由派驻看守所的同一值班律师提供法律帮助。对于未被羁押的犯罪嫌疑人、被告人，前一诉讼阶段的值班律师可以在后续诉讼阶段继续为犯罪嫌疑人、被告人提供法律帮助。

14. 拒绝法律帮助的处理。犯罪嫌疑人、被告人自愿认罪认罚，没有委托辩护人，拒绝值班律师帮助的，人民法院、人民检察院、公安机关应当允许，记录在案并随案移送。但是审查起诉阶段签署认罪认罚具结书时，人民检察院应当通知值班律师到场。

15. 辩护人职责。认罪认罚案件犯罪嫌疑人、被告人委托辩护人或者法律援助机构指派律师为其辩护的，辩护律师在侦查、审查起诉和审判阶段，应当与犯罪嫌疑人、被告人就是否认罪认罚进行沟通，提供法律咨询和帮助，并就定罪量刑、诉讼程序适用等向办案机关提出意见。

五、被害方权益保障

16. 听取意见。办理认罪认罚案件，应当听取被害人及其诉讼代理人的意见，并将犯罪嫌疑人、被告人是否与被害方达成和解协议、调解协议或者赔偿被害方损失，取得被害方谅解，作为从宽处罚的重要考虑因素。人民检察院、公安机关听取意见情况应当记录在案并随案移送。

17. 促进和解谅解。对符合当事人和解程序适用条件的公诉案件，犯罪嫌疑人、被告人认罪认罚的，人民法院、人民检察院、公安机关应当积极促进当事人自愿达成和解。对其他认罪认罚案件，人民法院、人民检察院、公安机关可以促进犯罪嫌疑人、被告人通过向被害方赔偿损失、赔礼道歉等方式获得谅解，被害方出具的谅解意见应当随案移送。

人民法院、人民检察院、公安机关在促进当事人和解谅解过程中，应当向被害方释明认罪认罚从宽、公诉案件当事人和解适用程序等具体法律规定，充分听取被害方意见，符合司法救助条件的，应当积极协调办理。

18. 被害方异议的处理。被害人及其诉讼代理人不同意对认罪认罚的犯罪嫌疑人、被告人从宽处理的，不影响认罪认罚从宽制度的适用。犯罪嫌疑人、被告人认罪认罚，但没有退赃退赔、赔偿损失，未能与被害方达成调解或者和解协议的，从宽时应当予以酌减。犯罪嫌疑人、被告人自愿认罪并且愿意积极赔偿损失，但由于被害方赔偿请求明显不合理，未能达成调解或者和解协议的，一般不影响对犯罪嫌疑人、被告人从宽处理。

六、强制措施的适用

19. 社会危险性评估。人民法院、人民检察院、公安机关应当将犯罪嫌疑人、被告人认罪认罚作为其是否具有社会危险性的重要考虑因素。对于罪行较轻、采用非羁押性强制措施足以防止发生刑事诉讼法第八十一条第一款规定的社会危险性的犯罪嫌疑人、被告人，根据犯罪性质及可能判处的刑罚，依法可不适用羁押性强制措施。

20. 逮捕的适用。犯罪嫌疑人认罪认罚，公安机关认为罪行较轻、没有社会危险性的，应当不再提请人民检察院审查逮捕。对提请逮捕的，人民检察院认为没有社会危险性不需要逮捕的，应当作出不批准逮捕的决定。

21. 逮捕的变更。已经逮捕的犯罪嫌疑人、被告人认罪认罚的，人民法院、人民检察院应当及时审查羁押的必要性，经审查认为没有继续羁押必要的，应当变更为取保候审或者监视居住。

七、侦查机关的职责

22. 权利告知和听取意见。公安机关在侦查过程中，应当告知犯罪嫌疑人享有的诉讼权利、如实供述罪行可以从宽处理和认罪认罚的法律规定，听取犯罪嫌疑人及其辩护人或者值班律师的意见，记录在案并随案移送。

对在非讯问时间、办案人员不在场情况下，犯罪嫌疑人向看守所工作人员或者辩护人、值班律师表示愿意认罪认罚的，有关人员应当及时告知办案单位。

23. 认罪教育。公安机关在侦查阶段应当同步开展认罪教育工作，但不得强迫犯罪嫌疑人认罪，不得作出具体的从宽承诺。犯罪嫌疑人自愿认罪，愿意接受司法机关处罚的，应当记录在案并附卷。

24. 起诉意见。对移送审查起诉的案件，公安机关应当在起诉意见书中写明犯罪嫌疑人自愿认罪认罚情况。认为案件符合速裁程序适用条件的，可以在起诉意见书中建议人民检察院适用速裁程序办理，并简要说明理由。

对可能适用速裁程序的案件，公安机关应当快速办理，对犯罪嫌疑人未被羁押的，可以集中移送审查起诉，但不得为集中移送拖延案件办理。

对人民检察院在审查逮捕期间或者重大案件听取意见中提出的开展认罪认罚工作的意见或建议，公安机关应当认真听取，积极开展相关工作。

25. 执法办案管理中心建设。加快推进公安机关执法办案管理中心建设，探索在执法办案管理中心设置速裁法庭，对适用速裁程序的案件进行快速办理。

八、审查起诉阶段人民检察院的职责

26. 权利告知。案件移送审查起诉后，人民检察院应当告知犯罪嫌疑人享有的诉讼权利和认罪认罚的法律规定，保障犯罪嫌疑人的程序选择权。告知应当采取书面形式，必要时应当充分释明。

27. 听取意见。犯罪嫌疑人认罪认罚的，人民检察院应当就下列事项听取犯罪嫌疑人、辩护人或者值班律师的意见，记录在案并附卷：

（一）涉嫌的犯罪事实、罪名及适用的法律规定；

（二）从轻、减轻或者免除处罚等从宽处罚的建议；

（三）认罪认罚后案件审理适用的程序；

（四）其他需要听取意见的情形。

人民检察院未采纳辩护人、值班律师意见的，应当说明理由。

28. 自愿性、合法性审查。对侦查阶段认罪认罚的案件，人民检察院应当重点审查以下内容：

（一）犯罪嫌疑人是否自愿认罪认罚，有无因受到暴力、威胁、引诱而违背意愿认罪认罚；

（二）犯罪嫌疑人认罪认罚时的认知能力和精神状态是否正常；

（三）犯罪嫌疑人是否理解认罪认罚的性质和可能导致的法律后果；

（四）侦查机关是否告知犯罪嫌疑人享有的诉讼权利，如实供述自己罪行可以从宽处理和认罪认罚的法律规定，并听取意见；

（五）起诉意见书中是否写明犯罪嫌疑人认罪认罚情况；

（六）犯罪嫌疑人是否真诚悔罪，是否向被害人赔礼道歉。

经审查，犯罪嫌疑人违背意愿认罪认罚的，人民检察院可以重新开展认罪认罚工作。存在刑讯逼供等非法取证行为的，依照法律规定处理。

29. 证据开示。人民检察院可以针对案件具体情况，探索证据开示制度，保障犯罪嫌疑人的知情权和认罪认罚的真实性及自愿性。

30. 不起诉的适用。完善起诉裁量权，充分发挥不起诉的审前分流和过滤作用，逐步扩大相对不起诉在认罪认罚案件中的适用。对认罪认罚后没有争议，不需要判处刑罚的轻微刑事案件，人民检察院可以依法作出不起诉决定。人民检察院应当加强对案件量刑的预判，对其中可能判处免刑的轻微刑事案件，可以依法作出不起诉决定。

对认罪认罚后案件事实不清、证据不足的案件，应当依法作出不起诉决定。

31. 签署具结书。犯罪嫌疑人自愿认罪,同意量刑建议和程序适用的,应当在辩护人或者值班律师在场的情况下签署认罪认罚具结书。犯罪嫌疑人被羁押的,看守所应当为签署具结书提供场所。具结书应当包括犯罪嫌疑人如实供述罪行、同意量刑建议、程序适用等内容,由犯罪嫌疑人、辩护人或者值班律师签名。

犯罪嫌疑人认罪认罚,有下列情形之一的,不需要签署认罪认罚具结书:

(一)犯罪嫌疑人是盲、聋、哑人,或者是尚未完全丧失辨认或者控制自己行为能力的精神病人的;

(二)未成年犯罪嫌疑人的法定代理人、辩护人对未成年人认罪认罚有异议的;

(三)其他不需要签署认罪认罚具结书的情形。

上述情形犯罪嫌疑人未签署认罪认罚具结书的,不影响认罪认罚从宽制度的适用。

32. 提起公诉。人民检察院向人民法院提起公诉的,应当在起诉书中写明被告人认罪认罚情况,提出量刑建议,并移送认罪认罚具结书等材料。量刑建议书可以另行制作,也可以在起诉书中写明。

33. 量刑建议的提出。犯罪嫌疑人认罪认罚的,人民检察院应当就主刑、附加刑、是否适用缓刑等提出量刑建议。人民检察院提出量刑建议前,应当充分听取犯罪嫌疑人、辩护人或者值班律师的意见,尽量协商一致。

办理认罪认罚案件,人民检察院一般应当提出确定刑量刑建议。对新类型、不常见犯罪案件,量刑情节复杂的重罪案件等,也可以提出幅度刑量刑建议。提出量刑建议,应当说明理由和依据。

犯罪嫌疑人认罪认罚没有其他法定量刑情节的,人民检察院可以根据犯罪的事实、性质等,在基准刑基础上适当减让提出确定刑量刑建议。有其他法定量刑情节的,人民检察院应当综合认罪认罚和其他法定量刑情节，参照相关量刑规范提出确定刑量刑建议。

犯罪嫌疑人在侦查阶段认罪认罚的，主刑从宽的幅度可以在前款基础上适当放宽；被告人在审判阶段认罪认罚的，在前款基础上可以适当缩减。建议判处罚金刑的，参照主刑的从宽幅度提出确定的数额。

34.速裁程序的办案期限。犯罪嫌疑人认罪认罚，人民检察院经审查，认为符合速裁程序适用条件的，应当在十日以内作出是否提起公诉的决定；对可能判处的有期徒刑超过一年的，可以在十五日以内作出是否提起公诉的决定。

十一、认罪认罚的反悔和撤回

51.不起诉后反悔的处理。因犯罪嫌疑人认罪认罚，人民检察院依照刑事诉讼法第一百七十七条第二款作出不起诉决定后，犯罪嫌疑人否认指控的犯罪事实或者不积极履行赔礼道歉、退赃退赔、赔偿损失等义务的，人民检察院应当进行审查，区分下列情形依法作出处理：

（一）发现犯罪嫌疑人没有犯罪事实，或者符合刑事诉讼法第十六条规定的情形之一的，应当撤销原不起诉决定，依法重新作出不起诉决定；

（二）认为犯罪嫌疑人仍属于犯罪情节轻微，依照刑法规定不需要判处刑罚或者免除刑罚的，可以维持原不起诉决定；

（三）排除认罪认罚因素后，符合起诉条件的，应当根据案件具体情况撤销原不起诉决定，依法提起公诉。

52.起诉前反悔的处理。犯罪嫌疑人认罪认罚，签署认罪认罚具结书，在人民检察院提起公诉前反悔的，具结书失效，人民检察院应当在全面审查事实证据的基础上，依法提起公诉。

53.审判阶段反悔的处理。案件审理过程中，被告人反悔不再认罪认罚的，人民法院应当根据审理查明的事实，依法作出裁判。需要转换程序的，依照本意见的相关规定处理。

54.人民检察院的法律监督。完善人民检察院对侦查活动和刑事审判活动的监督机制，加强对认罪认罚案件办理全过程的监督，规范认罪认罚案件的抗诉工作，确保无罪的人不受刑事追究、有罪的人受到公正处罚。

十二、未成年人认罪认罚案件的办理

55. 听取意见。人民法院、人民检察院办理未成年人认罪认罚案件，应当听取未成年犯罪嫌疑人、被告人的法定代理人的意见，法定代理人无法到场的，应当听取合适成年人的意见，但受案时犯罪嫌疑人已经成年的除外。

56. 具结书签署。未成年犯罪嫌疑人签署认罪认罚具结书时，其法定代理人应当到场并签字确认。法定代理人无法到场的，合适成年人应当到场签字确认。法定代理人、辩护人对未成年人认罪认罚有异议的，不需要签署认罪认罚具结书。

57. 程序适用。未成年人认罪认罚案件，不适用速裁程序，但应当贯彻教育、感化、挽救的方针，坚持从快从宽原则，确保案件及时办理，最大限度保护未成年人合法权益。

58. 法治教育。办理未成年人认罪认罚案件，应当做好未成年犯罪嫌疑人、被告人的认罪服法、悔过教育工作，实现惩教结合目的。

最高人民法院《关于贯彻宽严相济刑事政策的若干意见》

（法发〔2010〕9号 2010年2月8日发布）

宽严相济刑事政策是我国的基本刑事政策，贯穿于刑事立法、刑事司法和刑罚执行的全过程，是惩办与宽大相结合政策在新时期的继承、发展和完善，是司法机关惩罚犯罪，预防犯罪，保护人民，保障人权，正确实施国家法律的指南。为了在刑事审判工作中切实贯彻执行这一政策，特制定本意见。

一、贯彻宽严相济刑事政策的总体要求

1. 贯彻宽严相济刑事政策，要根据犯罪的具体情况，实行区别对待，做到该宽则宽，当严则严，宽严相济，罚当其罪，打击和孤立极少数，教育、感化和挽救大多数，最大限度地减少社会对立面，促进社会和谐稳定，维护国家长治久安。

2. 要正确把握宽与严的关系，切实做到宽严并用。既要注意克服重刑主义思想影响，防止片面从严，也要避免受轻刑化思想影响，一味从宽。

3. 贯彻宽严相济刑事政策，必须坚持严格依法办案，切实贯彻落实罪刑法定原则、罪刑相适应原则和法律面前人人平等原则，依照法律规定准确定罪量刑。从宽和从严都必须依照法律规定进行，做到宽严有据，罚当其罪。

4.要根据经济社会的发展和治安形势的变化，尤其要根据犯罪情况的变化，在法律规定的范围内，适时调整从宽和从严的对象、范围和力度。要全面、客观把握不同时期不同地区的经济社会状况和社会治安形势，充分考虑人民群众的安全感以及惩治犯罪的实际需要，注重从严打击严重危害国家安全、社会治安和人民群众利益的犯罪。对于犯罪性质尚不严重，情节较轻和社会危害性较小的犯罪，以及被告人认罪、悔罪，从宽处罚更有利于社会和谐稳定的，依法可以从宽处理。

5.贯彻宽严相济刑事政策，必须严格依法进行，维护法律的统一和权威，确保良好的法律效果。同时，必须充分考虑案件的处理是否有利于赢得广大人民群众的支持和社会稳定，是否有利于瓦解犯罪，化解矛盾，是否有利于罪犯的教育改造和回归社会，是否有利于减少社会对抗，促进社会和谐，争取更好的社会效果。要注意在裁判文书中充分说明裁判理由，尤其是从宽或从严的理由，促使被告人认罪服法，注重教育群众，实现案件裁判法律效果和社会效果的有机统一。

二、准确把握和正确适用依法从"严"的政策要求

6.宽严相济刑事政策中的从"严"，主要是指对于罪行十分严重、社会危害性极大，依法应当判处重刑或死刑的，要坚决地判处重刑或死刑；对于社会危害大或者具有法定、酌定从重处罚情节，以及主观恶性深、人身危险性大的被告人，要依法从严惩处。在审判活动中通过体现依法从"严"的政策要求，有效震慑犯罪分子和社会不稳定分子，达到有效遏制犯罪、预防犯罪的目的。

7.贯彻宽严相济刑事政策，必须毫不动摇地坚持依法严惩严重刑事犯罪的方针。对于危害国家安全犯罪、恐怖组织犯罪、邪教组织犯罪、黑社会性质组织犯罪、恶势力犯罪、故意危害公共安全犯罪等严重危害国家政权稳固和社会治安的犯罪，故意杀人、故意伤害致人死亡、强奸、绑架、拐卖妇女儿童、抢劫、重大抢夺、重大盗窃等严重暴力犯罪和严

重影响人民群众安全感的犯罪，走私、贩卖、运输、制造毒品等毒害人民健康的犯罪，要作为严惩的重点，依法从重处罚。尤其对于极端仇视国家和社会，以不特定人为侵害对象，所犯罪行特别严重的犯罪分子，该重判的要坚决依法重判，该判处死刑的要坚决依法判处死刑。

8.对于国家工作人员贪污贿赂、滥用职权、失职渎职的严重犯罪，黑恶势力犯罪、重大安全责任事故、制售伪劣食品药品所涉及的国家工作人员职务犯罪，发生在社会保障、征地拆迁、灾后重建、企业改制、医疗、教育、就业等领域严重损害群众利益、社会影响恶劣、群众反映强烈的国家工作人员职务犯罪，发生在经济社会建设重点领域、重点行业的严重商业贿赂犯罪等，要依法从严惩处。

对于国家工作人员职务犯罪和商业贿赂犯罪中性质恶劣、情节严重、涉案范围广、影响面大的，或者案发后隐瞒犯罪事实、毁灭证据、订立攻守同盟、负案潜逃等拒不认罪悔罪的，要坚决依法从严惩处。

对于被告人犯罪所得数额不大，但对国家财产和人民群众利益造成重大损失、社会影响极其恶劣的职务犯罪和商业贿赂犯罪案件，也应依法从严惩处。

要严格掌握职务犯罪法定减轻处罚情节的认定标准与减轻处罚的幅度，严格控制依法减轻处罚后判处三年以下有期徒刑适用缓刑的范围，切实规范职务犯罪缓刑、免予刑事处罚的适用。

9.当前和今后一段时期，对于集资诈骗、贷款诈骗、制贩假币以及扰乱、操纵证券、期货市场等严重危害金融秩序的犯罪，生产、销售假药、劣药、有毒有害食品等严重危害食品药品安全的犯罪，走私等严重侵害国家经济利益的犯罪，造成严重后果的重大安全责任事故犯罪，重大环境污染、非法采矿、盗伐林木等各种严重破坏环境资源的犯罪等，要依法从严惩处，维护国家的经济秩序，保护广大人民群众的生命健康安全。

10.严惩严重刑事犯罪，必须充分考虑被告人的主观恶性和人身危险性。对于事先精心预谋、策划犯罪的被告人，具有惯犯、职业犯等情节的被告人，或者因故意犯罪受过刑事处罚、在缓刑、假释考验期内又犯罪的被告人，要依法严惩，以实现刑罚特殊预防的功能。

11. 要依法从严惩处累犯和毒品再犯。凡是依法构成累犯和毒品再犯的，即使犯罪情节较轻，也要体现从严惩处的精神。尤其是对于前罪为暴力犯罪或被判处重刑的累犯，更要依法从严惩处。

12. 要注重综合运用多种刑罚手段，特别是要重视依法适用财产刑，有效惩治犯罪。对于法律规定有附加财产刑的，要依法适用。对于侵财型和贪利型犯罪，更要注重通过依法适用财产刑使犯罪分子受到经济上的惩罚，剥夺其重新犯罪的能力和条件。要切实加大财产刑的执行力度，确保刑罚的严厉性和惩罚功能得以实现。被告人非法占有、处置被害人财产不能退赃的，在决定刑罚时，应作为重要情节予以考虑，体现从严处罚的精神。

13. 对于刑事案件被告人，要严格依法追究刑事责任，切实做到不枉不纵。要在确保司法公正的前提下，努力提高司法效率。特别是对于那些严重危害社会治安，引起社会关注的刑事案件，要在确保案件质量的前提下，抓紧审理，及时宣判。

三、准确把握和正确适用依法从"宽"的政策要求

14. 宽严相济刑事政策中的从"宽"，主要是指对于情节较轻、社会危害性较小的犯罪，或者罪行虽然严重，但具有法定、酌定从宽处罚情节，以及主观恶性相对较小、人身危险性不大的被告人，可以依法从轻、减轻或者免除处罚；对于具有一定社会危害性，但情节显著轻微危害不大的行为，不作为犯罪处理；对于依法可不监禁的，尽量适用缓刑或者判处管制、单处罚金等非监禁刑。

15. 被告人的行为已经构成犯罪，但犯罪情节轻微，或者未成年人、在校学生实施的较轻犯罪，或者被告人具有犯罪预备、犯罪中止、从犯、

胁从犯、防卫过当、避险过当等情节，依法不需要判处刑罚的，可以免予刑事处罚。对免予刑事处罚的，应当根据刑法第三十七条规定，做好善后、帮教工作或者交由有关部门进行处理，争取更好的社会效果。

16.对于所犯罪行不重、主观恶性不深、人身危险性较小、有悔改表现、不致再危害社会的犯罪分子，要依法从宽处理。对于其中具备条件的，应当依法适用缓刑或者管制、单处罚金等非监禁刑。同时配合做好社区矫正，加强教育、感化、帮教、挽救工作。

17.对于自首的被告人，除了罪行极其严重、主观恶性极深、人身危险性极大，或者恶意地利用自首规避法律制裁者以外，一般均应当依法从宽处罚。

对于亲属以不同形式送被告人归案或协助司法机关抓获被告人而认定为自首的，原则上都应当依法从宽处罚；有的虽然不能认定为自首，但考虑到被告人亲属支持司法机关工作，促使被告人到案、认罪、悔罪，在决定对被告人具体处罚时，也应当予以充分考虑。

18.对于被告人检举揭发他人犯罪构成立功的，一般均应当依法从宽处罚。对于犯罪情节不是十分恶劣，犯罪后果不是十分严重的被告人立功的，从宽处罚的幅度应当更大。

19.对于较轻犯罪的初犯、偶犯，应当综合考虑其犯罪的动机、手段、情节、后果和犯罪时的主观状态，酌情予以从宽处罚。对于犯罪情节轻微的初犯、偶犯，可以免予刑事处罚；依法应当予以刑事处罚的，也应当尽量适用缓刑或者判处管制、单处罚金等非监禁刑。

20.对于未成年人犯罪，在具体考虑其实施犯罪的动机和目的、犯罪性质、情节和社会危害程度的同时，还要充分考虑其是否属于初犯，归案后是否悔罪，以及个人成长经历和一贯表现等因素，坚持"教育为主、惩罚为辅"的原则和"教育、感化、挽救"的方针进行处理。对于偶尔盗窃、抢夺、诈骗，数额刚达到较大的标准，案发后能如实交代并积极退赃的，可以认定为情节显著轻微，不作为犯罪处理。对于罪行较轻的，可以依法适当多适用缓刑或者判处管制、单处罚金等非监禁刑；依法可免予刑事处罚的，应当免予刑事处罚。对于犯罪情节严重的未成年人，也应当依照刑法第十七条第三款的规定予以从轻或者减轻处罚。对于已满十四周岁不满十六周岁的未成年犯罪人，一般不判处无期徒刑。

21. 对于老年人犯罪，要充分考虑其犯罪的动机、目的、情节、后果以及悔罪表现等，并结合其人身危险性和再犯可能性，酌情予以从宽处罚。

22. 对于因恋爱、婚姻、家庭、邻里纠纷等民间矛盾激化引发的犯罪，因劳动纠纷、管理失当等原因引发、犯罪动机不属恶劣的犯罪，因被害方过错或者基于义愤引发的或者具有防卫因素的突发性犯罪，应酌情从宽处罚。

23. 被告人案发后对被害人积极进行赔偿，并认罪、悔罪的，依法可以作为酌定量刑情节予以考虑。因婚姻家庭等民间纠纷激化引发的犯罪，被害人及其家属对被告人表示谅解的，应当作为酌定量刑情节予以考虑。犯罪情节轻微，取得被害人谅解的，可以依法从宽处理，不需判处刑罚的，可以免予刑事处罚。

24. 对于刑事被告人，如果采取取保候审、监视居住等非羁押性强制措施足以防止发生社会危险性，且不影响刑事诉讼正常进行的，一般可不采取羁押措施。对人民检察院提起公诉而被告人未被采取逮捕措施的，除存在被告人逃跑、串供、重新犯罪等具有人身危险性或者可能影响刑事诉讼正常进行的情形外，人民法院一般可不决定逮捕被告人。

四、准确把握和正确适用宽严"相济"的政策要求

25. 宽严相济刑事政策中的"相济"，主要是指在对各类犯罪依法处罚时，要善于综合运用宽和严两种手段，对不同的犯罪和犯罪分子区别对待，做到严中有宽、宽以济严；宽中有严、严以济宽。

26. 在对严重刑事犯罪依法从严惩处的同时，对被告人具有自首、立

功、从犯等法定或酌定从宽处罚情节的，还要注意宽以济严，根据犯罪的具体情况，依法应当或可以从宽的，都应当在量刑上予以充分考虑。

27. 在对较轻刑事犯罪依法从轻处罚的同时，要注意严以济宽，充分考虑被告人是否具有屡教不改、严重滋扰社会、群众反映强烈等酌定从严处罚的情况，对于不从严不足以有效惩戒者，也应当在量刑上有所体现，做到济之以严，使犯罪分子受到应有处罚，切实增强改造效果。

28. 对于被告人同时具有法定、酌定从严和法定、酌定从宽处罚情节的案件，要在全面考察犯罪的事实、性质、情节和对社会危害程度的基础上，结合被告人的主观恶性、人身危险性、社会治安状况等因素，综合作出分析判断，总体从严，或者总体从宽。

29. 要准确理解和严格执行"保留死刑，严格控制和慎重适用死刑"的政策。对于罪行极其严重的犯罪分子，论罪应当判处死刑的，要坚决依法判处死刑。要依法严格控制死刑的适用，统一死刑案件的裁判标准，确保死刑只适用于极少数罪行极其严重的犯罪分子。拟判处死刑的具体案件定罪或者量刑的证据必须确实、充分，得出唯一结论。对于罪行极其严重，但只要是依法可不立即执行的，就不应当判处死刑立即执行。

30. 对于恐怖组织犯罪、邪教组织犯罪、黑社会性质组织犯罪和进行走私、诈骗、贩毒等犯罪活动的犯罪集团，在处理时要分别情况，区别对待：对犯罪组织或集团中的为首组织、指挥、策划者和骨干分子，要依法从严惩处，该判处重刑或死刑的要坚决判处重刑或死刑；对受欺骗、胁迫参加犯罪组织、犯罪集团或只是一般参加者，在犯罪中起次要、辅助作用的从犯，依法应当从轻或减轻处罚，符合缓刑条件的，可以适用缓刑。

对于群体性事件中发生的杀人、放火、抢劫、伤害等犯罪案件，要注意重点打击其中的组织、指挥、策划者和直接实施犯罪行为的积极参与者；对因被煽动、欺骗、裹胁而参加，情节较轻，经教育确有悔改表现的，应当依法从宽处理。

31. 对于一般共同犯罪案件，应当充分考虑各被告人在共同犯罪中的地位和作用，以及在主观恶性和人身危险性方面的不同，根据事实和证据能分清主从犯的，都应当认定主从犯。有多名主犯的，应在主犯中进一步区分出罪行最为严重者。对于多名被告人共同致死一名被害人的案件，要进一步分清各被告人的作用，准确确定各被告人的罪责，以做到区别对待；不能以分不清主次为由，简单地一律判处重刑。

32. 对于过失犯罪，如安全责任事故犯罪等，主要应当根据犯罪造成危害后果的严重程度、被告人主观罪过的大小以及被告人案发后的表现等，综合掌握处罚的宽严尺度。对于过失犯罪后积极抢救、挽回损失或者有效防止损失进一步扩大的，要依法从宽。对于造成的危害后果虽然不是特别严重，但情节特别恶劣或案发后故意隐瞒案情，甚至逃逸，给及时查明事故原因和迅速组织抢救造成贻误的，则要依法从重处罚。

33. 在共同犯罪案件中，对于主犯或首要分子检举、揭发同案地位、作用较次犯罪分子构成立功的，从轻或者减轻处罚应当从严掌握，如果从轻处罚可能导致全案量刑失衡的，一般不予从轻处罚；如果检举、揭发的是其他犯罪案件中罪行同样严重的犯罪分子，或者协助抓获的是同案中的其他主犯、首要分子的，原则上应予依法从轻或者减轻处罚。对于从犯或犯罪集团中的一般成员立功，特别是协助抓获主犯、首要分子的，应当充分体现政策，依法从轻、减轻或者免除处罚。

34. 对于危害国家安全犯罪、故意危害公共安全犯罪、严重暴力犯罪、涉众型经济犯罪等严重犯罪；恐怖组织犯罪、邪教组织犯罪、黑恶势力犯罪等有组织犯罪的领导者、组织者和骨干分子；毒品犯罪再犯的严重犯罪者；确有执行能力而拒不依法积极主动缴付财产执行财产刑或确有履行能力而不积极主动履行附带民事赔偿责任的，在依法减刑、假释时，应当从严掌握。对累犯减刑时，应当从严掌握。拒不交代真实身份或对减刑、假释材料弄虚作假，不符合减刑、假释条件的，不得减刑、假释。

对于因犯故意杀人、爆炸、抢劫、强奸、绑架等暴力犯罪，致人死亡或严重残疾而被判处死刑缓期二年执行或无期徒刑的罪犯，要严格控制减刑的频度和每次减刑的幅度，要保证其相对较长的实际服刑期限，维护公平正义，确保改造效果。

对于未成年犯、老年犯、残疾罪犯、过失犯、中止犯、胁从犯、积极主动缴付财产执行财产刑或履行民事赔偿责任的罪犯、因防卫过当或避险过当而判处徒刑的罪犯以及其他主观恶性不深、人身危险性不大的罪犯，在依法减刑、假释时，应当根据悔改表现予以从宽掌握。对认罪服法，遵守监规，积极参加学习、劳动，确有悔改表现的，依法予以减刑，减刑的幅度可以适当放宽，间隔的时间可以相应缩短。符合刑法第八十一条第一款规定的假释条件的，应当依法多适用假释。

五、完善贯彻宽严相济刑事政策的工作机制

35. 要注意总结审判经验，积极稳妥地推进量刑规范化工作。要规范法官的自由裁量权，逐步把量刑纳入法庭审理程序，增强量刑的公开性和透明度，充分实现量刑的公正和均衡，不断提高审理刑事案件的质量和效率。

36. 最高人民法院将继续通过总结审判经验，制发典型案例，加强审判指导，并制定关于案例指导制度的规范性文件，推进对贯彻宽严相济刑事政策案例指导制度的不断健全和完善。

37. 要积极探索人民法庭受理轻微刑事案件的工作机制，充分发挥人民法庭便民、利民和受案、审理快捷的优势，进一步促进轻微刑事案件及时审判，确保法律效果和社会效果的有机统一。

38. 要充分发挥刑事简易程序节约司法资源、提高审判效率、促进司法公正的功能，进一步强化简易程序的适用。对于被告人对被指控的基本犯罪事实无异议，并自愿认罪的第一审公诉案件，要依法进一步强化普通程序简化审的适用力度，以保障符合条件的案件都能得到及时高效

的审理。

39. 要建立健全符合未成年人特点的刑事案件审理机制，寓教于审，惩教结合，通过科学、人性化的审理方式，更好地实现"教育、感化、挽救"的目的，促使未成年犯罪人早日回归社会。要积极推动有利于未成年犯罪人改造和管理的各项制度建设。对公安部门针对未成年人在缓刑、假释期间违法犯罪情况报送的拟撤销未成年犯罪人的缓刑或假释的报告，要及时审查，并在法定期限内及时做出决定，以真正形成合力，共同做好未成年人犯罪的惩戒和预防工作。

40. 对于刑事自诉案件，要尽可能多做化解矛盾的调解工作，促进双方自行和解。对于经过司法机关做工作，被告人认罪悔过，愿意赔偿被害人损失，取得被害人谅解，从而达成和解协议的，可以由自诉人撤回起诉，或者对被告人依法从轻或免予刑事处罚。对于可公诉、也可自诉的刑事案件，检察机关提起公诉的，人民法院应当依法进行审理，依法定罪处罚。对民间纠纷引发的轻伤害等轻微刑事案件，诉至法院后当事人自行和解的，应当予以准许并记录在案。人民法院也可以在不违反法律规定的前提下，对此类案件尝试做一些促进和解的工作。

41. 要尽可能把握一切有利于附带民事诉讼调解结案的积极因素，多做促进当事人双方和解的辨法析理工作，以更好地落实宽严相济刑事政策，努力做到案结事了。要充分发挥被告人、被害人所在单位、社区基层组织、辩护人、诉讼代理人和近亲属在附带民事诉讼调解工作中的积极作用，协调各方共同做好促进调解工作，尽可能通过调解达成民事赔偿协议并以此取得被害人及其家属对被告人的谅解，化解矛盾，促进社会和谐。

42. 对于因受到犯罪行为侵害、无法及时获得有效赔偿、存在特殊生活困难的被害人及其亲属，由有关方面给予适当的资金救助，有利于化解矛盾纠纷，促进社会和谐稳定。各地法院要结合当地实际，在党委、政府的统筹协调和具体指导下，落实好、执行好刑事被害人救助制度，确保此项工作顺利开展，取得实效。

43. 对减刑、假释案件，要采取开庭审理与书面审理相结合的方式。对于职务犯罪案件，尤其是原为县处级以上领导干部罪犯的减刑、假释案件，要一律开庭审理。对于故意杀人、抢劫、故意伤害等严重危害社会治安的暴力犯罪分子，有组织犯罪案件中的首要分子和其他主犯以及其他重大、有影响案件罪犯的减刑、假释，原则上也要开庭审理。书面审理的案件，拟裁定减刑、假释的，要在羁押场所公示拟减刑、假释人员名单，接受其他在押罪犯的广泛监督。

44. 要完善对刑事审判人员贯彻宽严相济刑事政策的监督机制，防止宽严失当、枉法裁判、以权谋私。要改进审判考核考评指标体系，完善错案认定标准和错案责任追究制度，完善法官考核机制。要切实改变单纯以改判率、发回重审率的高低来衡量刑事审判工作质量和法官业绩的做法。要探索建立既能体现审判规律、符合法官职业特点，又能准确反映法官综合素质和司法能力的考评体制，对法官审理刑事案件质量，落实宽严相济刑事政策，实现刑事审判法律效果和社会效果有机统一进行全面、科学的考核。

45. 各级人民法院要加强与公安机关、国家安全机关、人民检察院、司法行政机关等部门的联系和协调，建立经常性的工作协调机制，共同研究贯彻宽严相济刑事政策的工作措施，及时解决工作中出现的具体问题。要根据"分工负责、相互配合、相互制约"的法律原则，加强与公安机关、人民检察院的工作联系，既各司其职，又进一步形成合力，不断提高司法公信，维护司法权威。要在律师辩护代理、法律援助、监狱提请减刑假释、开展社区矫正等方面加强与司法行政机关的沟通和协调，促进宽严相济刑事政策的有效实施。

最高人民法院《在审理故意杀人、伤害及黑社会性质组织犯罪案件中切实贯彻宽严相济刑事政策》（节录）

（2010 年 4 月 14 日发布）

2010 年 2 月 8 日印发的《最高人民法院关于贯彻宽严相济刑事政策的若干意见》（以下简称《意见》），对于有效打击犯罪，增强人民群众安全感，减少社会对立面，促进社会和谐稳定，维护国家长治久安具有重要意义，是人民法院刑事审判工作的重要指南。现结合审判实践，就故意杀人、伤害及黑社会性质组织犯罪案件审判中如何贯彻《意见》的精神作简要阐释。

一、在三类案件中贯彻宽严相济刑事政策的总体要求

在故意杀人、伤害及黑社会性质组织犯罪案件的审判中贯彻宽严相济刑事政策，要落实《意见》第 1 条规定：根据犯罪的具体情况，实行区别对待，做到该宽则宽，当严则严，宽严相济，罚当其罪。落实这个总体要求，要注意把握以下几点：

1. 正确把握宽与严的对象。故意杀人和故意伤害犯罪的发案率高，社会危害大，是各级法院刑事审判工作的重点。黑社会性质组织犯罪在我国自二十世纪八十年代末出现以来，长时间保持快速发展势头，严厉打击黑社会性质组织犯罪，是法院刑事审判在当前乃至今后相当长一段时期内的重要任务。因此，对这三类犯罪总体上应坚持从严惩处的方针。

但是在具体案件的处理上，也要分别案件的性质、情节和行为人的主观恶性、人身危险性等情况，把握宽严的范围。在确定从宽与从严的对象时，还应当注意审时度势，对经济社会的发展和治安形势的变化作出准确判断，为构建社会主义和谐社会的目标服务。

2. 坚持严格依法办案。三类案件的审判中，无论是从宽还是从严，都必须严格依照法律规定进行，做到宽严有据，罚当其罪，不能为追求打击效果，突破法律界限。比如在黑社会性质组织犯罪的审理中，黑社会性质组织的认定必须符合法律和立法解释规定的标准，既不能降格处理，也不能拔高认定。

3. 注重法律效果与社会效果的统一。严格依法办案，确保良好法律效果的同时，还应当充分考虑案件的处理是否有利于赢得人民群众的支持和社会稳定，是否有利于瓦解犯罪，化解矛盾，是否有利于罪犯的教育改造和回归社会，是否有利于减少社会对抗，促进社会和谐，争取更好的社会效果。比如在刑罚执行过程中，对于故意杀人、伤害犯罪及黑社会性质组织犯罪的领导者、组织者和骨干成员就应当从严掌握减刑、假释的适用，其他主观恶性不深、人身危险性不大的罪犯则可以从宽把握。

二、故意杀人、伤害案件审判中宽严相济的把握

1. 注意区分两类不同性质的案件。故意杀人、故意伤害侵犯的是人的生命和身体健康，社会危害大，直接影响到人民群众的安全感，《意见》第 7 条将故意杀人、故意伤害致人死亡犯罪作为严惩的重点是十分必要的。但是，实践中的故意杀人、伤害案件复杂多样，处理时要注意分别案件的不同性质，做到区别对待。

实践中，故意杀人、伤害案件从性质上通常可分为两类：一类是严重危害社会治安、严重影响人民群众安全感的案件，如极端仇视国家和社会，以不特定人为行凶对象的；一类是因婚姻家庭、邻里纠纷等民间

矛盾激化引发的案件。对于前者应当作为严惩的重点，依法判处被告人重刑直至判处死刑。对于后者处理时应注意体现从严的精神，在判处重刑尤其是适用死刑时应特别慎重，除犯罪情节特别恶劣、犯罪后果特别严重、人身危险性极大的被告人外，一般不应当判处死刑。对于被害人在起因上存在过错，或者是被告人案发后积极赔偿，真诚悔罪，取得被害人或其家属谅解的，应依法从宽处罚，对同时有法定从轻、减轻处罚情节的，应考虑在无期徒刑以下裁量刑罚。同时应重视此类案件中的附带民事调解工作，努力化解双方矛盾，实现积极的"案结事了"，增进社会和谐，达成法律效果与社会效果的有机统一。《意见》第23条是对此审判经验的总结。

此外，实践中一些致人死亡的犯罪是故意杀人还是故意伤害往往难以区分，在认定时除从作案工具、打击的部位、力度等方面进行判断外，也要注意考虑犯罪的起因等因素。对于民间纠纷引发的案件，如果难以区分是故意杀人还是故意伤害时，一般可考虑定故意伤害罪。

2. 充分考虑各种犯罪情节。犯罪情节包括犯罪的动机、手段、对象、场所及造成的后果等，不同的犯罪情节反映不同的社会危害性。犯罪情节多属酌定量刑情节，法律往往未作明确的规定，但犯罪情节是适用刑罚的基础，是具体案件决定从严或从宽处罚的基本依据，需要在案件审理中进行仔细甄别，以准确判断犯罪的社会危害性。有的案件犯罪动机特别卑劣，比如为了铲除政治对手而雇凶杀人的，也有一些人犯罪是出于义愤，甚至是"大义灭亲"、"为民除害"的动机杀人。有的案件犯罪手段特别残忍，比如采取放火、泼硫酸等方法把人活活烧死的故意杀人行为。犯罪后果也可以分为一般、严重和特别严重几档。在实际中一般认为故意杀人、故意伤害一人死亡的为后果严重，致二人以上死亡的为犯罪后果特别严重。特定的犯罪对象和场所也反映社会危害性的不同，如针对妇女、儿童等弱势群体或在公共场所实施的杀人、伤害，就具有较大的社会危害性。以上犯罪动机卑劣，或者犯罪手段残忍，或者犯罪后果严重，或者针对妇女、儿童等弱势群体作案等情节恶劣的，又无其他法定或酌定从轻情节应当依法从重判处。如果犯罪情节一般，被告人真诚悔罪，或有立功、自首等法定从轻情节的，一般应考虑从宽处罚。

实践中，故意杀人、伤害案件的被告人既有法定或酌定的从宽情节，又有法定或酌定从严情节的情形比较常见，此时，就应当根据《意见》第28条，在全面考察犯罪的事实、性质、情节和对社会危害程度的基础上，结合被告人的主观恶性、人身危险性、社会治安状况等因素，综合作出分析判断。

3. 充分考虑主观恶性和人身危险性。《意见》第10条、第16条明确了被告人的主观恶性和人身危险性是从严和从宽的重要依据，在适用刑罚时必须充分考虑。主观恶性是被告人对自己行为及社会危害性所抱的心理态度，在一定程度上反映了被告人的改造可能性。一般来说，经过精心策划的、有长时间计划的杀人、伤害，显示被告人的主观恶性深；激情犯罪，临时起意的犯罪，因被害人的过错行为引发的犯罪，显示的主观恶性较小。对主观恶性深的被告人要从严惩处，主观恶性较小的被告人则可考虑适用较轻的刑罚。

人身危险性即再犯可能性，可从被告人有无前科、平时表现及悔罪情况等方面综合判断。人身危险性大的被告人，要依法从重处罚。如累犯中前罪系暴力犯罪，或者曾因暴力犯罪被判重刑后又犯故意杀人、故意伤害致人死亡的；平时横行乡里，寻衅滋事杀人、伤害致人死亡的，应依法从重判处。人身危险性小的被告人，应依法体现从宽精神。如被告人平时表现较好，激情犯罪，系初犯、偶犯的；被告人杀人或伤人后有抢救被害人行为的，在量刑时应该酌情予以从宽处罚。

未成年人及老年人的故意杀人、伤害犯罪与一般人犯罪相比，主观恶性和人身危险性等方面有一定特殊性，在处理时应当依据《意见》的第20条、第21条考虑从宽。对犯故意杀人、伤害罪的未成年人，要坚持"教育为主，惩罚为辅"的原则和"教育、感化、挽救"的方针进行处罚。对于情节较轻、后果不重的伤害案件，可以依法适用缓刑、或者判处管制、单处罚金等非监禁刑。对于情节严重的未成年人，也应当从轻或减轻处罚。对于已满十四周岁不满十六周岁的未成年人，一般不判处无期徒刑。对于七十周岁以上的老年人犯故意杀人、伤害罪的，由于其已没有再犯罪的可能，在综合考虑其犯罪情节和主观恶性、人身危险性的基础上，一般也应酌情从宽处罚。

4. 严格控制和慎重适用死刑。故意杀人和故意伤害犯罪在判处死刑的案件中所占比例最高，审判中要按照《意见》第 29 条的规定，准确理解和严格执行"保留死刑，严格控制和慎重适用死刑"的死刑政策，坚持统一的死刑适用标准，确保死刑只适用于极少数罪行极其严重的犯罪分子；坚持严格的证据标准，确保把每一起判处死刑的案件都办成铁案。对于罪行极其严重，但只要有法定、酌定从轻情节，依法可不立即执行的，就不应当判处死刑立即执行。

对于自首的故意杀人、故意伤害致人死亡的被告人，除犯罪情节特别恶劣，犯罪后果特别严重的，一般不应考虑判处死刑立即执行。对亲属送被告人归案或协助抓获被告人的，也应视为自首，原则上应当从宽处罚。对具有立功表现的故意杀人、故意伤害致死的被告人，一般也应当体现从宽，可考虑不判处死刑立即执行。但如果犯罪情节特别恶劣，犯罪后果特别严重的，即使有立功情节，也可以不予从轻处罚。

共同犯罪中，多名被告人共同致死一名被害人的，原则上只判处一人死刑。处理时，根据案件的事实和证据能分清主从犯的，都应当认定主从犯；有多名主犯的，应当在主犯中进一步区分出罪行最为严重者和较为严重者，不能以分不清主次为由，简单地一律判处死刑。

人民检察院开展国家司法救助工作细则

（高检发办字〔2021〕135 号　2021 年 12 月 31 日发布）

第一章　总　则

第一条　为了进一步加强和规范人民检察院开展国家司法救助工作，根据《关于建立完善国家司法救助制度的意见（试行）》，结合检察工作实际，制定本细则。

第二条　人民检察院开展国家司法救助工作，是人民检察院在办理案件过程中，对遭受犯罪侵害或者民事侵权，无法通过诉讼获得有效赔偿，生活面临急迫困难的当事人采取的辅助性救济措施。

第三条　人民检察院开展国家司法救助工作，应当遵循以下原则：

（一）应救助尽救助。凡是符合救助条件的当事人，均应当及时提供救助，有效化解矛盾纠纷。

（二）公平、合理救助。严格把握救助标准和条件，兼顾当事人实际情况和同类案件救助数额，做到公平、合理。

（三）属地救助。对符合国家司法救助条件的当事人，由办理案件地人民检察院负责救助。

（四）辅助性救助。对同一案件的同一当事人只救助一次，其他办案机关已经予以国家司法救助的，人民检察院不再救助。对于通过诉讼能够获得赔偿、补偿的，应当通过诉讼途径解决。

第四条　人民检察院在办理案件过程中应当树立救助意识，全面了解当事人受不法侵害造成损失的情况及生活困难情况，对符合国家司法救助条件的当事人要主动告知其申请救助的方式，及时按程序提供救助。

人民检察院办理认罪认罚案件，应当充分听取被害方意见，了解被害方诉求，促使犯罪嫌疑人、被告人及时、合理进行赔偿，促进当事人和解。对于被害方确因犯罪嫌疑人、被告人没有赔偿能力，无法通过诉讼获得有效赔偿造成生活困难且符合国家司法救助条件的，应当积极协调办理救助。

第五条 当事人不符合国家司法救助条件或者实施国家司法救助后仍然面临生活困难，符合社会救助条件的，人民检察院应当积极协调有关部门依法予以社会救助。

第六条 人民检察院负责控告申诉检察的部门是开展国家司法救助的专责部门。办案部门在办案过程中发现救助线索，可以提出救助建议，并将线索材料及时移送负责控告申诉检察的部门。负责控告申诉检察的部门审查国家司法救助申请时，办案部门应当提供有关案件情况及案件材料。由办案部门开展国家司法救助更为适宜的，经检察长批准，也可以由办案部门办理。

人民检察院计划财务装备部门负责指导专责部门编制和上报国家司法救助资金年度预算，向救助资金管理部门申请核拨经费等保障工作。

第二章　工作程序

第一节　救助对象和方式

第七条 救助申请人符合下列情形之一的，人民检察院应当予以救助：

（一）刑事案件被害人受到犯罪侵害致重伤或者严重残疾，因案件无法侦破、已过追诉时效、加害人死亡或者没有赔偿能力，造成生活困难的；

（二）刑事案件被害人受到犯罪侵害致人身伤害，急需救治，无力承担医疗救治费用的；

（三）刑事案件被害人受到犯罪侵害致死或者丧失劳动能力，依靠其收入为主要生活来源的近亲属或者其赡养、扶养、抚养的其他人，因案件无法侦破、已过追诉时效、加害人死亡或者没有赔偿能力，造成生活困难的；

（四）刑事案件被害人受到犯罪侵害，致使财产遭受重大损失，因案件无法侦破、已过追诉时效、加害人死亡或者没有赔偿能力，造成生活困难的；

（五）举报人、证人、鉴定人因向检察机关举报、作证或者接受检察机关委托进行司法鉴定而受到打击报复，致使人身受到伤害或者财产受到重大损失，造成生活困难的；

（六）因道路交通事故等民事侵权行为造成人身伤害，无法通过诉讼获得赔偿，造成生活困难的；

（七）人民检察院根据实际情况，认为需要救助的其他情形。

第八条 救助申请人具有下列情形之一的，一般不予救助：

（一）对案件发生有重大过错的；

（二）无正当理由，拒绝配合查明案件事实的；

（三）故意作虚假陈述或者伪造证据，妨害诉讼的；

（四）在诉讼中主动放弃民事赔偿请求或者拒绝加害人及其近亲属赔偿的；

（五）生活困难非案件原因所导致的；

（六）通过社会救助等措施已经得到合理补偿、救助的。

第九条 国家司法救助以支付救助金为主要方式，并与法律援助、诉讼救济相配套，与社会救助相衔接。

第十条 救助金以办理案件的人民检察院所在省、自治区、直辖市上一年度职工月平均工资为基准确定，一般不超过三十六个月的工资总额。损失特别重大、生活特别困难，需要适当突破救助限额的，应当严格审核，依照相关规定报批，总额不超过人民法院依法应当判决的赔偿数额。

各省、自治区、直辖市上一年度职工月平均工资，根据已经公布的各省、自治区、直辖市上一年度职工年平均工资计算。上一年度职工年平均工资尚未公布的，以公布的最近年度职工年平均工资为准。

第十一条 确定救助金具体数额，应当综合考虑以下因素：

（一）救助申请人实际遭受的损失；

（二）救助申请人本人有无过错以及过错程度；

（三）救助申请人及其家庭的经济状况；

（四）救助申请人维持基本生活所必需的最低支出；

（五）赔偿义务人实际赔偿情况；

（六）其他应当考虑的因素。

第十二条 刑事案件被害人受到犯罪侵害致人身伤害，急需救治，无力承担医疗救治费用的，经检察长批准，人民检察院应当依据国家司法救助标准先行救助，救助后及时补办相关手续。

第十三条 需要协调有关部门对救助申请人予以社会救助的，由申请人户籍所在地或者经常居住地等社会救助申请地人民检察院负责。办理案件的人民检察院所在地与社会救助申请地不一致的，办理案件的人民检察院应当将有关案件情况、给予国家司法救助的情况、予以社会救助的建议等书面材料，移送社会救助申请地的人民检察院。

第二节 救助申请的受理

第十四条 人民检察院对于符合国家司法救助条件的救助申请人，无论其户籍所在地是否属于辖区范围，均应由办理案件的人民检察院负责受理申请并提供救助。必要时，也可以由上下级人民检察院联合救助。

第十五条 救助申请一般应当以书面方式提出。救助申请人提供书面申请确有困难的，可以口头方式提出，检察人员应当制作笔录。

无行为能力或者限制行为能力的救助申请人，可以由其法定代理人代为申请。

救助申请人系受犯罪侵害死亡的刑事被害人的近亲属或者其赡养、扶养、抚养的其他人，以及法定代理人代为提出申请的，需要提供与被害人的社会关系证明；委托代理人代为提出申请的，需要提供救助申请人的授权委托书。

第十六条　向人民检察院申请国家司法救助，应当提交下列材料：

（一）国家司法救助申请书；

（二）救助申请人的有效身份证明；

（三）实际损害结果证明，包括被害人伤情鉴定意见、医疗诊断结论及医疗费用单据或者死亡证明，受不法侵害所致财产损失情况；

（四）救助申请人及其家庭成员生活困难情况的证明材料；

（五）是否获得赔偿、救助等的情况说明或者证明材料；

（六）其他有关证明材料。

生活困难情况的证明材料应当能够说明有关救助申请人的家庭成员、劳动能力、就业状况、家庭收入等情况。

救助申请人确因特殊困难不能取得相关证明材料的，可以申请人民检察院调取。

第十七条　救助申请人或者其代理人当面递交申请书和其他申请材料的，检察人员应当当场出具收取申请材料清单，加盖本院专用印章并注明收讫日期。

检察人员认为救助申请人提交的申请材料不齐全或者不符合要求，需要补充或者补正的，应当当场或者在三个工作日内，告知救助申请人在三十日内提交补充、补正材料。

第十八条　救助申请人提交的国家司法救助申请书和相关材料齐备后，检察人员应当填写《受理国家司法救助申请登记表》。

第三节　救助申请的审查与决定

第十九条　人民检察院受理救助申请后，应当及时审查有关材料，必要时进行调查核实。审查完毕后，应当制作《国家司法救助申请审查报告》，全面反映审查情况，提出是否予以救助的意见及理由。

调查核实可以采取当面询问、组织听证、入户调查、邻里访问、群众评议、信函索证、信息核查等方式。

第二十条 审查国家司法救助申请的人民检察院需要向外地调查核实有关情况的，可以委托有关人民检察院代为进行，并将救助申请人情况、简要案情、需要调查核实的内容等材料，一并提供受委托的人民检察院。受委托的人民检察院应当及时办理并反馈情况。

第二十一条 检察官经审查，认为救助申请符合救助条件的，应当填写《国家司法救助审批表》，提出给予救助和具体救助金额的审核意见，并附相关申请材料及调查核实材料，报检察长决定。经批准同意救助的，应当制作《国家司法救助决定书》，及时送达救助申请人。认为不符合救助条件或者具有不予救助的情形的，应当将不予救助的决定告知救助申请人，并做好解释说明工作。

第二十二条 人民检察院应当自受理救助申请之日起十个工作日内作出是否予以救助和具体救助金额的决定。

人民检察院要求救助申请人补充、补正申请材料，或者根据救助申请人请求调取相关证明的，审查办理期限自申请材料齐备之日起开始计算。

委托其他人民检察院调查核实的时间，不计入审批期限。

第四节 救助金的发放

第二十三条 人民检察院决定救助的，应当依照预算管理权限，向救助资金管理部门提出核拨救助金申请，并及时协调拨付。

人民检察院收到救助资金管理部门拨付的救助金后，应当在二个工作日内通知救助申请人领取救助金。

救助申请人领取救助金时，检察人员应当填写《国家司法救助金发放登记表》，按照有关规定办理领款手续。

第二十四条 救助金一般以银行转账方式发放，也可以与救助申请人商定发放方式。

救助金应当一次性发放，情况特殊的，经检察长批准，可以分期发放。

第二十五条　人民检察院办理的案件依照诉讼程序需要移送其他办案机关的，应当将司法救助的有关材料复印件随案卷一并移送。尚未完成国家司法救助工作的，应当继续完成。

第三章　救助资金保障和管理

第二十六条　各级人民检察院应当积极协调主管部门，将国家司法救助资金列入预算，建立动态调整机制，并推动建立健全国家司法救助资金快速审批拨付或预拨付工作机制。

第二十七条　各级人民检察院应当建立国家司法救助资金财务管理制度，做好救助资金发放情况统计、预算申请工作。国家司法救助资金实行专款专用，不得挪作他用。

第二十八条　各级人民检察院应当在年度届满后一个月内，将本院上一年度国家司法救助工作情况形成书面报告，并附救助资金发放情况明细表，按照规定报送有关部门和上一级人民检察院，接受监督。

第四章　责任追究

第二十九条　检察人员在国家司法救助工作中具有下列情形之一，应当依法依纪追究责任：

（一）截留、侵占、私分或者挪用国家司法救助资金的；

（二）利用职务或者工作便利收受他人财物的；

（三）故意或者存在重大过失怠于履行救助职责的；

（四）违反规定发放救助资金造成重大损失的；

（五）弄虚作假为不符合救助条件的人员提供救助的。

对于非法占有的或者已发放给不符合救助条件人员的救助资金应当

追回。

第三十条 救助申请人通过提供虚假材料、隐瞒真相等欺骗手段获得国家司法救助金的，应当追回救助金；涉嫌犯罪的，依法追究刑事责任。

相关单位故意出具虚假证明材料，使不符合国家司法救助条件的救助申请人获得救助的，人民检察院应当建议相关单位或者主管机关依法依纪对相关责任人予以处理，并追回救助金。

第五章 附 则

第三十一条 本细则自发布之日起施行。

最高人民法院、最高人民检察院、公安部、国家安全部、司法部《人体损伤程度鉴定标准》

（2013 年 8 月 30 日发布）

最高人民法院 最高人民检察院
公安部 国家安全部 司法部
关于发布《人体损伤程度鉴定标准》的公告

为进一步加强人身损伤程度鉴定标准化、规范化工作，现将《人体损伤程度鉴定标准》发布，自 2014 年 1 月 1 日起施行。《人体重伤鉴定标准》（司发〔1990〕070 号）、《人体轻伤鉴定标准（试行）》〔法（司）发〔1990〕6 号〕和《人体轻微伤的鉴定》（GA/T 146—1996）同时废止。

最高人民法院 最高人民检察院 公安部
国家安全部 司法部
2013 年 8 月 30 日

人体损伤程度鉴定标准

1 范围

本标准规定了人体损伤程度鉴定的原则、方法、内容和等级划分。

本标准适用于《中华人民共和国刑法》及其他法律、法规所涉及的人体损伤程度鉴定。

2 规范性引用文件

下列文件对于本文件的应用是必不可少的。本标准引用文件的最新版本适用于本标准。

GB 18667　道路交通事故受伤人员伤残评定

GB/T 16180　劳动能力鉴定　职工工伤与职业病致残等级

GB/T 26341—2010　残疾人残疾分类和分级

3 术语和定义

3.1 重伤

使人肢体残废、毁人容貌、丧失听觉、丧失视觉、丧失其他器官功能或者其他对于人身健康有重大伤害的损伤，包括重伤一级和重伤二级。

3.2 轻伤

使人肢体或者容貌损害，听觉、视觉或者其他器官功能部分障碍或者其他对于人身健康有中度伤害的损伤，包括轻伤一级和轻伤二级。

3.3 轻微伤

各种致伤因素所致的原发性损伤，造成组织器官结构轻微损害或者轻微功能障碍。

4 总则

4.1 鉴定原则

4.1.1 遵循实事求是的原则，坚持以致伤因素对人体直接造成的原发性损伤及由损伤引起的并发症或者后遗症为依据，全面分析，综合鉴定。

4.1.2 对于以原发性损伤及其并发症作为鉴定依据的，鉴定时应以损伤当时伤情为主，损伤的后果为辅，综合鉴定。

4.1.3 对于以容貌损害或者组织器官功能障碍作为鉴定依据的，鉴定时应以损伤的后果为主，损伤当时伤情为辅，综合鉴定。

4.2 鉴定时机

4.2.1 以原发性损伤为主要鉴定依据的，伤后即可进行鉴定；以损伤所致的并发症为主要鉴定依据的，在伤情稳定后进行鉴定。

4.2.2 以容貌损害或者组织器官功能障碍为主要鉴定依据的，在损伤 90 日后进行鉴定；在特殊情况下可以根据原发性损伤及其并发症出具鉴定意见，但须对有可能出现的后遗症加以说明，必要时应进行复检并予以补充鉴定。

4.2.3 疑难、复杂的损伤，在临床治疗终结或者伤情稳定后进行鉴定。

4.3 伤病关系处理原则

4.3.1 损伤为主要作用的，既往伤/病为次要或者轻微作用的，应依据本标准相应条款进行鉴定。

4.3.2 损伤与既往伤/病共同作用的，即二者作用相当的，应依据本标准相应条款适度降低损伤程度等级，即等级为重伤一级和重伤二级的，可视具体情况鉴定为轻伤一级或者轻伤二级，等级为轻伤一级和轻伤二级的，均鉴定为轻微伤。

4.3.3 既往伤 / 病为主要作用的，即损伤为次要或者轻微作用的，不宜进行损伤程度鉴定，只说明因果关系。

5 损伤程度分级

5.1 颅脑、脊髓损伤

5.1.1 重伤一级

a）植物生存状态。

b）四肢瘫（三肢以上肌力 3 级以下）。

c）偏瘫、截瘫（肌力 2 级以下），伴大便、小便失禁。

d）非肢体瘫的运动障碍（重度）。

e）重度智能减退或者器质性精神障碍，生活完全不能自理。

5.1.2 重伤二级

a）头皮缺损面积累计 $75.0cm^2$ 以上。

b）开放性颅骨骨折伴硬脑膜破裂。

c）颅骨凹陷性或者粉碎性骨折，出现脑受压症状和体征，须手术治疗。

d）颅底骨折，伴脑脊液漏持续 4 周以上。

e）颅底骨折，伴面神经或者听神经损伤引起相应神经功能障碍。

f）外伤性蛛网膜下腔出血，伴神经系统症状和体征。

g）脑挫（裂）伤，伴神经系统症状和体征。

h）颅内出血，伴脑受压症状和体征。

i）外伤性脑梗死，伴神经系统症状和体征。

j）外伤性脑脓肿。

k）外伤性脑动脉瘤，须手术治疗。

l）外伤性迟发性癫痫。

m）外伤性脑积水，须手术治疗。

n）外伤性颈动脉海绵窦瘘。

o）外伤性下丘脑综合征。

p）外伤性尿崩症。

q）单肢瘫（肌力 3 级以下）。

r）脊髓损伤致重度肛门失禁或者重度排尿障碍。

5.1.3 轻伤一级

a）头皮创口或者瘢痕长度累计 20.0cm 以上。

b）头皮撕脱伤面积累计 50.0cm^2 以上；头皮缺损面积累计 24.0cm^2
以上。

c）颅骨凹陷性或者粉碎性骨折。

d）颅底骨折伴脑脊液漏。

e）脑挫（裂）伤；颅内出血；慢性颅内血肿；外伤性硬脑膜下
积液。

f）外伤性脑积水；外伤性颅内动脉瘤；外伤性脑梗死；外伤性颅内
低压综合征。

g）脊髓损伤致排便或者排尿功能障碍（轻度）。

h）脊髓挫裂伤。

5.1.4 轻伤二级

a）头皮创口或者瘢痕长度累计 8.0cm 以上。

b）头皮撕脱伤面积累计 20.0cm^2 以上；头皮缺损面积累计 10.0cm^2
以上。

c）帽状腱膜下血肿范围 50.0cm^2 以上。

d）颅骨骨折。

e）外伤性蛛网膜下腔出血。

f）脑神经损伤引起相应神经功能障碍。

5.1.5 轻微伤

a）头部外伤后伴有神经症状。

b）头皮擦伤面积 5.0cm² 以上；头皮挫伤；头皮下血肿。

c）头皮创口或者瘢痕。

5.2 面部、耳廓损伤

5.2.1 重伤一级

a）容貌毁损（重度）。

5.2.2 重伤二级

a）面部条状瘢痕（50% 以上位于中心区），单条长度 10.0cm 以上，或者两条以上长度累计 15.0cm 以上。

b）面部块状瘢痕（50% 以上位于中心区），单块面积 6.0cm² 以上，或者两块以上面积累计 10.0cm² 以上。

c）面部片状细小瘢痕或者显著色素异常，面积累计达面部 30%。

d）一侧眼球萎缩或者缺失。

e）眼睑缺失相当于一侧上眼睑 1/2 以上。

f）一侧眼睑重度外翻或者双侧眼睑中度外翻。

g）一侧上睑下垂完全覆盖瞳孔。

h）一侧眼眶骨折致眼球内陷 0.5cm 以上。

i）一侧鼻泪管和内眦韧带断裂。

j）鼻部离断或者缺损 30% 以上。

k）耳廓离断、缺损或者挛缩畸形累计相当于一侧耳廓面积 50% 以上。

l）口唇离断或者缺损致牙齿外露 3 枚以上。

m）舌体离断或者缺损达舌系带。

n）牙齿脱落或者牙折共 7 枚以上。

o）损伤致张口困难Ⅲ度。

p）面神经损伤致一侧面肌大部分瘫痪，遗留眼睑闭合不全和口角歪斜。

q）容貌毁损（轻度）。

5.2.3 轻伤一级

a）面部单个创口或者瘢痕长度 6.0cm 以上；多个创口或者瘢痕长度累计 10.0cm 以上。

b）面部块状瘢痕，单块面积 4.0cm² 以上；多块面积累计 7.0cm² 以上。

c）面部片状细小瘢痕或者明显色素异常，面积累计 30.0cm² 以上。

d）眼睑缺失相当于一侧上眼睑 1/4 以上。

e）一侧眼睑中度外翻；双侧眼睑轻度外翻。

f）一侧上眼睑下垂覆盖瞳孔超过 1/2。

g）两处以上不同眶壁骨折；一侧眶壁骨折致眼球内陷 0.2cm 以上。

h）双侧泪器损伤伴溢泪。

i）一侧鼻泪管断裂；一侧内眦韧带断裂。

j）耳廓离断、缺损或者挛缩畸形累计相当于一侧耳廓面积 30% 以上。

k）鼻部离断或者缺损 15% 以上。

l）口唇离断或者缺损致牙齿外露 1 枚以上。

m）牙齿脱落或者牙折共 4 枚以上。

n）损伤致张口困难Ⅱ度。

o）腮腺总导管完全断裂。

p）面神经损伤致一侧面肌部分瘫痪，遗留眼睑闭合不全或者口角歪斜。

5.2.4 轻伤二级

a）面部单个创口或者瘢痕长度 4.5cm 以上；多个创口或者瘢痕长度累计 6.0cm 以上。

b）面颊穿透创，皮肤创口或者瘢痕长度 1.0cm 以上。

c）口唇全层裂创，皮肤创口或者瘢痕长度 1.0cm 以上。

d）面部块状瘢痕，单块面积 3.0cm² 以上或多块面积累计 5.0cm²

以上。

　e）面部片状细小瘢痕或者色素异常，面积累计 8.0cm² 以上。

　f）眶壁骨折（单纯眶内壁骨折除外）。

　g）眼睑缺损。

　h）一侧眼睑轻度外翻。

　i）一侧上眼睑下垂覆盖瞳孔。

　j）一侧眼睑闭合不全。

　k）一侧泪器损伤伴溢泪。

　l）耳廓创口或者瘢痕长度累计 6.0cm 以上。

　m）耳廓离断、缺损或者挛缩畸形累计相当于一侧耳廓面积 15% 以上。

　n）鼻尖或者一侧鼻翼缺损。

　o）鼻骨粉碎性骨折；双侧鼻骨骨折；鼻骨骨折合并上颌骨额突骨折；鼻骨骨折合并鼻中隔骨折；双侧上颌骨额突骨折。

　p）舌缺损。

　q）牙齿脱落或者牙折 2 枚以上。

　r）腮腺、颌下腺或者舌下腺实质性损伤。

　s）损伤致张口困难 I 度。

　t）颌骨骨折（牙槽突骨折及一侧上颌骨额突骨折除外）。

　u）颧骨骨折。

5.2.5 轻微伤

　a）面部软组织创。

　b）面部损伤留有瘢痕或者色素改变。

　c）面部皮肤擦伤，面积 2.0cm² 以上；面部软组织挫伤；面部划伤 4.0cm 以上。

　d）眶内壁骨折。

　e）眼部挫伤；眼部外伤后影响外观。

f）耳廓创。

g）鼻骨骨折；鼻出血。

h）上颌骨额突骨折。

i）口腔粘膜破损；舌损伤。

j）牙齿脱落或者缺损；牙槽突骨折；牙齿松动 2 枚以上或者Ⅲ度松动 1 枚以上。

5.3 听器听力损伤

5.3.1 重伤一级

a）双耳听力障碍（≥ 91dB HL）。

5.3.2 重伤二级

a）一耳听力障碍（≥ 91dB HL）。

b）一耳听力障碍（≥ 81dB HL），另一耳听力障碍（≥ 41dB HL）。

c）一耳听力障碍（≥ 81dB HL），伴同侧前庭平衡功能障碍。

d）双耳听力障碍（≥ 61dB HL）。

e）双侧前庭平衡功能丧失，睁眼行走困难，不能并足站立。

5.3.3 轻伤一级

a）双耳听力障碍（≥ 41dB HL）。

b）双耳外耳道闭锁。

5.3.4 轻伤二级

a）外伤性鼓膜穿孔 6 周不能自行愈合。

b）听骨骨折或者脱位；听骨链固定。

c）一耳听力障碍（≥ 41dB HL）。

d）一侧前庭平衡功能障碍，伴同侧听力减退。

e）一耳外耳道横截面 1/2 以上狭窄。

5.3.5 轻微伤

a）外伤性鼓膜穿孔。

b）鼓室积血。

c）外伤后听力减退。

5.4 视器视力损伤

5.4.1 重伤一级

a）一眼眼球萎缩或者缺失，另一眼盲目3级。

b）一眼视野完全缺损，另一眼视野半径20°以下（视野有效值32%以下）。

c）双眼盲目4级。

5.4.2 重伤二级

a）一眼盲目3级。

b）一眼重度视力损害，另一眼中度视力损害。

c）一眼视野半径10°以下（视野有效值16%以下）。

d）双眼偏盲；双眼残留视野半径30°以下（视野有效值48%以下）。

5.4.3 轻伤一级

a）外伤性青光眼，经治疗难以控制眼压。

b）一眼虹膜完全缺损。

c）一眼重度视力损害；双眼中度视力损害。

d）一眼视野半径30°以下（视野有效值48%以下）；双眼视野半径50°以下（视野有效值80%以下）。

5.4.4 轻伤二级

a）眼球穿通伤或者眼球破裂伤；前房出血须手术治疗；房角后退；虹膜根部离断或者虹膜缺损超过1个象限；睫状体脱离；晶状体脱位；玻璃体积血；外伤性视网膜脱离；外伤性视网膜出血；外伤性黄斑裂孔；外伤性脉络膜脱离。

b）角膜斑翳或者血管翳；外伤性白内障；外伤性低眼压；外伤性青光眼。

c）瞳孔括约肌损伤致瞳孔显著变形或者瞳孔散大（直径0.6cm

以上）。

d）斜视；复视。

e）睑球粘连。

f）一眼矫正视力减退至 0.5 以下（或者较伤前视力下降 0.3 以上）；双眼矫正视力减退至 0.7 以下（或者较伤前视力下降 0.2 以上）；原单眼中度以上视力损害者，伤后视力降低一个级别。

g）一眼视野半径 50° 以下（视野有效值 80% 以下）。

5.4.5 轻微伤

a）眼球损伤影响视力。

5.5 颈部损伤

5.5.1 重伤一级

a）颈部大血管破裂。

b）咽喉部广泛毁损，呼吸完全依赖气管套管或者造口。

c）咽或者食管广泛毁损，进食完全依赖胃管或者造口。

5.5.2 重伤二级

a）甲状旁腺功能低下（重度）。

b）甲状腺功能低下，药物依赖。

c）咽部、咽后区、喉或者气管穿孔。

d）咽喉或者颈部气管损伤，遗留呼吸困难（3 级）。

e）咽或者食管损伤，遗留吞咽功能障碍（只能进流食）。

f）喉损伤遗留发声障碍（重度）。

g）颈内动脉血栓形成，血管腔狭窄（50% 以上）。

h）颈总动脉血栓形成，血管腔狭窄（25% 以上）。

i）颈前三角区增生瘢痕，面积累计 30.0cm² 以上。

5.5.3 轻伤一级

a）颈前部单个创口或者瘢痕长度 10.0cm 以上；多个创口或者瘢痕长度累计 16.0cm 以上。

b）颈前三角区瘢痕，单块面积 10.0cm^2 以上；多块面积累计 12.0cm^2 以上。

c）咽喉部损伤遗留发声或者构音障碍。

d）咽或者食管损伤，遗留吞咽功能障碍（只能进半流食）。

e）颈总动脉血栓形成；颈内动脉血栓形成；颈外动脉血栓形成；椎动脉血栓形成。

5.5.4 轻伤二级

a）颈前部单个创口或者瘢痕长度 5.0cm 以上；多个创口或者瘢痕长度累计 8.0cm 以上。

b）颈前部瘢痕，单块面积 4.0cm^2 以上，或者两块以上面积累计 6.0cm^2 以上。

c）甲状腺挫裂伤。

d）咽喉软骨骨折。

e）喉或者气管损伤。

f）舌骨骨折。

g）膈神经损伤。

h）颈部损伤出现窒息征象。

5.5.5 轻微伤

a）颈部创口或者瘢痕长度 1.0cm 以上。

b）颈部擦伤面积 4.0cm^2 以上。

c）颈部挫伤面积 2.0cm^2 以上。

d）颈部划伤长度 5.0cm 以上。

5.6 胸部损伤

5.6.1 重伤一级

a）心脏损伤，遗留心功能不全（心功能 IV 级）。

b）肺损伤致一侧全肺切除或者双肺三肺叶切除。

5.6.2 重伤二级

a）心脏损伤，遗留心功能不全（心功能Ⅲ级）。

b）心脏破裂；心包破裂。

c）女性双侧乳房损伤，完全丧失哺乳功能；女性一侧乳房大部分缺失。

d）纵隔血肿或者气肿，须手术治疗。

e）气管或者支气管破裂，须手术治疗。

f）肺破裂，须手术治疗。

g）血胸、气胸或者血气胸，伴一侧肺萎陷 70% 以上，或者双侧肺萎陷均在 50% 以上。

h）食管穿孔或者全层破裂，须手术治疗。

i）脓胸或者肺脓肿；乳糜胸；支气管胸膜瘘；食管胸膜瘘；食管支气管瘘。

j）胸腔大血管破裂。

k）膈肌破裂。

5.6.3 轻伤一级

a）心脏挫伤致心包积血。

b）女性一侧乳房损伤，丧失哺乳功能。

c）肋骨骨折 6 处以上。

d）纵隔血肿；纵隔气肿。

e）血胸、气胸或者血气胸，伴一侧肺萎陷 30% 以上，或者双侧肺萎陷均在 20% 以上。

f）食管挫裂伤。

5.6.4 轻伤二级

a）女性一侧乳房部分缺失或者乳腺导管损伤。

b）肋骨骨折 2 处以上。

c）胸骨骨折；锁骨骨折；肩胛骨骨折。

d）胸锁关节脱位；肩锁关节脱位。

e）胸部损伤，致皮下气肿 1 周不能自行吸收。

f）胸腔积血；胸腔积气。

g）胸壁穿透创。

h）胸部挤压出现窒息征象。

5.6.5 轻微伤

a）肋骨骨折；肋软骨骨折。

b）女性乳房擦挫伤。

5.7 腹部损伤

5.7.1 重伤一级

a）肝功能损害（重度）。

b）胃肠道损伤致消化吸收功能严重障碍，依赖肠外营养。

c）肾功能不全（尿毒症期）。

5.7.2 重伤二级

a）腹腔大血管破裂。

b）胃、肠、胆囊或者胆道全层破裂，须手术治疗。

c）肝、脾、胰或者肾破裂，须手术治疗。

d）输尿管损伤致尿外渗，须手术治疗。

e）腹部损伤致肠瘘或者尿瘘。

f）腹部损伤引起弥漫性腹膜炎或者感染性休克。

g）肾周血肿或者肾包膜下血肿，须手术治疗。

h）肾功能不全（失代偿期）。

i）肾损伤致肾性高血压。

j）外伤性肾积水；外伤性肾动脉瘤；外伤性肾动静脉瘘。

k）腹腔积血或者腹膜后血肿，须手术治疗。

5.7.3 轻伤一级

a）胃、肠、胆囊或者胆道非全层破裂。

b）肝包膜破裂；肝脏实质内血肿直径 2.0cm 以上。

c）脾包膜破裂；脾实质内血肿直径 2.0cm 以上。

d）胰腺包膜破裂。

e）肾功能不全（代偿期）。

5.7.4 轻伤二级

a）胃、肠、胆囊或者胆道挫伤。

b）肝包膜下或者实质内出血。

c）脾包膜下或者实质内出血。

d）胰腺挫伤。

e）肾包膜下或者实质内出血。

f）肝功能损害（轻度）。

g）急性肾功能障碍（可恢复）。

h）腹腔积血或者腹膜后血肿。

i）腹壁穿透创。

5.7.5 轻微伤

a）外伤性血尿。

5.8 盆部及会阴损伤

5.8.1 重伤一级

a）阴茎及睾丸全部缺失。

b）子宫及卵巢全部缺失。

5.8.2 重伤二级

a）骨盆骨折畸形愈合，致双下肢相对长度相差 5.0cm 以上。

b）骨盆不稳定性骨折，须手术治疗。

c）直肠破裂，须手术治疗。

d）肛管损伤致大便失禁或者肛管重度狭窄，须手术治疗。

e）膀胱破裂，须手术治疗。

f）后尿道破裂，须手术治疗。

g）尿道损伤致重度狭窄。

h）损伤致早产或者死胎；损伤致胎盘早期剥离或者流产，合并轻度休克。

i）子宫破裂，须手术治疗。

j）卵巢或者输卵管破裂，须手术治疗。

k）阴道重度狭窄。

l）幼女阴道Ⅱ度撕裂伤。

m）女性会阴或者阴道Ⅲ度撕裂伤。

n）龟头缺失达冠状沟。

o）阴囊皮肤撕脱伤面积占阴囊皮肤面积50%以上。

p）双侧睾丸损伤，丧失生育能力。

q）双侧附睾或者输精管损伤，丧失生育能力。

r）直肠阴道瘘；膀胱阴道瘘；直肠膀胱瘘。

s）重度排尿障碍。

5.8.3 轻伤一级

a）骨盆2处以上骨折；骨盆骨折畸形愈合；髋臼骨折。

b）前尿道破裂，须手术治疗。

c）输尿管狭窄。

d）一侧卵巢缺失或者萎缩。

e）阴道轻度狭窄。

f）龟头缺失1/2以上。

g）阴囊皮肤撕脱伤面积占阴囊皮肤面积30%以上。

h）一侧睾丸或者附睾缺失；一侧睾丸或者附睾萎缩。

5.8.4 轻伤二级

a）骨盆骨折。

b）直肠或者肛管挫裂伤。

c）一侧输尿管挫裂伤；膀胱挫裂伤；尿道挫裂伤。

d）子宫挫裂伤；一侧卵巢或者输卵管挫裂伤。

e）阴道撕裂伤。

f）女性外阴皮肤创口或者瘢痕长度累计 4.0cm 以上。

g）龟头部分缺损。

h）阴茎撕脱伤；阴茎皮肤创口或者瘢痕长度 2.0cm 以上；阴茎海绵体出血并形成硬结。

i）阴囊壁贯通创；阴囊皮肤创口或者瘢痕长度累计 4.0cm 以上；阴囊内积血，2 周内未完全吸收。

j）一侧睾丸破裂、血肿、脱位或者扭转。

k）一侧输精管破裂。

l）轻度肛门失禁或者轻度肛门狭窄。

m）轻度排尿障碍。

n）外伤性难免流产；外伤性胎盘早剥。

5.8.5 轻微伤

a）会阴部软组织挫伤。

b）会阴创；阴囊创；阴茎创。

c）阴囊皮肤挫伤。

d）睾丸或者阴茎挫伤。

e）外伤性先兆流产。

5.9 脊柱四肢损伤

5.9.1 重伤一级

a）二肢以上离断或者缺失（上肢腕关节以上、下肢踝关节以上）。

b）二肢六大关节功能完全丧失。

5.9.2 重伤二级

a）四肢任一大关节强直畸形或者功能丧失 50% 以上。

b）臂丛神经干性或者束性损伤，遗留肌瘫（肌力 3 级以下）。

c）正中神经肘部以上损伤，遗留肌瘫（肌力 3 级以下）。

d）桡神经肘部以上损伤，遗留肌瘫（肌力 3 级以下）。

e）尺神经肘部以上损伤，遗留肌瘫（肌力 3 级以下）。

f）骶丛神经或者坐骨神经损伤，遗留肌瘫（肌力 3 级以下）。

g）股骨干骨折缩短 5.0cm 以上、成角畸形 30° 以上或者严重旋转畸形。

h）胫腓骨骨折缩短 5.0cm 以上、成角畸形 30° 以上或者严重旋转畸形。

i）膝关节挛缩畸形屈曲 30° 以上。

j）一侧膝关节交叉韧带完全断裂遗留旋转不稳。

k）股骨颈骨折或者髋关节脱位，致股骨头坏死。

l）四肢长骨骨折不愈合或者假关节形成；四肢长骨骨折并发慢性骨髓炎。

m）一足离断或者缺失 50% 以上；足跟离断或者缺失 50% 以上。

n）一足的第一趾和其余任何二趾离断或者缺失；一足除第一趾外，离断或者缺失 4 趾。

o）两足 5 个以上足趾离断或者缺失。

p）一足第一趾及其相连的跖骨离断或者缺失。

q）一足除第一趾外，任何三趾及其相连的跖骨离断或者缺失。

5.9.3 轻伤一级

a）四肢任一大关节功能丧失 25% 以上。

b）一节椎体压缩骨折超过 1/3 以上；二节以上椎体骨折；三处以上横突、棘突或者椎弓骨折。

c）膝关节韧带断裂伴半月板破裂。

d）四肢长骨骨折畸形愈合。

e）四肢长骨粉碎性骨折或者两处以上骨折。

f）四肢长骨骨折累及关节面。

g）股骨颈骨折未见股骨头坏死，已行假体置换。

h）髌板断裂。

i）一足离断或者缺失 10% 以上；足跟离断或者缺失 20% 以上。

j）一足的第一趾离断或者缺失；一足除第一趾外的任何二趾离断或者缺失。

k）三个以上足趾离断或者缺失。

l）除第一趾外任何一趾及其相连的跖骨离断或者缺失。

m）肢体皮肤创口或者瘢痕长度累计 45.0cm 以上。

5.9.4 轻伤二级

a）四肢任一大关节功能丧失 10% 以上。

b）四肢重要神经损伤。

c）四肢重要血管破裂。

d）椎骨骨折或者脊椎脱位（尾椎脱位不影响功能的除外）；外伤性椎间盘突出。

e）肢体大关节韧带断裂；半月板破裂。

f）四肢长骨骨折；髌骨骨折。

g）骨骺分离。

h）损伤致肢体大关节脱位。

i）第一趾缺失超过趾间关节；除第一趾外，任何二趾缺失超过趾间关节；一趾缺失。

j）两节趾骨骨折；一节趾骨骨折合并一跖骨骨折。

k）两跖骨骨折或者一跖骨完全骨折；距骨、跟骨、骰骨、楔骨或者足舟骨骨折；跖跗关节脱位。

l）肢体皮肤一处创口或者瘢痕长度 10.0cm 以上；两处以上创口或者瘢痕长度累计 15.0cm 以上。

5.9.5 轻微伤

a）肢体一处创口或者瘢痕长度 1.0cm 以上；两处以上创口或者瘢痕长度累计 1.5cm 以上；刺创深达肌层。

b）肢体关节、肌腱或者韧带损伤。

c）骨挫伤。

d）足骨骨折。

e）外伤致趾甲脱落，甲床暴露；甲床出血。

f）尾椎脱位。

5.10 手损伤

5.10.1 重伤一级

a）双手离断、缺失或者功能完全丧失。

5.10.2 重伤二级

a）手功能丧失累计达一手功能 36%。

b）一手拇指挛缩畸形不能对指和握物。

c）一手除拇指外，其余任何三指挛缩畸形，不能对指和握物。

d）一手拇指离断或者缺失超过指间关节。

e）一手示指和中指全部离断或者缺失。

f）一手除拇指外的任何三指离断或者缺失均超过近侧指间关节。

5.10.3 轻伤一级

a）手功能丧失累计达一手功能 16%。

b）一手拇指离断或者缺失未超过指间关节。

c）一手除拇指外的示指和中指离断或者缺失均超过远侧指间关节。

d）一手除拇指外的环指和小指离断或者缺失均超过近侧指间关节。

5.10.4 轻伤二级

a）手功能丧失累计达一手功能 4%。

b）除拇指外的一个指节离断或者缺失。

c）两节指骨线性骨折或者一节指骨粉碎性骨折（不含第 2 至 5 指末节）。

d）舟骨骨折、月骨脱位或者掌骨完全性骨折。

5.10.5 轻微伤

a）手擦伤面积 10.0cm^2 以上或者挫伤面积 6.0cm^2 以上。

b）手一处创口或者瘢痕长度 1.0cm 以上；两处以上创口或者瘢痕长度累计 1.5cm 以上；刺伤深达肌层。

c）手关节或者肌腱损伤。

d）腕骨、掌骨或者指骨骨折。

e）外伤致指甲脱落，甲床暴露；甲床出血。

5.11 体表损伤

5.11.1 重伤二级

a）挫伤面积累计达体表面积 30%。

b）创口或者瘢痕长度累计 200.0cm 以上。

5.11.2 轻伤一级

a）挫伤面积累计达体表面积 10%。

b）创口或者瘢痕长度累计 40.0cm 以上。

c）撕脱伤面积 100.0cm^2 以上。

d）皮肤缺损 30.0cm^2 以上。

5.11.3 轻伤二级

a）挫伤面积达体表面积 6%。

b）单个创口或者瘢痕长度 10.0cm 以上；多个创口或者瘢痕长度累计 15.0cm 以上。

c）撕脱伤面积 50.0cm^2 以上。

d）皮肤缺损 6.0cm^2 以上。

5.11.4 轻微伤

a）擦伤面积 20.0cm^2 以上或者挫伤面积 15.0cm^2 以上。

b）一处创口或者瘢痕长度 1.0cm 以上；两处以上创口或者瘢痕长度累计 1.5cm 以上；刺创深达肌层。

c）咬伤致皮肤破损。

5.12 其他损伤

5.12.1 重伤一级

a）深Ⅱ°以上烧烫伤面积达体表面积 70％或者Ⅲ°面积达 30％。

5.12.2 重伤二级

a）Ⅱ°以上烧烫伤面积达体表面积 30％或者Ⅲ°面积达 10％；面积低于上述程度但合并吸入有毒气体中毒或者严重呼吸道烧烫伤。

b）枪弹创，创道长度累计 180.0cm。

c）各种损伤引起脑水肿（脑肿胀），脑疝形成。

d）各种损伤引起休克（中度）。

e）挤压综合征（Ⅱ级）。

f）损伤引起脂肪栓塞综合征（完全型）。

g）各种损伤致急性呼吸窘迫综合征（重度）。

h）电击伤（Ⅱ°）。

i）溺水（中度）。

j）脑内异物存留；心脏异物存留。

k）器质性阴茎勃起障碍（重度）。

5.12.3 轻伤一级

a）Ⅱ°以上烧烫伤面积达体表面积 20％或者Ⅲ°面积达 5％。

b）损伤引起脂肪栓塞综合征（不完全型）。

c）器质性阴茎勃起障碍（中度）。

5.12.4 轻伤二级

a）Ⅱ°以上烧烫伤面积达体表面积 5％或者Ⅲ°面积达 0.5％。

b）呼吸道烧伤。

c）挤压综合征（Ⅰ级）。

d）电击伤（Ⅰ°）。

e）溺水（轻度）。

f）各种损伤引起休克（轻度）。

g）呼吸功能障碍，出现窒息征象。

h）面部异物存留；眶内异物存留；鼻窦异物存留。

i）胸腔内异物存留；腹腔内异物存留；盆腔内异物存留。

j）深部组织内异物存留。

k）骨折内固定物损坏需要手术更换或者修复。

l）各种置入式假体装置损坏需要手术更换或者修复。

m）器质性阴茎勃起障碍（轻度）。

5.12.5 轻微伤

a）身体各部位骨皮质的砍（刺）痕；轻微撕脱性骨折，无功能障碍。

b）面部 I°烧烫伤面积 10.0cm² 以上；浅 II°烧烫伤。

c）颈部 I°烧烫伤面积 15.0cm² 以上；浅 II°烧烫伤面积 2.0cm² 以上。

d）体表 I°烧烫伤面积 20.0cm² 以上；浅 II°烧烫伤面积 4.0cm² 以上；深 II°烧烫伤。

6 附则

6.1 伤后因其他原因死亡的个体，其生前损伤比照本标准相关条款综合鉴定。

6.2 未列入本标准中的物理性、化学性和生物性等致伤因素造成的人体损伤，比照本标准中的相应条款综合鉴定。

6.3 本标准所称的损伤是指各种致伤因素所引起的人体组织器官结构破坏或者功能障碍。反应性精神病、癔症等，均为内源性疾病，不宜鉴定损伤程度。

6.4 本标准未作具体规定的损伤，可以遵循损伤程度等级划分原则，比照本标准相近条款进行损伤程度鉴定。

6.5 盲管创、贯通创，其创道长度可视为皮肤创口长度，并参照皮肤创口长度相应条款鉴定损伤程度。

6.6 牙折包括冠折、根折和根冠折，冠折须暴露髓腔。

6.7 骨皮质的砍（刺）痕或者轻微撕脱性骨折（无功能障碍）的，不构成本标准所指的轻伤。

6.8 本标准所称大血管是指胸主动脉、主动脉弓分支、肺动脉、肺静脉、上腔静脉和下腔静脉，腹主动脉、髂总动脉、髂外动脉、髂外静脉。

6.9 本标准四肢大关节是指肩、肘、腕、髋、膝、踝等六大关节。

6.10 本标准四肢重要神经是指臂丛及其分支神经（包括正中神经、尺神经、桡神经和肌皮神经等）和腰骶丛及其分支神经（包括坐骨神经、腓总神经、腓浅神经和胫神经等）。

6.11 本标准四肢重要血管是指与四肢重要神经伴行的同名动、静脉。

6.12 本标准幼女或者儿童是指年龄不满 14 周岁的个体。

6.13 本标准所称的假体是指植入体内替代组织器官功能的装置，如：颅骨修补材料、人工晶体、义眼座、固定义齿（种植牙）、阴茎假体、人工关节、起搏器、支架等，但可摘式义眼、义齿等除外。

6.14 移植器官损伤参照相应条款综合鉴定。

6.15 本标准所称组织器官包括再植或者再造成活的。

6.16 组织器官缺失是指损伤当时完全离体或者仅有少量皮肤和皮下组织相连，或者因损伤经手术切除的。器官离断（包括牙齿脱落），经再植、再造手术成功的，按损伤当时情形鉴定损伤程度。

6.17 对于两个部位以上同类损伤可以累加，比照相关部位数值规定高的条款进行评定。

6.18 本标准所涉及的体表损伤数值，0~6 岁按 50％计算，7~10 岁按 60％计算，11~14 岁按 80％计算。

6.19 本标准中出现的数字均含本数。

附录 A
（规范性附录）
损伤程度等级划分原则

A.1 重伤一级

各种致伤因素所致的原发性损伤或者由原发性损伤引起的并发症，严重危及生命；遗留肢体严重残废或者重度容貌毁损；严重丧失听觉、视觉或者其他重要器官功能。

A.2 重伤二级

各种致伤因素所致的原发性损伤或者由原发性损伤引起的并发症，危及生命；遗留肢体残废或者轻度容貌毁损；丧失听觉、视觉或者其他重要器官功能。

A.3 轻伤一级

各种致伤因素所致的原发性损伤或者由原发性损伤引起的并发症，未危及生命；遗留组织器官结构、功能中度损害或者明显影响容貌。

A.4 轻伤二级

各种致伤因素所致的原发性损伤或者由原发性损伤引起的并发症，未危及生命；遗留组织器官结构、功能轻度损害或者影响容貌。

A.5 轻微伤

各种致伤因素所致的原发性损伤，造成组织器官结构轻微损害或者轻微功能障碍。

A.6 等级限度

重伤二级是重伤的下限，与重伤一级相衔接，重伤一级的上限是致人死亡；轻伤二级是轻伤的下限，与轻伤一级相衔接，轻伤一级的上限与重伤二级相衔接；轻微伤的上限与轻伤二级相衔接，未达轻微伤标准的，不鉴定为轻微伤。

附录 B

（规范性附录）

功能损害判定基准和使用说明

B.1 颅脑损伤

B.1.1 智能（IQ）减退

极重度智能减退：IQ 低于 25；语言功能丧失；生活完全不能自理。

重度智能减退：IQ25~39 之间；语言功能严重受损，不能进行有效的语言交流；生活大部分不能自理。

中度智能减退：IQ40~54 之间；能掌握日常生活用语，但词汇贫乏，对周围环境辨别能力差，只能以简单的方式与人交往；生活部分不能自理，能做简单劳动。

轻度智能减退：IQ55~69 之间；无明显语言障碍，对周围环境有较好的辨别能力，能比较恰当的与人交往；生活能自理，能做一般非技术性工作。

边缘智能状态：IQ70~84 之间；抽象思维能力或者思维广度、深度机敏性显示不良；不能完成高级复杂的脑力劳动。

B.1.2 器质性精神障碍

有明确的颅脑损伤伴不同程度的意识障碍病史，并且精神障碍发生和病程与颅脑损伤相关。症状表现为：意识障碍；遗忘综合征；痴呆；器质性人格改变；精神病性症状；神经症样症状；现实检验能力或者社会功能减退。

B.1.3 生活自理能力

生活自理能力主要包括以下五项：

（1）进食。

（2）翻身。

（3）大、小便。

（4）穿衣、洗漱。

（5）自主行动。

生活完全不能自理：是指上述五项均需依赖护理者。

生活大部分不能自理：是指上述五项中三项以上需依赖护理者。

生活部分不能自理：是指上述五项中一项以上需依赖护理者。

B.1.4 肌瘫（肌力）

0 级：肌肉完全瘫痪，毫无收缩。

1 级：可看到或者触及肌肉轻微收缩，但不能产生动作。

2 级：肌肉在不受重力影响下，可进行运动，即肢体能在床面上移动，但不能抬高。

3 级：在和地心引力相反的方向中尚能完成其动作，但不能对抗外加的阻力。

4 级：能对抗一定的阻力，但较正常人为低。

5 级：正常肌力。

B.1.5 非肢体瘫的运动障碍

非肢体瘫的运动障碍包括肌张力增高，共济失调，不自主运动或者震颤等。根据其对生活自理影响的程度划分为轻、中、重三度。

重度：不能自行进食，大小便，洗漱，翻身和穿衣，需要他人护理。

中度：上述动作困难，但在他人帮助下可以完成。

轻度：完成上述动作虽有一些困难，但基本可以自理。

B.1.6 外伤性迟发性癫痫应具备的条件

（1）确证的头部外伤史。

（2）头部外伤 90 日后仍被证实有癫痫的临床表现。

（3）脑电图检查（包括常规清醒脑电图检查、睡眠脑电图检查或者较长时间连续同步录像脑电图检查等）显示异常脑电图。

（4）影像学检查确证颅脑器质性损伤。

B. 1.7 肛门失禁

重度：大便不能控制；肛门括约肌收缩力很弱或者丧失；肛门括约肌收缩反射很弱或者消失；直肠内压测定，肛门注水法 < 20cmH₂O。

轻度：稀便不能控制；肛门括约肌收缩力较弱；肛门括约肌收缩反射较弱；直肠内压测定，肛门注水法 20~30cmH₂O。

B. 1.8 排尿障碍

重度：出现真性重度尿失禁或者尿潴留残余尿 ≥ 50mL。

轻度：出现真性轻度尿失禁或者尿潴留残余尿 < 50mL。

B.2 头面部损伤

B.2.1 眼睑外翻

重度外翻：睑结膜严重外翻，穹隆部消失。

中度外翻：睑结膜和睑板结膜外翻。

轻度外翻：睑结膜与眼球分离，泪点脱离泪阜。

B.2.2 容貌毁损

重度：面部瘢痕畸形，并有以下六项中四项者。（1）眉毛缺失；（2）双睑外翻或者缺失；（3）外耳缺失；（4）鼻缺失；（5）上、下唇外翻或者小口畸形；（6）颈颏粘连。

中度：具有以下六项中三项者。（1）眉毛部分缺失；（2）眼睑外翻或者部分缺失；（3）耳廓部分缺失；（4）鼻翼部分缺失；（5）唇外翻或者小口畸形；（6）颈部瘢痕畸形。

轻度：含中度畸形六项中二项者。

B.2.3 面部及中心区

面部的范围是指前额发际下，两耳屏前与下颌下缘之间的区域，包括额部、眶部、鼻部、口唇部、颏部、颧部、颊部、腮腺咬肌部。

面部中心区：以眉弓水平线为上横线，以下唇唇红缘中点处作水平线为下横线，以双侧外眦处作两条垂直线，上述四条线围绕的中央部分为中心区。

B.2.4 面瘫（面神经麻痹）

本标准涉及的面瘫主要是指外周性（核下性）面神经损伤所致。

完全性面瘫：是指面神经 5 个分支（颞支、颧支、颊支、下颌缘支和颈支）支配的全部颜面肌肉瘫痪，表现为：额纹消失，不能皱眉；眼睑不能充分闭合，鼻唇沟变浅；口角下垂，不能示齿，鼓腮，吹口哨，饮食时汤水流逸。

不完全性面瘫：是指面神经颧支、下颌支或者颞支和颊支损伤出现部分上述症状和体征。

B.2.5 张口困难分级

张口困难Ⅰ度：大张口时，只能垂直置入示指和中指。

张口困难Ⅱ度：大张口时，只能垂直置入示指。

张口困难Ⅲ度：大张口时，上、下切牙间距小于示指之横径。

B.3 听器听力损伤

听力损失计算应按照世界卫生组织推荐的听力减退分级的频率范围，取 0.5、1、2、4kHz 四个频率气导听阈级的平均值。如所得均值不是整数，则小数点后之尾数采用 4 舍 5 入法进为整数。

纯音听阈级测试时，如某一频率纯音气导最大声输出仍无反应时，以最大声输出值作为该频率听阈级。

听觉诱发电位测试时，若最大输出声强仍引不出反应波形的，以最大输出声强为反应阈值。在听阈评估时，听力学单位一律使用听力级（dB HL）。一般情况下，受试者听觉诱发电位反应阈要比其行为听阈高 10~20 dB（该差值又称"校正值"），即受试者的行为听阈等于其听觉诱发电位反应阈减去"校正值"。听觉诱发电位检测实验室应建立自己的"校正值"，如果没有自己的"校正值"，则取平均值（15 dB）作为"较正值"。

纯音气导听阈级应考虑年龄因素，按照《纯音气导阈的年龄修正值》（GB 7582—87）听阈级偏差的中值（50%）进行修正，其中 4000Hz 的修正值参考 2000Hz 的数值。

表 B.1　纯音气导阈值的年龄修正值（GB 7582—87）

年龄	男			女		
	500Hz	1000Hz	2000Hz	500Hz	1000Hz	2000Hz
30	1	1	1	1	1	1
40	2	2	3	2	2	3
50	4	4	7	4	4	6
60	6	7	12	6	7	11
70	10	11	19	10	11	16

B.4 视觉器官损伤

B.4.1 盲及视力损害分级

表 B.2　盲及视力损害分级标准（2003 年，WHO）

分类	远视力低于	远视力等于或优于
轻度或无视力损害		0.3
中度视力损害（视力损害 1 级）	0.3	0.1
重度视力损害（视力损害 2 级）	0.1	0.05
盲（盲目 3 级）	0.05	0.02
盲（盲目 4 级）	0.02	光感
盲（盲目 5 级）	无光感	

B.4.2 视野缺损

视野有效值计算公式：

$$实测视野有效值（\%）=\frac{8\ 条子午线实测视野值}{500}$$

表 B.3　视野有效值与视野半径的换算

视野有效值（%）	视野度数（半径）
8	5°
16	10°
24	15°
32	20°
40	25°
48	30°

视野有效值（%）	视野度数（半径）
56	35°
64	40°
72	45°
80	50°
88	55°
96	60°

B.5 颈部损伤

B.5.1 甲状腺功能低下

重度：临床症状严重；T3、T4 或者 FT3、FT4 低于正常值，TSH > 50μU/L。

中度：临床症状较重；T3、T4 或者 FT3、FT4 正常，TSH > 50μU/L。

轻度：临床症状较轻；T3、T4 或者 FT3、FT4 正常，TSH，轻度增高但 < 50μU/L。

B.5.2 甲状旁腺功能低下（以下分级需结合临床症状分析）

重度：空腹血钙 < 6mg/dL。

中度：空腹血钙 6~7mg/dL。

轻度：空腹血钙 7.1~8mg/dL。

B.5.3 发声功能障碍

重度：声哑、不能出声。

轻度：发音过弱、声嘶、低调、粗糙、带鼻音。

B.5.4 构音障碍

严重构音障碍：表现为发音不分明，语不成句，难以听懂，甚至完全不能说话。

轻度构音障碍：表现为发音不准，吐字不清，语调速度、节律等异常，鼻音过重。

B.6 胸部损伤

B.6.1 心功能分级

Ⅰ级：体力活动不受限，日常活动不引起过度的乏力、呼吸困难或者心悸。即心功能代偿期。

Ⅱ级：体力活动轻度受限，休息时无症状，日常活动即可引起乏力、心悸、呼吸困难或者心绞痛。亦称Ⅰ度或者轻度心衰。

Ⅲ级：体力活动明显受限，休息时无症状，轻于日常的活动即可引起上述症状。亦称Ⅱ度或者中度心衰。

Ⅳ级：不能从事任何体力活动，休息时亦有充血性心衰或心绞痛症状，任何体力活动后加重。亦称Ⅲ度或者重度心衰。

B.6.2 呼吸困难

1级：与同年龄健康者在平地一同步行无气短，但登山或者上楼时呈气短。

2级：平路步行 1000m 无气短，但不能与同龄健康者保持同样速度，平路快步行走呈现气短，登山或者上楼时气短明显。

3级：平路步行 100m 即有气短。

4级：稍活动（如穿衣、谈话）即气短。

B.6.3 窒息征象

临床表现为面、颈、上胸部皮肤出现针尖大小的出血点，以面部与眼眶部为明显；球睑结膜下出现出血斑点。

B.7 腹部损伤

B.7.1 肝功能损害

表 B.4　肝功能损害分度

程度	血清清蛋白	血清总胆红素	腹水	脑症	凝血酶原时间
重度	< 2.5g/dL	> 3.0mg/dL	顽固性	明显	明显延长（较对照组 > 9 秒）
中度	2.5~3.0g/dL	2.0~3.0mg/dL	无或者少量，治疗后消失	无或者轻度	延长（较对照组 > 6 秒）
轻度	3.1~3.5g/dL	1.5~2.0mg/dL	无	无	稍延长（较对照组 > 3 秒）

B.7.2 肾功能不全

表 B.5　肾功能不全分期

分期	内生肌酐清除率	血尿素氮浓度	血肌酐浓度	临床症状
代偿期	降至正常的 50% 50~70mL/min	正常	正常	通常无明显临床症状
失代偿期	25~49 mL/min		$> 177 \mu mol/L$（2mg/dL）但 $< 450 \mu mol/L$（5mg/dL）	无明显临床症状，可有轻度贫血；夜尿、多尿
尿毒症期	< 25 mL/min	$> 21.4mmol/L$（60mg/dL）	$450~707 \mu mol/L$（5~8mg/dL）	常伴有酸中毒和严重尿毒症临床症状

B.7.3 会阴及阴道撕裂

Ⅰ度：会阴部粘膜、阴唇系带、前庭粘膜、阴道粘膜等处有撕裂，但未累及肌层及筋膜。

Ⅱ度：撕裂伤累及盆底肌肉筋膜，但未累及肛门括约肌。

Ⅲ度：肛门括约肌全部或者部分撕裂，甚至直肠前壁亦被撕裂。

B.8 其他损伤

B.8.1 烧烫伤分度

表 B.6　烧伤深度分度

程度		损伤组织	烧伤部位特点	愈后情况
Ⅰ度		表皮	皮肤红肿，有热、痛感，无水疱，干燥，局部温度稍有增高	不留瘢痕
Ⅱ度	浅Ⅱ度	真皮浅层	剧痛，表皮有大而薄的水疱，疱底有组织充血和明显水肿；组织坏死仅限于皮肤的真皮层，局部温度明显增高	不留瘢痕
	深Ⅱ度	真皮深层	痛，损伤已达真皮深层，水疱较小，表皮和真皮层大部分凝固和坏死。将已分离的表皮揭去，可见基底微湿，色泽苍白上有红出血点，局部温度较低	可留下瘢痕
Ⅲ度		全层皮肤或者皮下组织、肌肉、骨骼	不痛，皮肤全层坏死，干燥如皮革样，不起水疱，蜡白或者焦黄，炭化，知觉丧失，脂肪层的大静脉全部坏死，局部温度低，发凉	需自体皮肤移植，有瘢痕或者畸形

B.8.2 电击伤

Ⅰ度：全身症状轻微，只有轻度心悸。触电肢体麻木，全身无力，如极短时间内脱离电源，稍休息可恢复正常。

Ⅱ度：触电肢体麻木，面色苍白，心跳、呼吸增快，甚至昏厥、意识丧失，但瞳孔不散大。对光反射存在。

Ⅲ度：呼吸浅而弱、不规则，甚至呼吸骤停。心律不齐，有室颤或者心搏骤停。

B.8.3 溺水

重度：落水后 3~4 分钟，神志昏迷，呼吸不规则，上腹部膨胀，心音减弱或者心跳、呼吸停止。淹溺到死亡的时间一般为 5~6 分钟。

中度：落水后 1~2 分钟，神志模糊，呼吸不规则或者表浅，血压下降，心跳减慢，反射减弱。

轻度：刚落水片刻，神志清，血压升高，心率、呼吸增快。

B.8.4 挤压综合征

系人体肌肉丰富的四肢与躯干部位因长时间受压（例如暴力挤压）或者其他原因造成局部循环障碍，结果引起肌肉缺血性坏死，出现肢体明显肿胀、肌红蛋白尿及高血钾等为特征的急性肾功能衰竭。

Ⅰ级：肌红蛋白尿试验阳性，肌酸磷酸激酶（CPK）增高，而无肾衰等周身反应者。

Ⅱ级：肌红蛋白尿试验阳性，肌酸磷酸激酶（CPK）明显升高，血肌酐和尿素氮增高，少尿，有明显血浆渗入组织间隙，致有效血容量丢失，出现低血压者。

Ⅲ级：肌红蛋白尿试验阳性，肌酸磷酸激酶（CPK）显著升高，少尿或者尿闭，休克，代谢性酸中毒以及高血钾者。

B.8.5 急性呼吸窘迫综合征

急性呼吸窘迫综合征（ARDS）须具备以下条件：

（1）有发病的高危因素。

（2）急性起病，呼吸频率数和／或呼吸窘迫。

（3）低氧血症，PaO2/FiO2 ≤ 200mmHg。

（4）胸部 X 线检查两肺浸润影。

（5）肺毛细血管楔压（PCWP）≤ 18mmHg，或者临床上除外心源性肺水肿。

凡符合以上 5 项可诊断为 ARDS。

表 B.7　急性呼吸窘迫综合征分度

程度	临床分级			血气分析分级	
	呼吸频率	临床表现	X 线示	吸空气	吸纯氧 15 分钟后
轻度	＞ 35 次／分	无发绀	无异常或者纹理增多，边缘模糊	氧分压＜ 8.0kPa 二氧化碳分压＜ 4.7kPa	氧分压＜ 46.7kPa Qs/Qt ＞ 10%
中度	＞ 40 次／分	发绀，肺部有异常体征	斑片状阴影或者呈磨玻璃样改变，可见支气管气相	氧分压＜ 6.7kPa 二氧化碳分压＜ 5.3kPa	氧分压＜ 20.0kPa Qs/Qt ＞ 20%
重度	呼吸极度窘迫	发绀进行性加重，肺广泛湿罗音或者实变	双肺大部分密度普遍增高，支气管气相明显	氧分压＜ 5.3kPa（40mmHg）二氧化碳分压＞ 6.0kPa	氧分压＜ 13.3kPa Qs/Qt ＞ 30%

B.8.6 脂肪栓塞综合征

不完全型（或者称部分症候群型）：伤者骨折后出现胸部疼痛，咳呛震痛，胸闷气急，痰中带血，神疲身软，面色无华，皮肤出现瘀血点，上肢无力伸举，脉多细涩。实验室检查有明显低氧血症，预后一般良好。

完全型（或者称典型症候群型）：伤者创伤骨折后出现神志恍惚，严重呼吸困难，口唇紫绀，胸闷欲绝，脉细涩。本型初起表现为呼吸和心动过速、高热等非特异症状。此后出现呼吸窘迫、神志不清以至昏迷等神经系统症状，在眼结膜及肩、胸皮下可见散在瘀血点，实验室检查可见血色素降低，血小板减少，血沉增快以及出现低氧血症。肺部 X 线检查可见多变的进行性的肺部斑片状阴影改变和右心扩大。

B.8.7 休克分度

表 B.8　休克分度

程度	血压（收缩压）kPa	脉搏（次 / 分）	全身状况
轻度	12~13.3（90~100mmHg）	90~100	尚好
中度	10~12（75~90mmHg）	110~130	抑制、苍白、皮肤冷
重度	＜10（＜75mmHg）	120~160	明显抑制
垂危	0		呼吸障碍、意识模糊

B.8.8 器质性阴茎勃起障碍

重度：阴茎无勃起反应，阴茎硬度及周径均无改变。

中度：阴茎勃起时最大硬度＞0，＜40%，每次勃起持续时间＜10分钟。

轻度：阴茎勃起时最大硬度≥40%，＜60%，每次勃起持续时间＜10分钟。

附录 C

（资料性附录）

人体损伤程度鉴定常用技术

C.1 视力障碍检查

视力记录可采用小数记录或者 5 分记录两种方式。视力（指远距视力）经用镜片（包括接触镜，针孔镜等），纠正达到正常视力范围（0.8以上）或者接近正常视力范围（0.4—0.8）的都不属视力障碍范围。

中心视力好而视野缩小，以注视点为中心，视野半径小于 10 度而大于 5 度者为盲目 3 级，如半径小于 5 度者为盲目 4 级。

周边视野检查：视野缩小系指因损伤致眼球注视前方而不转动所能看到的空间范围缩窄，以致难以从事正常工作、学习或者其它活动。

对视野检查要求，视标颜色：白色，视标大小：5mm，检查距离330mm，视野背景亮度：31.5asb。

周边视野缩小，鉴定以实测得八条子午线视野值的总和计算平均值，即有效视野值。

视力障碍检查具体方法参考《视觉功能障碍法医鉴定指南》（SF/Z JD 0103004）。

C.2 听力障碍检查

听力障碍检查应符合《听力障碍的法医学评定》（GA/T 914）。

C.3 前庭平衡功能检查

本标准所指的前庭平衡功能丧失及前庭平衡功能减退，是指外力作用颅脑或者耳部，造成前庭系统的损伤。伤后出现前庭平衡功能障碍的临床表现，自发性前庭体征检查法和诱发性前庭功能检查法等有阳性发现（如眼震电图 / 眼震视图、静、动态平衡仪、前庭诱发电位等检查），结合听力检查和神经系统检查，以及影像学检查综合判定，确定前庭平衡功能是丧失，或者减退。

C.4 阴茎勃起功能检测

阴茎勃起功能检测应满足阴茎勃起障碍法医学鉴定的基本要求，具体方法参考《男子性功能障碍法医学鉴定规范》（SF/Z JD 0103002）。

C.5 体表面积计算

九分估算法：成人体表面积视为 100%，将总体表面积划分为 11 个 9% 等面积区域，即头（面）颈部占一个 9%，双上肢占二个 9%，躯干前后及会阴部占三个 9%，臀部及双下肢占五个 9% +1%（见表 B2）。

表 C.1 体表面积的九分估算法

部位	面积，%	按九分法面积，%
头	6	（1×9）= 9
颈	3	
前躯	13	（3×9）= 27
后躯	13	
会阴	1	
双上臂	7	（2×9）= 18
双前臂	6	
双手	5	
臀	5	（5×9 + 1）= 46
双大腿	21	
双小腿	13	
双足	7	
全身合计	100	（11×9 + 1）= 100

注：12 岁以下儿童体表面积：头颈部 =9+（12- 年龄），双下肢 =46-（12- 年龄）

手掌法：受检者五指并拢，一掌面相当其自身体表面积的 1%。

公式计算法：S（平方米）=0.0061× 身长（cm）+0.0128× 体重（kg）-0.1529

C.6 肢体关节功能丧失程度评价

肢体关节功能评价使用说明（适用于四肢大关节功能评定）：

1. 各关节功能丧失程度等于相应关节所有轴位（如腕关节有两个轴位）和所有方位（如腕关节有四个方位）功能丧失值的之和再除以相应关节活动的方位数之和。例如：腕关节掌屈 40 度，背屈 30 度，桡屈 15 度，尺屈 20 度。查表得相应功能丧失值分别为 30%、40%、60% 和 60%，求得腕关节功能丧失程度为 47.5%。如果掌屈伴肌力下降（肌力 3 级），查表得相应功能丧失值分别为 65%、40%、60% 和 60%。求得腕关节功能丧失程度为 56.25%。

2. 当关节活动受限于某一方位时，其同一轴位的另一方位功能丧失值以 100% 计。如腕关节掌屈和背屈轴位上的活动限制在掌屈 10 度与 40 度之间，则背屈功能丧失值以 100% 计，而掌屈以 40 度计，查表得功能丧失值为 30%，背屈功能以 100% 计，则腕关节功能丧失程度为 65%。

3. 对疑有关节病变（如退行性变）并影响关节功能时，伤侧关节功能丧失值应与对侧进行比较，即同时用查表法分别求出伤侧和对侧关节功能丧失值，并用伤侧关节功能丧失值减去对侧关节功能丧失值即为伤侧关节功能实际丧失值。

4. 由于本标准对于关节功能的评定已经考虑到肌力减退对于关节功能的影响，故在测量关节运动活动度时，应以关节被动活动度为准。

C.6.1 肩关节功能丧失程度评定

表 C.2　肩关节功能丧失程度（%）

关节运动活动度	肌力				
	≤ M1	M2	M3	M4	M5
前屈　≥ 171	100	75	50	25	0
151~170	100	77	55	32	10
131~150	100	80	60	40	20
111~130	100	82	65	47	30
91~110	100	85	70	55	40
71~90	100	87	75	62	50

续表

关节运动活动度	肌力				
	≤ M1	M2	M3	M4	M5
前屈 51~70	100	90	80	70	60
前屈 31~50	100	92	85	77	70
前屈 ≤ 30	100	95	90	85	80
后伸 ≥ 41	100	75	50	25	0
后伸 31~40	100	80	60	40	20
后伸 21~30	100	85	70	55	40
后伸 11~20	100	90	80	70	60
后伸 ≤ 10	100	95	90	85	80
外展 ≥ 171	100	75	50	25	0
外展 151~170	100	77	55	32	10
外展 131~150	100	80	60	40	20
外展 111~130	100	82	65	47	30
外展 91~110	100	85	70	55	40
外展 71~90	100	87	75	62	50
外展 51~70	100	90	80	70	60
外展 31~50	100	92	85	77	70
外展 ≤ 30	100	95	90	85	80
内收 ≥ 41	100	75	50	25	0
内收 31~40	100	80	60	40	20
内收 21~30	100	85	70	55	40
内收 11~20	100	90	80	70	60
内收 ≤ 10	100	95	90	85	80
内旋 ≥ 81	100	75	50	25	0
内旋 71~80	100	77	55	32	10
内旋 61~70	100	80	60	40	20
内旋 51~60	100	82	65	47	30
内旋 41~50	100	85	70	55	40
内旋 31~40	100	87	75	62	50
内旋 21~30	100	90	80	70	60
内旋 11~20	100	92	85	77	70
内旋 ≤ 10	100	95	90	85	80

关节运动	肌力				
活动度	≤ M1	M2	M3	M4	M5
≥ 81	100	75	50	25	0
71~80	100	77	55	32	10
61~70	100	80	60	40	20
51~60	100	82	65	47	30
外旋　41~50	100	85	70	55	40
31~40	100	87	75	62	50
21~30	100	90	80	70	60
11~20	100	92	85	77	70
≤ 10	100	95	90	85	80

C.6.2 肘关节功能丧失程度评定

表 C.3　肘关节功能丧失程度（%）

关节运动	肌力				
活动度	≤ M1	M2	M3	M4	M5
≥ 41	100	75	50	25	0
36~40	100	77	55	32	10
31~35	100	80	60	40	20
26~30	100	82	65	47	30
屈曲　21~25	100	85	70	55	40
16~20	100	87	75	62	50
11~15	100	90	80	70	60
6~10	100	92	85	77	70
≤ 5	100	95	90	85	80
81~90	100	75	50	25	0
71~80	100	77	55	32	10
61~70	100	80	60	40	20
51~60	100	82	65	47	30
伸展　41~50	100	85	70	55	40
31~40	100	87	75	62	50
21~30	100	90	80	70	60
11~20	100	92	85	77	70
≤ 10	100	95	90	85	80

注：为方便肘关节功能计算，此处规定肘关节以屈曲 90 度为中立位 0 度。

C.6.3 腕关节功能丧失程度评定

表 C.4　腕关节功能丧失程度（%）

关节运动活动度		肌力				
		≤ M1	M2	M3	M4	M5
掌屈	≥ 61	100	75	50	25	0
	51~60	100	77	55	32	10
	41~50	100	80	60	40	20
	31~40	100	82	65	47	30
	26~30	100	85	70	55	40
	21~25	100	87	75	62	50
	16~20	100	90	80	70	60
	11~15	100	92	85	77	70
	≤ 10	100	95	90	85	80
背屈	≥ 61	100	75	50	25	0
	51~60	100	77	55	32	10
	41~50	100	80	60	40	20
	31~40	100	82	65	47	30
	26~30	100	85	70	55	40
	21~25	100	87	75	62	50
	16~20	100	90	80	70	60
	11~15	100	92	85	77	70
	≤ 10	100	95	90	85	80
桡屈	≥ 21	100	75	50	25	0
	16~20	100	80	60	40	20
	11~15	100	85	70	55	40
	6~10	100	90	80	70	60
	≤ 5	100	95	90	85	80
尺屈	≥ 41	100	75	50	25	0
	31~40	100	80	60	40	20
	21~30	100	85	70	55	40
	11~20	100	90	80	70	60
	≤ 10	100	95	90	85	80

C.6.4 髋关节功能丧失程度评定

表 C.5 髋关节功能丧失程度（%）

关节运动活动度		肌力			
	≤ M1	M2	M3	M4	M5
前屈	≥ 121	100	75	50	25	0
	106~120	100	77	55	32	10
	91~105	100	80	60	40	20
	76~90	100	82	65	47	30
	61~75	100	85	70	55	40
	46~60	100	87	75	62	50
	31~45	100	90	80	70	60
	16~30	100	92	85	77	70
	≤ 15	100	95	90	85	80
后伸	≥ 11	100	75	50	25	0
	6~10	100	85	70	55	20
	1~5	100	90	80	70	50
	0	100	95	90	85	80
外展	≥ 41	100	75	50	25	0
	31~40	100	80	60	40	20
	21~30	100	85	70	55	40
	11~20	100	90	80	70	60
	≤ 10	100	95	90	85	80
内收	≥ 16	100	75	50	25	0
	11~15	100	80	60	40	20
	6~10	100	85	70	55	40
	1~5	100	90	80	70	60
	0	100	95	90	85	80

续表

关节运动活动度	肌力				
	≤ M1	M2	M3	M4	M5
外旋 ≥ 41	100	75	50	25	0
31~40	100	80	60	40	20
21~30	100	85	70	55	40
11~20	100	90	80	70	60
≤ 10	100	95	90	85	80
内旋 ≥ 41	100	75	50	25	0
31~40	100	80	60	40	20
21~30	100	85	70	55	40
11~20	100	90	80	70	60
≤ 10	100	95	90	85	80

注：表中前屈指屈膝位前屈。

C.6.5 膝关节功能丧失程度评定

表 C.6　膝关节功能丧失程度（％）

关节运动活动度	肌力				
	≤ M1	M2	M3	M4	M5
屈曲 ≥ 130	100	75	50	25	0
116~129	100	77	55	32	10
101~115	100	80	60	40	20
86~100	100	82	65	47	30
71~85	100	85	70	55	40
61~70	100	87	75	62	50
46~60	100	90	80	70	60
31~45	100	92	85	77	70
≤ 30	100	95	90	85	80

关节运动活动度	肌力				
	≤ M1	M2	M3	M4	M5

	关节运动活动度	≤ M1	M2	M3	M4	M5
	≤ -5	100	75	50	25	0
	-6~-10	100	77	55	32	10
	-11~-20	100	80	60	40	20
	-21~-25	100	82	65	47	30
伸展	-26~-30	100	85	70	55	40
	-31~-35	100	87	75	62	50
	-36~-40	100	90	80	70	60
	-41~-45	100	92	85	77	70
	≥ 46	100	95	90	85	80

注：表中负值表示膝关节伸展时到达功能位（直立位）所差的度数。

使用说明：考虑到膝关节同一轴位屈伸活动相互重叠，膝关节功能丧失程度的计算方法与其他关节略有不同，即根据关节屈曲与伸展运动活动度查表得出相应功能丧失程度，再求和即为膝关节功能丧失程度。当二者之和大于 100% 时，以 100% 计算。

C.6.6 踝关节功能丧失程度评定

表 C.7　踝关节功能丧失程度（%）

	关节运动活动度	肌力				
		≤ M1	M2	M3	M4	M5
	≥ 16	100	75	50	25	0
	11~15	100	80	60	40	20
背屈	6~10	100	85	70	55	40
	1~5	100	90	80	70	60
	0	100	95	90	85	80
	≥ 41	100	75	50	25	0
	31~40	100	80	60	40	20
跖屈	21~30	100	85	70	55	40
	11~20	100	90	80	70	60
	≤ 10	100	95	90	85	80

C.7 手功能计算

C.7.1 手缺失和丧失功能的计算

一手拇指占一手功能的 36%，其中末节和近节指节各占 18%；食指、中指各占一手功能的 18%，其中末节指节占 8%，中节指节占 7%，近节指节占 3%；无名指和小指各占一手功能的 9%，其中末节指节占 4%，中节指节占 3%，近节指节占 2%。一手掌占一手功能的 10%，其中第一掌骨占 4%，第二、第三掌骨各占 2%，第四、第五掌骨各占 1%。本标准中，双手缺失或丧失功能的程度是按前面方法累加计算的结果。

C.7.2 手感觉丧失功能的计算

手感觉丧失功能是指因事故损伤所致手的掌侧感觉功能的丧失。手感觉丧失功能的计算按相应手功能丧失程度的 50% 计算。

最高人民法院、最高人民检察院、公安部、国家安全部、司法部《人体损伤致残程度分级》

（2016 年 4 月 18 日发布）

最高人民法院　最高人民检察院　公安部国家安全部　司法部关于发布《人体损伤致残程度分级》的公告

为进一步规范人体损伤致残程度鉴定，现公布《人体损伤致残程度分级》，自 2017 年 1 月 1 日起施行。司法鉴定机构和司法鉴定人进行人体损伤致残程度鉴定统一适用《人体损伤致残程度分级》。

最高人民法院　最高人民检察院

公安部　国家安全部　司法部

2016 年 4 月 18 日

人体损伤致残程度分级

1 范围

本标准规定了人体损伤致残程度分级的原则、方法、内容和等级划分。

本标准适用于人身损害致残程度等级鉴定。

2 规范性引用文件

下列文件对本标准的应用是必不可少的。凡是注日期的引用文件，仅注日期的版本适用于本标准；凡是不注日期的引用文件，其最新版本（包括所有的修改单）适用于本标准。

最高人民法院、最高人民检察院、公安部、国家安全部、司法部发布 人体损伤程度鉴定标准

GB/T 16180—2014 劳动能力鉴定 职工工伤与职业病致残等级

GB/T 31147 人身损害护理依赖程度评定

3 术语和定义

3.1 损伤

各种因素造成的人体组织器官结构破坏和 / 或功能障碍。

3.2 残疾

人体组织器官结构破坏或者功能障碍，以及个体在现代临床医疗条件下难以恢复的生活、工作、社会活动能力不同程度的降低或者丧失。

4 总则

4.1 鉴定原则

应以损伤治疗后果或者结局为依据，客观评价组织器官缺失和／或功能障碍程度，科学分析损伤与残疾之间的因果关系，实事求是地进行鉴定。

受伤人员符合两处以上致残程度等级者，鉴定意见中应该分别写明各处的致残程度等级。

4.2 鉴定时机

应在原发性损伤及其与之确有关联的并发症治疗终结或者临床治疗效果稳定后进行鉴定。

4.3 伤病关系处理

当损伤与原有伤、病共存时，应分析损伤与残疾后果之间的因果关系。根据损伤在残疾后果中的作用力大小确定因果关系的不同形式，可依次分别表述为：完全作用、主要作用、同等作用、次要作用、轻微作用、没有作用。

除损伤"没有作用"以外，均应按照实际残情鉴定致残程度等级，同时说明损伤与残疾后果之间的因果关系；判定损伤"没有作用"的，不应进行致残程度鉴定。

4.4 致残等级划分

本标准将人体损伤致残程度划分为 10 个等级，从一级（人体致残率100%）到十级（人体致残率 10%），每级致残率相差 10%。致残程度等级划分依据见附录 A。

4.5 判断依据

依据人体组织器官结构破坏、功能障碍及其对医疗、护理的依赖程度，适当考虑由于残疾引起的社会交往和心理因素影响，综合判定致残程度等级。

5 致残程度分级

5.1 一级

5.1.1 颅脑、脊髓及周围神经损伤

1）持续性植物生存状态；

2）精神障碍或者极重度智能减退，日常生活完全不能自理；

3）四肢瘫（肌力3级以下）或者三肢瘫（肌力2级以下）；

4）截瘫（肌力2级以下）伴重度排便功能障碍与重度排尿功能障碍。

5.1.2 颈部及胸部损伤

1）心功能不全，心功能Ⅳ级；

2）严重器质性心律失常，心功能Ⅲ级；

3）心脏移植术后，心功能Ⅲ级；

4）心肺联合移植术后；

5）肺移植术后呼吸困难（极重度）。

5.1.3 腹部损伤

1）原位肝移植术后肝衰竭晚期；

2）双肾切除术后或者孤肾切除术后，需透析治疗维持生命；肾移植术后肾衰竭。

5.1.4 脊柱、骨盆及四肢损伤

1）三肢缺失（上肢肘关节以上，下肢膝关节以上）；

2）二肢缺失（上肢肘关节以上，下肢膝关节以上），第三肢各大关节功能丧失均达75%；

3）二肢缺失（上肢肘关节以上，下肢膝关节以上），第三肢任二大关节均强直固定或者功能丧失均达90%。

5.2 二级

5.2.1 颅脑、脊髓及周围神经损伤

1）精神障碍或者重度智能减退，日常生活随时需有人帮助；

2）三肢瘫（肌力 3 级以下）；

3）偏瘫（肌力 2 级以下）；

4）截瘫（肌力 2 级以下）；

5）非肢体瘫运动障碍（重度）。

5.2.2 头面部损伤

1）容貌毁损（重度）；

2）上颌骨或者下颌骨完全缺损；

3）双眼球缺失或者萎缩；

4）双眼盲目 5 级；

5）双侧眼睑严重畸形（或者眼睑重度下垂，遮盖全部瞳孔），伴双眼盲目 3 级以上。

5.2.3 颈部及胸部损伤

1）呼吸困难（极重度）；

2）心脏移植术后；

3）肺移植术后。

5.2.4 腹部损伤

1）肝衰竭晚期；

2）肾衰竭；

3）小肠大部分切除术后，消化吸收功能丧失，完全依赖肠外营养。

5.2.5 脊柱、骨盆及四肢损伤

1）双上肢肘关节以上缺失，或者一上肢肘关节以上缺失伴一下肢膝关节以上缺失；

2）一肢缺失（上肢肘关节以上，下肢膝关节以上），其余任二肢体各有二大关节功能丧失均达 75%；

3）双上肢各大关节均强直固定或者功能丧失均达 90%。

5.2.6 体表及其他损伤

1）皮肤瘢痕形成达体表面积 90%；

2）重型再生障碍性贫血。

5.3 三级

5.3.1 颅脑、脊髓及周围神经损伤

1）精神障碍或者重度智能减退，不能完全独立生活，需经常有人监护；

2）完全感觉性失语或者混合性失语；

3）截瘫（肌力 3 级以下）伴排便或者排尿功能障碍；

4）双手全肌瘫（肌力 2 级以下），伴双腕关节功能丧失均达 75%；

5）重度排便功能障碍伴重度排尿功能障碍。

5.3.2 头面部损伤

1）一眼球缺失、萎缩或者盲目 5 级，另一眼盲目 3 级；

2）双眼盲目 4 级；

3）双眼视野接近完全缺损，视野有效值 ≤ 4%（直径 ≤ 5°）；

4）吞咽功能障碍，完全依赖胃管进食。

5.3.3 颈部及胸部损伤

1）食管闭锁或者切除术后，摄食依赖胃造口或者空肠造口；

2）心功能不全，心功能Ⅲ级。

5.3.4 腹部损伤

1）全胰缺失；

2）一侧肾切除术后，另一侧肾功能重度下降；

3）小肠大部分切除术后，消化吸收功能严重障碍，大部分依赖肠外营养。

5.3.5 盆部及会阴部损伤

1）未成年人双侧卵巢缺失或者萎缩，完全丧失功能；

2）未成年人双侧睾丸缺失或者萎缩，完全丧失功能；

3）阴茎接近完全缺失（残留长度 ≤ 1.0cm）。

5.3.6 脊柱、骨盆及四肢损伤

1）二肢缺失（上肢腕关节以上，下肢膝关节以上）；

2）一肢缺失（上肢腕关节以上，下肢膝关节以上），另一肢各大关节均强直固定或者功能丧失均达 90%；

3）双上肢各大关节功能丧失均达 75%；双下肢各大关节均强直固定或者功能丧失均达 90%；一上肢与一下肢各大关节均强直固定或者功能丧失均达 90%。

5.4 四级

5.4.1 颅脑、脊髓及周围神经损伤

1）精神障碍或者中度智能减退，日常生活能力严重受限，间或需要帮助；

2）外伤性癫痫（重度）；

3）偏瘫（肌力 3 级以下）；

4）截瘫（肌力 3 级以下）；

5）阴茎器质性勃起障碍（重度）。

5.4.2 头面部损伤

1）符合容貌毁损（重度）标准之三项者；

2）上颌骨或者下颌骨缺损达 1/2；

3）一眼球缺失、萎缩或者盲目 5 级，另一眼重度视力损害；

4）双眼盲目 3 级；

5）双眼视野极度缺损，视野有效值 ≤ 8%（直径 ≤ 10°）；

6）双耳听力障碍 ≥ 91dB HL。

5.4.3 颈部及胸部损伤

1）严重器质性心律失常，心功能 Ⅱ 级；

2）一侧全肺切除术后；

3）呼吸困难（重度）。

5.4.4 腹部损伤

1）肝切除 2/3 以上；

2）肝衰竭中期；

3）胰腺大部分切除，胰岛素依赖；

4）肾功能重度下降；

5）双侧肾上腺缺失；

6）永久性回肠造口。

5.4.5 盆部及会阴部损伤

1）膀胱完全缺失或者切除术后，行永久性输尿管腹壁造瘘或者肠代膀胱并永久性造口。

5.4.6 脊柱、骨盆及四肢损伤

1）一上肢腕关节以上缺失伴一下肢踝关节以上缺失，或者双下肢踝关节以上缺失；

2）双下肢各大关节功能丧失均达 75%；一上肢与一下肢各大关节功能丧失均达 75%；

3）手功能丧失分值达 150 分。

5.4.7 体表及其他损伤

1）皮肤瘢痕形成达体表面积 70%；

2）放射性皮肤癌。

5.5 五级

5.5.1 颅脑、脊髓及周围神经损伤

1）精神障碍或者中度智能减退，日常生活能力明显受限，需要指导；

2）完全运动性失语；

3）完全性失用、失写、失读或者失认等；

4）双侧完全性面瘫；

5）四肢瘫（肌力 4 级以下）；

6）单肢瘫（肌力2级以下）；

7）非肢体瘫运动障碍（中度）；

8）双手大部分肌瘫（肌力2级以下）；

9）双足全肌瘫（肌力2级以下）；

10）排便伴排尿功能障碍，其中一项达重度。

5.5.2 头面部损伤

1）符合容貌毁损（重度）标准之二项者；

2）一眼球缺失、萎缩或者盲目5级，另一眼中度视力损害；

3）双眼重度视力损害；

4）双眼视野重度缺损，视野有效值≤16%（直径≤20°）；

5）一侧眼睑严重畸形（或者眼睑重度下垂，遮盖全部瞳孔），伴另一眼盲目3级以上；

6）双耳听力障碍≥81dB HL；

7）一耳听力障碍≥91dB HL，另一耳听力障碍≥61dB HL；

8）舌根大部分缺损；

9）咽或者咽后区损伤遗留吞咽功能障碍，只能吞咽流质食物。

5.5.3 颈部及胸部损伤

1）未成年人甲状腺损伤致功能减退，药物依赖；

2）甲状旁腺功能损害（重度）；

3）食管狭窄，仅能进流质食物；

4）食管损伤，肠代食管术后。

5.5.4 腹部损伤

1）胰头合并十二指肠切除术后；

2）一侧肾切除术后，另一侧肾功能中度下降；

3）肾移植术后，肾功能基本正常；

4）肾上腺皮质功能明显减退；

5）全胃切除术后；

6）小肠部分切除术后，消化吸收功能障碍，部分依赖肠外营养；

7）全结肠缺失。

5.5.5 盆部及会阴部损伤

1）永久性输尿管腹壁造口；

2）尿瘘难以修复；

3）直肠阴道瘘难以修复；

4）阴道严重狭窄（仅可容纳一中指）；

5）双侧睾丸缺失或者完全萎缩，丧失生殖功能；

6）阴茎大部分缺失（残留长度 ≤ 3.0cm）。

5.5.6 脊柱、骨盆及四肢损伤

1）一上肢肘关节以上缺失；

2）一肢缺失（上肢腕关节以上，下肢膝关节以上），另一肢各大关节功能丧失均达 50% 或者其余肢体任二大关节功能丧失均达 75%；

3）手功能丧失分值 ≥ 120 分。

5.6 六级

5.6.1 颅脑、脊髓及周围神经损伤

1）精神障碍或者中度智能减退，日常生活能力部分受限，但能部分代偿，部分日常生活需要帮助；

2）外伤性癫痫（中度）；

3）尿崩症（重度）；

4）一侧完全性面瘫；

5）三肢瘫（肌力 4 级以下）；

6）截瘫（肌力 4 级以下）伴排便或者排尿功能障碍；

7）双手部分肌瘫（肌力 3 级以下）；

8）一手全肌瘫（肌力 2 级以下），伴相应腕关节功能丧失 75% 以上；

9）双足全肌瘫（肌力 3 级以下）；

10）阴茎器质性勃起障碍（中度）。

5.6.2 头面部损伤

1）符合容貌毁损（中度）标准之四项者；

2）面部中心区条状瘢痕形成（宽度达 0.3cm），累计长度达 20.0cm；

3）面部片状细小瘢痕形成或者色素显著异常，累计达面部面积的 80%；

4）双侧眼睑严重畸形；

5）一眼球缺失、萎缩或者盲目 5 级，另一眼视力 ≤ 0.5；

6）一眼重度视力损害，另一眼中度视力损害；

7）双眼视野中度缺损，视野有效值 ≤ 48%（直径 ≤ 60°）；

8）双侧前庭平衡功能丧失，睁眼行走困难，不能并足站立；

9）唇缺损或者畸形，累计相当于上唇 2/3 以上。

5.6.3 颈部及胸部损伤

1）双侧喉返神经损伤，影响功能；

2）一侧胸廓成形术后，切除 6 根以上肋骨；

3）女性双侧乳房完全缺失；

4）心脏瓣膜置换术后，心功能不全；

5）心功能不全，心功能 Ⅱ 级；

6）器质性心律失常安装永久性起搏器后；

7）严重器质性心律失常；

8）两肺叶切除术后。

5.6.4 腹部损伤

1）肝切除 1/2 以上；

2）肝衰竭早期；

3）胰腺部分切除术后伴功能障碍，需药物治疗；

4）肾功能中度下降；

5）小肠部分切除术后，影响消化吸收功能，完全依赖肠内营养。

5.6.5 盆部及会阴部损伤

1）双侧卵巢缺失或者萎缩，完全丧失功能；

2）未成年人双侧卵巢萎缩，部分丧失功能；

3）未成年人双侧睾丸萎缩，部分丧失功能；

4）会阴部瘢痕挛缩伴阴道狭窄；

5）睾丸或者附睾损伤，生殖功能重度损害；

6）双侧输精管损伤难以修复；

7）阴茎严重畸形，不能实施性交行为。

5.6.6 脊柱、骨盆及四肢损伤

1）脊柱骨折后遗留 30° 以上侧弯或者后凸畸形；

2）一肢缺失（上肢腕关节以上，下肢膝关节以上）；

3）双足跖跗关节以上缺失；

4）手或者足功能丧失分值 ≥ 90 分。

5.6.7 体表及其他损伤

1）皮肤瘢痕形成达体表面积 50%；

2）非重型再生障碍性贫血。

5.7 七级

5.7.1 颅脑、脊髓及周围神经损伤

1）精神障碍或者轻度智能减退，日常生活有关的活动能力极重度受限；

2）不完全感觉性失语；

3）双侧大部分面瘫；

4）偏瘫（肌力 4 级以下）；

5）截瘫（肌力 4 级以下）；

6）单肢瘫（肌力 3 级以下）；

7）一手大部分肌瘫（肌力 2 级以下）；

8）一足全肌瘫（肌力 2 级以下）；

9）重度排便功能障碍或者重度排尿功能障碍。

5.7.2 头面部损伤

1）面部中心区条状瘢痕形成（宽度达 0.3cm），累计长度达 15.0cm；

2）面部片状细小瘢痕形成或者色素显著异常，累计达面部面积的 50%；

3）双侧眼睑重度下垂，遮盖全部瞳孔；

4）一眼球缺失或者萎缩；

5）双眼中度视力损害；

6）一眼盲目 3 级，另一眼视力 ≤ 0.5；

7）双眼偏盲；

8）一侧眼睑严重畸形（或者眼睑重度下垂，遮盖全部瞳孔）合并该眼盲目 3 级以上；

9）一耳听力障碍 ≥ 81dB HL，另一耳听力障碍 ≥ 61dB HL；

10）咽或者咽后区损伤遗留吞咽功能障碍，只能吞咽半流质食物；

11）上颌骨或者下颌骨缺损达 1/4；

12）上颌骨或者下颌骨部分缺损伴牙齿缺失 14 枚以上；

13）颌面部软组织缺损，伴发涎漏。

5.7.3 颈部及胸部损伤

1）甲状腺功能损害（重度）；

2）甲状旁腺功能损害（中度）；

3）食管狭窄，仅能进半流质食物；食管重建术后并发反流性食管炎；

4）颏颈粘连（中度）；

5）女性双侧乳房大部分缺失或者严重畸形；

6）未成年或者育龄女性双侧乳头完全缺失；

7）胸廓畸形，胸式呼吸受限；

8）一肺叶切除，并肺段或者肺组织楔形切除术后。

5.7.4 腹部损伤

1）肝切除 1/3 以上；

2）一侧肾切除术后；

3）胆道损伤胆肠吻合术后，反复发作逆行性胆道感染；

4）未成年人脾切除术后；

5）小肠部分（包括回盲部）切除术后；

6）永久性结肠造口；

7）肠瘘长期不愈（1 年以上）。

5.7.5 盆部及会阴部损伤

1）永久性膀胱造口；

2）膀胱部分切除术后合并轻度排尿功能障碍；

3）原位肠代膀胱术后；

4）子宫大部分切除术后；

5）睾丸损伤，血睾酮降低，需药物替代治疗；

6）未成年人一侧睾丸缺失或者严重萎缩；

7）阴茎畸形，难以实施性交行为；

8）尿道狭窄（重度）或者成形术后；

9）肛管或者直肠损伤，排便功能重度障碍或者肛门失禁（重度）；

10）会阴部瘢痕挛缩致肛门闭锁，结肠造口术后。

5.7.6 脊柱、骨盆及四肢损伤

1）双下肢长度相差 8.0cm 以上；

2）一下肢踝关节以上缺失；

3）四肢任一大关节（踝关节除外）强直固定于非功能位；

4）四肢任二大关节（踝关节除外）功能丧失均达 75%；

5）一手除拇指外，余四指完全缺失；

6）双足足弓结构完全破坏；

7）手或者足功能丧失分值 ≥ 60 分。

5.8 八级

5.8.1 颅脑、脊髓及周围神经损伤

1）精神障碍或者轻度智能减退，日常生活有关的活动能力重度受限；

2）不完全运动性失语；不完全性失用、失写、失读或者失认；

3）尿崩症（中度）；

4）一侧大部分面瘫，遗留眼睑闭合不全和口角歪斜；

5）单肢瘫（肌力4级以下）；

6）非肢体瘫运动障碍（轻度）；

7）一手大部分肌瘫（肌力3级以下）；

8）一足全肌瘫（肌力3级以下）；

9）阴茎器质性勃起障碍（轻度）。

5.8.2 头面部损伤

1）容貌毁损（中度）；

2）符合容貌毁损（重度）标准之一项者；

3）头皮完全缺损，难以修复；

4）面部条状瘢痕形成，累计长度达30.0cm；面部中心区条状瘢痕形成（宽度达0.2cm），累计长度达15.0cm；

5）面部块状增生性瘢痕形成，累计面积达15.0cm²；面部中心区块状增生性瘢痕形成，单块面积达7.0cm²或者多块累计面积达9.0cm²；

6）面部片状细小瘢痕形成或者色素异常，累计面积达100.0cm²；

7）一眼盲目4级；

8）一眼视野接近完全缺损，视野有效值≤4%（直径≤5°）；

9）双眼外伤性青光眼，经手术治疗；

10）一侧眼睑严重畸形（或者眼睑重度下垂，遮盖全部瞳孔）合并该眼重度视力损害；

11）一耳听力障碍≥91dB HL；

12）双耳听力障碍 ≥ 61dB HL；

13）双侧鼻翼大部分缺损，或者鼻尖大部分缺损合并一侧鼻翼大部分缺损；

14）舌体缺损达舌系带；

15）唇缺损或者畸形，累计相当于上唇 1/2 以上；

16）脑脊液漏经手术治疗后持续不愈；

17）张口受限Ⅲ度；

18）发声功能或者构音功能障碍（重度）；

19）咽成形术后咽下运动异常。

5.8.3 颈部及胸部损伤

1）甲状腺功能损害（中度）；

2）颈总动脉或者颈内动脉严重狭窄支架置入或者血管移植术后；

3）食管部分切除术后，并后遗胸腔胃；

4）女性一侧乳房完全缺失；女性双侧乳房缺失或者毁损，累计范围相当于一侧乳房 3/4 以上；

5）女性双侧乳头完全缺失；

6）肋骨骨折 12 根以上并后遗 6 处畸形愈合；

7）心脏或者大血管修补术后；

8）一肺叶切除术后；

9）胸廓成形术后，影响呼吸功能；

10）呼吸困难（中度）。

5.8.4 腹部损伤

1）腹壁缺损 ≥ 腹壁的 1/4；

2）成年人脾切除术后；

3）胰腺部分切除术后；

4）胃大部分切除术后；

5）肠部分切除术后，影响消化吸收功能；

6）胆道损伤，胆肠吻合术后；

7）损伤致肾性高血压；

8）肾功能轻度下降；

9）一侧肾上腺缺失；

10）肾上腺皮质功能轻度减退。

5.8.5 盆部及会阴部损伤

1）输尿管损伤行代替术或者改道术后；

2）膀胱大部分切除术后；

3）一侧输卵管和卵巢缺失；

4）阴道狭窄；

5）一侧睾丸缺失；

6）睾丸或者附睾损伤，生殖功能轻度损害；

7）阴茎冠状沟以上缺失；

8）阴茎皮肤瘢痕形成，严重影响性交行为。

5.8.6 脊柱、骨盆及四肢损伤

1）二椎体压缩性骨折（压缩程度均达 1/3）；

2）三个以上椎体骨折，经手术治疗后；

3）女性骨盆骨折致骨产道变形，不能自然分娩；

4）股骨头缺血性坏死，难以行关节假体置换术；

5）四肢长骨开放性骨折并发慢性骨髓炎、大块死骨形成，长期不愈（1 年以上）；

6）双上肢长度相差 8.0cm 以上；

7）双下肢长度相差 6.0cm 以上；

8）四肢任一大关节（踝关节除外）功能丧失 75% 以上；

9）一踝关节强直固定于非功能位；

10）一肢体各大关节功能丧失均达 50%；

11）一手拇指缺失达近节指骨 1/2 以上并相应掌指关节强直固定；

12）一足足弓结构完全破坏，另一足足弓结构部分破坏；

13）手或者足功能丧失分值 ≥ 40 分。

5.8.7 体表及其他损伤

1）皮肤瘢痕形成达体表面积 30%。

5.9 九级

5.9.1 颅脑、脊髓及周围神经损伤

1）精神障碍或者轻度智能减退，日常生活有关的活动能力中度受限；

2）外伤性癫痫（轻度）；

3）脑叶部分切除术后；

4）一侧部分面瘫，遗留眼睑闭合不全或者口角歪斜；

5）一手部分肌瘫（肌力 3 级以下）；

6）一足大部分肌瘫（肌力 3 级以下）；

7）四肢重要神经损伤（上肢肘关节以上，下肢膝关节以上），遗留相应肌群肌力 3 级以下；

8）严重影响阴茎勃起功能；

9）轻度排便或者排尿功能障碍。

5.9.2 头面部损伤

1）头皮瘢痕形成或者无毛发，达头皮面积 50%；

2）颅骨缺损 25.0cm² 以上，不宜或者无法手术修补；

3）容貌毁损（轻度）；

4）面部条状瘢痕形成，累计长度达 20.0cm；面部条状瘢痕形成（宽度达 0.2cm），累计长度达 10.0cm，其中至少 5.0cm 以上位于面部中心区；

5）面部块状瘢痕形成，单块面积达 7.0cm²，或者多块累计面积达 9.0cm²；

6）面部片状细小瘢痕形成或者色素异常，累计面积达 30.0cm²；

7）一侧眼睑严重畸形；一侧眼睑重度下垂，遮盖全部瞳孔；双侧眼睑轻度畸形；双侧眼睑下垂，遮盖部分瞳孔；

8）双眼泪器损伤均后遗溢泪；

9）双眼角膜斑翳或者血管翳，累及瞳孔区；双眼角膜移植术后；

10）双眼外伤性白内障；儿童人工晶体植入术后；

11）一眼盲目 3 级；

12）一眼重度视力损害，另一眼视力 ≤ 0.5；

13）一眼视野极度缺损，视野有效值 ≤ 8%（直径 ≤ 10°）；

14）双眼象限性视野缺损；

15）一侧眼睑轻度畸形（或者眼睑下垂，遮盖部分瞳孔）合并该眼中度视力损害；

16）一眼眶骨折后遗眼球内陷 5mm 以上；

17）耳廓缺损或者畸形，累计相当于一侧耳廓；

18）一耳听力障碍 ≥ 81dB HL；

19）一耳听力障碍 ≥ 61dB HL，另一耳听力障碍 ≥ 41dB HL；

20）一侧鼻翼或者鼻尖大部分缺损或者严重畸形；

21）唇缺损或者畸形，露齿 3 枚以上（其中 1 枚露齿达 1/2）；

22）颌骨骨折，经牵引或者固定治疗后遗留功能障碍；

23）上颌骨或者下颌骨部分缺损伴牙齿缺失或者折断 7 枚以上；

24）张口受限Ⅱ度；

25）发声功能或者构音功能障碍（轻度）。

5.9.3 颈部及胸部损伤

1）颈前三角区瘢痕形成，累计面积达 50.0cm²；

2）甲状腺功能损害（轻度）；

3）甲状旁腺功能损害（轻度）；

4）气管或者支气管成形术后；

5）食管吻合术后；

6）食管腔内支架置入术后；

7）食管损伤，影响吞咽功能；

8）女性双侧乳房缺失或者毁损，累计范围相当于一侧乳房 1/2 以上；

9）女性一侧乳房大部分缺失或者严重畸形；

10）女性一侧乳头完全缺失或者双侧乳头部分缺失（或者畸形）；

11）肋骨骨折 12 根以上，或者肋骨部分缺失 4 根以上；肋骨骨折 8 根以上并后遗 4 处畸形愈合；

12）心功能不全，心功能 I 级；

13）冠状动脉移植术后；

14）心脏室壁瘤；

15）心脏异物存留或者取出术后；

16）缩窄性心包炎；

17）胸导管损伤；

18）肺段或者肺组织楔形切除术后；

19）肺脏异物存留或者取出术后。

5.9.4 腹部损伤

1）肝部分切除术后；

2）脾部分切除术后；

3）外伤性胰腺假性囊肿术后；

4）一侧肾部分切除术后；

5）胃部分切除术后；

6）肠部分切除术后；

7）胆道损伤胆管外引流术后；

8）胆囊切除术后；

9）肠梗阻反复发作；

10）膈肌修补术后遗留功能障碍（如膈肌麻痹或者膈疝）。

5.9.5 盆部及会阴部损伤

1）膀胱部分切除术后；

2）输尿管狭窄成形术后；

3）输尿管狭窄行腔内扩张术或者腔内支架置入术后；

4）一侧卵巢缺失或者丧失功能；

5）一侧输卵管缺失或者丧失功能；

6）子宫部分切除术后；

7）一侧附睾缺失；

8）一侧输精管损伤难以修复；

9）尿道狭窄（轻度）；

10）肛管或者直肠损伤，排便功能轻度障碍或者肛门失禁（轻度）。

5.9.6 脊柱、骨盆及四肢损伤

1）一椎体粉碎性骨折，椎管内骨性占位；

2）一椎体并相应附件骨折，经手术治疗后；二椎体压缩性骨折；

3）骨盆两处以上骨折或者粉碎性骨折，严重畸形愈合；

4）青少年四肢长骨骨骺粉碎性或者压缩性骨折；

5）四肢任一大关节行关节假体置换术后；

6）双上肢前臂旋转功能丧失均达 75%；

7）双上肢长度相差 6.0cm 以上；

8）双下肢长度相差 4.0cm 以上；

9）四肢任一大关节（踝关节除外）功能丧失 50% 以上；

10）一踝关节功能丧失 75% 以上；

11）一肢体各大关节功能丧失均达 25%；

12）双足拇趾功能丧失均达 75%；一足 5 趾功能均完全丧失；

13）双足跟骨粉碎性骨折畸形愈合；

14）双足足弓结构部分破坏；一足足弓结构完全破坏；

15）手或者足功能丧失分值 ≥ 25 分。

5.9.7 体表及其他损伤

1）皮肤瘢痕形成达体表面积 10%。

5.10 十级

5.10.1 颅脑、脊髓及周围神经损伤

1）精神障碍或者轻度智能减退，日常生活有关的活动能力轻度受限；

2）颅脑损伤后遗脑软化灶形成，伴有神经系统症状或者体征；

3）一侧部分面瘫；

4）嗅觉功能完全丧失；

5）尿崩症（轻度）；

6）四肢重要神经损伤，遗留相应肌群肌力 4 级以下；

7）影响阴茎勃起功能；

8）开颅术后。

5.10.2 头面部损伤

1）面颅骨部分缺损或者畸形，影响面容；

2）头皮瘢痕形成或者无毛发，面积达 40.0cm^2；

3）面部条状瘢痕形成（宽度达 0.2cm），累计长度达 6.0cm，其中至少 3.0cm 位于面部中心区；

4）面部条状瘢痕形成，累计长度达 10.0cm；

5）面部块状瘢痕形成，单块面积达 3.0cm^2，或者多块累计面积达 5.0cm^2；

6）面部片状细小瘢痕形成或者色素异常，累计面积达 10.0cm^2；

7）一侧眼睑下垂，遮盖部分瞳孔；一侧眼睑轻度畸形；一侧睑球粘连影响眼球运动；

8）一眼泪器损伤后遗溢泪；

9）一眼眶骨折后遗眼球内陷 2mm 以上；

10）复视或者斜视；

11）一眼角膜斑翳或者血管翳，累及瞳孔区；一眼角膜移植术后；

12）一眼外伤性青光眼，经手术治疗；一眼外伤性低眼压；

13）一眼外伤后无虹膜；

14）一眼外伤性白内障；一眼无晶体或者人工晶体植入术后；

15）一眼中度视力损害；

16）双眼视力 ≤ 0.5；

17）一眼视野中度缺损，视野有效值 ≤ 48%（直径 ≤ 60°）；

18）一耳听力障碍 ≥ 61dB HL；

19）双耳听力障碍 ≥ 41dB HL；

20）一侧前庭平衡功能丧失，伴听力减退；

21）耳廓缺损或者畸形，累计相当于一侧耳廓的30%；

22）鼻尖或者鼻翼部分缺损深达软骨；

23）唇外翻或者小口畸形；

24）唇缺损或者畸形，致露齿；

25）舌部分缺损；

26）牙齿缺失或者折断7枚以上；牙槽骨部分缺损，合并牙齿缺失或者折断4枚以上；

27）张口受限Ⅰ度；

28）咽或者咽后区损伤影响吞咽功能。

5.10.3 颈部及胸部损伤

1）颏颈粘连畸形松解术后；

2）颈前三角区瘢痕形成，累计面积达 25.0cm²；

3）一侧喉返神经损伤，影响功能；

4）器质性声音嘶哑；

5）食管修补术后；

6）女性一侧乳房部分缺失或者畸形；

7）肋骨骨折6根以上，或者肋骨部分缺失2根以上；肋骨骨折4根以上并后遗 2 处畸形愈合；

8）肺修补术后；

9）呼吸困难（轻度）。

5.10.4 腹部损伤

1）腹壁疝，难以手术修补；

2）肝、脾或者胰腺修补术后；

3）胃、肠或者胆道修补术后；

4）膈肌修补术后。

5.10.5 盆部及会阴部损伤

1）肾、输尿管或者膀胱修补术后；

2）子宫或者卵巢修补术后；

3）外阴或者阴道修补术后；

4）睾丸破裂修补术后；

5）一侧输精管破裂修复术后；

6）尿道修补术后；

7）会阴部瘢痕挛缩，肛管狭窄；

8）阴茎头部分缺失。

5.10.6 脊柱、骨盆及四肢损伤

1）枢椎齿状突骨折，影响功能；

2）一椎体压缩性骨折（压缩程度达 1/3）或者粉碎性骨折；一椎体骨折经手术治疗后；

3）四处以上横突、棘突或者椎弓根骨折，影响功能；

4）骨盆两处以上骨折或者粉碎性骨折，畸形愈合；

5）一侧髌骨切除；

6）一侧膝关节交叉韧带、半月板伴侧副韧带撕裂伤经手术治疗后，影响功能；

7）青少年四肢长骨骨折累及骨骺；

8）一上肢前臂旋转功能丧失 75% 以上；

9）双上肢长度相差 4.0cm 以上；

10）双下肢长度相差 2.0cm 以上；

11）四肢任一大关节（踝关节除外）功能丧失 25% 以上；

12）一踝关节功能丧失 50% 以上；

13）下肢任一大关节骨折后遗创伤性关节炎；

14）肢体重要血管循环障碍，影响功能；

15）一手小指完全缺失并第 5 掌骨部分缺损；

16）一足拇趾功能丧失 75% 以上；一足 5 趾功能丧失均达 50%；双足拇趾功能丧失均达 50%；双足除拇趾外任何 4 趾功能均完全丧失；

17）一足跟骨粉碎性骨折畸形愈合；

18）一足足弓结构部分破坏；

19）手或者足功能丧失分值 ≥ 10 分。

5.10.7 体表及其他损伤

1）手部皮肤瘢痕形成或者植皮术后，范围达一手掌面积 50%；

2）皮肤瘢痕形成达体表面积 4%；

3）皮肤创面长期不愈超过 1 年，范围达体表面积 1%。

6 附则

6.1 遇有本标准致残程度分级系列中未列入的致残情形，可根据残疾的实际情况，依据本标准附录 A 的规定，并比照最相似等级的条款，确定其致残程度等级。

6.2 同一部位和性质的残疾，不应采用本标准条款两条以上或者同一条款两次以上进行鉴定。

6.3 本标准中四肢大关节是指肩、肘、腕、髋、膝、踝等六大关节。

6.4 本标准中牙齿折断是指冠折 1/2 以上，或者牙齿部分缺失致牙髓腔暴露。

6.5 移植、再植或者再造成活组织器官的损伤应根据实际后遗功能障碍程度参照相应分级条款进行致残程度等级鉴定。

6.6 永久性植入式假体（如颅骨修补材料、种植牙、人工支架等）损坏引起的功能障碍可参照相应分级条款进行致残程度等级鉴定。

6.7 本标准中四肢重要神经是指臂丛及其分支神经（包括正中神经、尺神经、桡神经和肌皮神经等）和腰骶丛及其分支神经（包括坐骨神经、腓总神经和胫神经等）。

6.8 本标准中四肢重要血管是指与四肢重要神经伴行的同名动、静脉。

6.9 精神分裂症或者心境障碍等内源性疾病不是外界致伤因素直接作用所致，不宜作为致残程度等级鉴定的依据，但应对外界致伤因素与疾病之间的因果关系进行说明。

6.10 本标准所指未成年人是指年龄未满 18 周岁者。

6.11 本标准中涉及面部瘢痕致残程度需测量长度或者面积的数值时，0~6 周岁者按标准规定值 50% 计，7~14 周岁者按 80% 计。

6.12 本标准中凡涉及数量、部位规定时，注明"以上"、"以下"者，均包含本数（有特别说明的除外）。

附录 A
（规范性附录）
致残程度等级划分依据

A.1 一级残疾的划分依据

a）组织器官缺失或者功能完全丧失，其他器官不能代偿；

b）存在特殊医疗依赖；

c）意识丧失；

d）日常生活完全不能自理；

e）社会交往完全丧失。

A.2 二级残疾的划分依据

a）组织器官严重缺损或者畸形，有严重功能障碍，其他器官难以代偿；

b）存在特殊医疗依赖；

c）日常生活大部分不能自理；

d）各种活动严重受限，仅限于床上或者椅子上的活动；

e）社会交往基本丧失。

A.3 三级残疾的划分依据

a）组织器官严重缺损或者畸形，有严重功能障碍；

b）存在特殊医疗依赖；

c）日常生活大部分或者部分不能自理；

d）各种活动严重受限，仅限于室内的活动；

e）社会交往极度困难。

A.4 四级残疾的划分依据

a）组织器官严重缺损或者畸形，有重度功能障碍；

b）存在特殊医疗依赖或者一般医疗依赖；

c）日常生活能力严重受限，间或需要帮助；

d）各种活动严重受限，仅限于居住范围内的活动；

e）社会交往困难。

A.5 五级残疾的划分依据

a）组织器官大部分缺损或者明显畸形，有中度（偏重）功能障碍；

b）存在一般医疗依赖；

c）日常生活能力部分受限，偶尔需要帮助；

d）各种活动中度受限，仅限于就近的活动；

e）社会交往严重受限。

A.6 六级残疾的划分依据

a）组织器官大部分缺损或者明显畸形，有中度功能障碍；

b）存在一般医疗依赖；

c）日常生活能力部分受限，但能部分代偿，条件性需要帮助；

d）各种活动中度受限，活动能力降低；

e）社会交往贫乏或者狭窄。

A.7 七级残疾的划分依据

a）组织器官大部分缺损或者明显畸形，有中度（偏轻）功能障碍；

b）存在一般医疗依赖，无护理依赖；

c）日常生活有关的活动能力极重度受限；

d）各种活动中度受限，短暂活动不受限，长时间活动受限；

e）社会交往能力降低。

A.8 八级残疾的划分依据

a）组织器官部分缺损或者畸形，有轻度功能障碍，并造成明显影响；

b）存在一般医疗依赖，无护理依赖；

c）日常生活有关的活动能力重度受限；

d）各种活动轻度受限，远距离活动受限；

e）社会交往受约束。

A.9 九级残疾的划分依据

a）组织器官部分缺损或者畸形，有轻度功能障碍，并造成较明显影响；

b）无医疗依赖或者存在一般医疗依赖，无护理依赖；

c）日常生活有关的活动能力中度受限；

d）工作与学习能力下降；

e）社会交往能力部分受限。

A.10 十级残疾的划分依据

a）组织器官部分缺损或者畸形，有轻度功能障碍，并造成一定影响；

b）无医疗依赖或者存在一般医疗依赖，无护理依赖；

c）日常生活有关的活动能力轻度受限；

d）工作与学习能力受到一定影响；

e）社会交往能力轻度受限。

附录 B

（资料性附录）

器官功能分级判定基准及使用说明

B.1 持续性植物生存状态

植物生存状态可以是暂时的，也可以呈持续性。持续性植物生存状态是指严重颅脑损伤经治疗及必要的康复后仍缺乏意识活动，丧失语言，而仅保留无意识的姿态调整和运动功能的状态。机体虽能维持基本生命体征，但无意识和思维，缺乏对自身和周围环境的感知能力的生存状态。伤者有睡眠－觉醒周期，部分或全部保存下丘脑和脑干功能，但是缺乏任何适应性反应，缺乏任何接受和反映信息的功能性思维。

植物生存状态诊断标准：①认知功能丧失，无意识活动，不能执行指令；②保持自主呼吸和血压；③有睡眠－觉醒周期；④不能理解或表达语言；⑤自动睁眼或刺激下睁眼；⑥可有无目的性眼球跟踪运动；⑦丘脑下部及脑干功能基本保存。

持续性植物生存状态指脑损伤后上述表现至少持续 6 个月以上，且难以恢复。

注：反复发作性意识障碍，作为癫痫的一组症状或癫痫发作的一种形式时，不单独鉴定其致残程度。

B.2 精神障碍

B.2.1 症状标准

有下列表现之一者：

a）智能损害综合征；

b）遗忘综合征；

c）人格改变；

d）意识障碍；

e）精神病性症状（如幻觉、妄想、紧张综合征等）；

f）情感障碍综合征（如躁狂综合征、抑郁综合征等）；

g）解离（转换）综合征；

h）神经症样综合征（如焦虑综合征、情感脆弱综合征等）。

B.2.2 精神障碍的认定

a）精神障碍的发病基础需有颅脑损伤的存在；

b）精神障碍的起病时间需与颅脑损伤的发生相吻合；

c）精神障碍应随着颅脑损伤的改善而缓解；

d）无证据提示精神障碍的发病存在其他原因（如强阳性家族史）。

精神分裂症和躁郁症均为内源性疾病，发病主要决定于病人自身的生物学素质，不属于人身损害所致的精神障碍。

B.3 智能损害

B.3.1 智能损害的症状

a）记忆减退，最明显的是学习新事物的能力受损；

b）以思维和信息处理过程减退为特征的智能损害，如抽象概括能力减退，难以解释成语、谚语，掌握词汇量减少，不能理解抽象意义的语汇，难以概括同类事物的共同特征，或判断力减退；

c）情感障碍，如抑郁、淡漠，或敌意增加等；

d）意志减退，如懒散、主动性降低；

e）其他高级皮层功能受损，如失语、失认、失用或者人格改变等；

f）无意识障碍。

注：符合上述症状标准至少满 6 个月方可诊断。

B.3.2 智能损害分级

a）极重度智能减退　智商（IQ）< 20；语言功能丧失；生活完全不能自理。

b）重度智能减退　IQ20~34；语言功能严重受损，不能进行有效的交流；生活大部分不能自理。

c）中度智能减退　IQ35~49；能掌握日常生活用语，但词汇贫乏，对周围环境辨别能力差，只能以简单的方式与人交往；生活部分不能自理，能做简单劳动。

d）轻度智能减退　IQ50~69；无明显语言障碍，对周围环境有较好的辨别能力，能比较恰当的与人交往；生活能自理，能做一般非技术性工作。

e）边缘智能状态　IQ70~84；抽象思维能力或者思维广度、深度及机敏性显示不良；不能完成高级或者复杂的脑力劳动。

B.4 生活自理能力

具体评价方法参考《人身损害护理依赖程度评定》（GB/T 31147）。

B.5 失语症

失语症是指由于中枢神经损伤导致抽象信号思维障碍而丧失口语、文字的表达和理解能力的临床症候群，失语症不包括由于意识障碍和普通的智力减退造成的语言症状，也不包括听觉、视觉、书写、发音等感觉和运动器官损害引起的语言、阅读和书写障碍。

失语症又可分为：完全运动性失语，不完全运动性失语；完全感觉性失语，不完全感觉性失语；混合性失语；完全性失用，不完全性失用；完全性失写，不完全性失写；完全性失读，不完全性失读；完全性失认，不完全性失认等。

注：脑外伤后失语的认定应该符合以下几个方面的要求：（1）脑损伤的部位应该与语言功能有关；（2）病史材料应该有就诊记录并且有关于失语的描述；（3）有明确的临床诊断或者专家咨询意见。

B.6 外伤性癫痫分度

外伤性癫痫通常是指颅脑损伤 3 个月后发生的癫痫，可分为以下三度：

a）轻度　各种类型的癫痫发作，经系统服药治疗 1 年后能控制的；

b）中度　各种类型的癫痫发作，经系统服药治疗 1 年后，全身性强直—阵挛发作、单纯或复杂部分发作，伴自动症或精神症状（相当于大发作、精神运动性发作）平均每月 1 次或 1 次以下，失神发作和其他类型发作平均每周 1 次以下；

c）重度　各种类型的癫痫发作，经系统服药治疗 1 年后，全身性强直—阵挛发作、单纯或复杂部分发作，伴自动症或精神症状（相当于大发作、精神运动性发作）平均每月 2 次以上，失神发作和其他类型发作平均每周 2 次以上。

注：外伤性癫痫致残程度鉴定时应根据以下信息综合判断：（1）应有脑器质性损伤或中毒性脑病的病史；（2）应有一年来系统治疗的临床病史资料；（3）可能时，应提供其他有效资料，如脑电图检查、血药浓度测定结果等。其中，前两项是癫痫致残程度鉴定的必要条件。

B.7 肌力分级

肌力是指肌肉收缩时的力量，在临床上分为以下六级：

a）0 级　肌肉完全瘫痪，毫无收缩；

b）1 级　可看到或者触及肌肉轻微收缩，但不能产生动作；

c）2 级　肌肉在不受重力影响下，可进行运动，即肢体能在床面上移动，但不能抬高；

d）3 级　在和地心引力相反的方向中尚能完成其动作，但不能对抗外加阻力；

e）4 级　能对抗一定的阻力，但较正常人降低；

f）5 级　正常肌力。

注：肌力检查时应注意以下几点综合判断：（1）肌力减退多见于神经源性和肌源性，如神经系统损伤所致肌力减退，则应有相应的损伤基础；（2）肌力检查结果是否可靠依赖于检查者正确的检查方法和受检者的理解与配合，肌力检查结果的可靠性要结合伤者的配合程度而定；（3）必要时，应进行神经电生理等客观检查。

B.8 非肢体瘫运动障碍分度

非肢体瘫的运动障碍，包括肌张力增高、深感觉障碍和（或）小脑性共济失调、不自主运动或者震颤等。根据其对生活自理的影响程度划分为轻、中、重三度：

a）重度　不能自行进食、大小便、洗漱、翻身和穿衣，需要他人护理；

b）中度　完成上述动作困难，但在他人帮助下可以完成；

c）轻度　完成上述动作虽有一定困难，但基本可以自理。

注：非肢体运动障碍程度的评定应注意以下几点综合判断：（1）有引起非肢体瘫运动障碍的损伤基础；（2）病史材料中有非肢体瘫运动障碍的诊疗记录和症状描述；（3）有相关生活自理能力受限的检查记录；（4）家属或者近亲属的代诉仅作为参考。

B.9 尿崩症分度

a）重度　每日尿量在 10000mL 以上；

b）中度　每日尿量在 5001~9999mL；

c）轻度　每日尿量在 2500~5000mL。

B.10 排便功能障碍（大便失禁）分度

a）重度　大便不能控制，肛门括约肌收缩力很弱或者丧失，肛门括约肌收缩反射很弱或者消失，肛门注水法测定直肠内压 < 20cmH_2O；

b）轻度　稀便不能控制，肛门括约肌收缩力较弱，肛门括约肌收缩反射较弱，肛门注水法测定直肠内压 20~30cmH_2O。

注：此处排便功能障碍是指脑、脊髓或者自主神经损伤致肛门括约肌功能障碍所引起的大便失禁。而肛门或者直肠损伤既可以遗留大便失禁，也可以遗留排便困难，应依据相应条款评定致残程度等级。

B.11 排尿功能障碍分度

a）重度　出现真性重度尿失禁或者排尿困难且尿潴留残余尿 ≥ 50mL 者；

b）轻度　出现真性轻度尿失禁或者排尿困难且尿潴留残余尿 ≥ 10mL 但 < 50mL 者。

注：此处排尿功能障碍是指脑、脊髓或者自主神经损伤致膀胱括约肌功能障碍所引起的小便失禁或者尿潴留。当膀胱括约肌损伤遗留尿失禁或者尿潴留时，也可依据排尿功能障碍程度评定致残程度等级。

B.12 器质性阴茎勃起障碍分度

a）重度 阴茎无勃起反应，阴茎硬度及周径均无改变；

b）中度 阴茎勃起时最大硬度＞0％，＜40％；

c）轻度 阴茎勃起时最大硬度≥40％，＜60％，或者阴茎勃起时最大硬度虽达60％，但持续时间＜10分钟。

注1：阴茎勃起正常值范围 最大硬度≥60％，持续时间≥10分钟。

注2：器质性阴茎勃起障碍是指脑、脊髓或者周围神经（躯体神经或者自主神经）损伤所引起的。其他致伤因素所致的血管性、内分泌性或者药物性阴茎勃起障碍也可依此分度评定致残程度等级。

B.13 阴茎勃起功能影响程度分级

a）严重影响阴茎勃起功能 连续监测三晚，阴茎夜间勃起平均每晚≤1次；

b）影响阴茎勃起功能 连续监测三晚，阴茎夜间勃起平均每晚≤3次。

B.14 面部瘢痕分类

本标准规定的面部包括前额发际下，两耳根前与下颌下缘之间的区域，包括额部、眶部、鼻部、口唇部、颏部、颧部、颊部和腮腺咬肌部，不包括耳廓。以眉弓水平线为上横线，以下唇唇红缘中点处作水平线为下横线，以双侧外眦处作两条垂直线，上述四条线围绕的中央部分为面部中心区。

本标准将面部瘢痕分为以下几类：

a）面部块状瘢痕 是指增生性瘢痕、瘢痕疙瘩、蹼状瘢痕等，不包括浅表瘢痕（外观多平坦，与四周皮肤表面平齐或者稍低，平滑光亮，色素减退，一般不引起功能障碍）；

b）面部细小瘢痕（或者色素明显改变） 是指面部较密集散在瘢痕或者色素沉着（或者脱失），瘢痕呈网状或者斑片状，其间可见正常皮肤。

B.15 容貌毁损分度

B.15.1 重度

面部瘢痕畸形，并有以下六项中四项者：

a）双侧眉毛完全缺失；

b）双睑外翻或者完全缺失；

c）双侧耳廓完全缺失；

d）外鼻完全缺失；

e）上、下唇外翻或者小口畸形；

f）颏颈粘连（中度以上）。

B.15.2 中度

面部瘢痕畸形，并有以下六项中三项者：

a）眉毛部分缺失（累计达一侧眉毛 1/2）；

b）眼睑外翻或者部分缺失；

c）耳廓部分缺损（累计达一侧耳廓 15%）；

d）鼻部分缺损（鼻尖或者鼻翼缺损深达软骨）；

e）唇外翻或者小口畸形；

f）颏颈粘连（轻度）。

B.15.3 轻度

含中度畸形六项中二项者。

B.16 眼睑畸形分度

B.16.1 眼睑轻度畸形

a）轻度眼睑外翻　睑结膜与眼球分离，泪点脱离泪阜；

b）眼睑闭合不全　自然闭合及用力闭合时均不能使睑裂完全消失；

c）轻度眼睑缺损　上睑和 / 或下睑软组织缺损，范围＜一侧上睑的 1/2。

B.16.2 眼睑严重畸形

a）重度眼睑外翻　睑结膜严重外翻，穹隆部消失；

b）重度眼睑缺损 上睑和／或下睑软组织缺损，范围≥一侧上睑的1/2。

B.17 张口受限分度

a）张口受限Ⅰ度 尽力张口时，上、下切牙间仅可勉强置入垂直并列之示指和中指；

b）张口受限Ⅱ度 尽力张口时，上、下切牙间仅可置入垂直之示指；

c）张口受限Ⅲ度 尽力张口时，上、下切牙间距小于示指之横径。

B.18 面瘫（面神经麻痹）分级

a）完全性面瘫 是指面神经5个分支（颞支、颧支、颊支、下颌缘支和颈支）支配的全部肌肉（包括颈部的颈阔肌）瘫痪；

b）大部分面瘫 是指面神经5个分支中有3个分支支配的肌肉瘫痪；

c）部分面瘫 是指面神经5个分支中有1个分支支配的肌肉瘫痪。

B.19 视力损害分级

盲及视力损害分级标准见表 B-1。

表 B-1 盲及视力损害分级标准

分类	远视力低于	远视力等于或优于
轻度或无视力损害		0.3
中度视力损害（视力损害 1 级）	0.3	0.1
重度视力损害（视力损害 2 级）	0.1	0.05
盲（盲目 3 级）	0.05	0.02
盲（盲目 4 级）	0.02	光感
盲（盲目 5 级）	无光感	

B.20 颏颈粘连分度

a）轻度 单纯的颈部瘢痕或者颈胸瘢痕。瘢痕位于颌颈角平面以下的颈胸部，颈部活动基本不受限制，饮食、吞咽等均无影响；

b）中度 颏颈瘢痕粘连或者颏颈胸瘢痕粘连。颈部后仰及旋转受到限制，饮食、吞咽有所影响，不流涎，下唇前庭沟并不消失，能闭口；

c）重度　唇颏颈瘢痕粘连。自下唇至颈前均为挛缩瘢痕，下唇、颏部和颈前区均粘连在一起，颈部处于强迫低头姿势。

B.21 甲状腺功能低下分度

a）重度　临床症状严重，T3、T4 或者 FT3、FT4 低于正常值，TSH ＞ 50μU/L；

b）中度　临床症状较重，T3、T4 或者 FT3、FT4 正常，TSH ＞ 50μU/L；

c）轻度　临床症状较轻，T3、T4 或者 FT3、FT4 正常，TSH 轻度增高但＜ 50μU/L。

B.22 甲状旁腺功能低下分度

a）重度　空腹血钙质量浓度＜ 6mg/dL；

b）中度　空腹血钙质量浓度 6~7mg/dL；

c）轻度　空腹血钙质量浓度 7.1~8mg/dL。

注：以上分级均需结合临床症状，必要时参考甲状旁腺激素水平综合判定。

B.23 发声功能障碍分度

a）重度　声哑、不能出声；

b）轻度　发音过弱、声嘶、低调、粗糙、带鼻音。

B.24 构音功能障碍分度

a）重度　音不分明，语不成句，难以听懂，甚至完全不能说话；

b）轻度　发音不准，吐字不清，语调速度、节律等异常，以及鼻音过重等。

B.25 呼吸困难分度（见表 B-2）

表 B-2　呼吸困难分度

程度	临床表现	阻塞性通气功能减退：一秒钟用力呼气量占预计值百分比	限制性通气功能减退：肺活量	血氧分压（mmHg）
极重度	稍活动（如穿衣、谈话）即气短。	＜30%	＜50%	＜60
重度	平地步行 100 米即有气短。	30%~49%	50%~59%	60~87
中度	平地步行 1000 米无气短，但不能与同龄健康者保持相同速度，快步行走出现气短，登山或上楼时气短明显。	50%~79%	60%~69%	—
轻度	与同龄健康者在平地一同步行无气短，但登山或上楼时呈现气短。	≥80%	70%	—

注：动脉血氧分压在 60~87mmHg 时，需参考其他肺功能检验结果。

B.26 心功能分级

a）Ⅰ级　体力活动无明显受限，日常活动不易引起过度乏力、呼吸困难或者心悸等不适。亦称心功能代偿期；

b）Ⅱ级　体力活动轻度受限，休息时无明显不适症状，但日常活动即可引起乏力、心悸、呼吸困难或者心绞痛。亦称Ⅰ度或者轻度心衰；

c）Ⅲ级　体力活动明显受限，休息时无症状，轻于日常的活动即可引起上述症状。亦称Ⅱ度或者中度心衰；

d）Ⅳ级　不能从事任何体力活动，休息时亦有充血性心衰或心绞痛症状，任何体力活动后加重。亦称Ⅲ度或者重度心衰。

注：心功能评残时机应以损伤后心功能稳定 6 个月以上为宜，结合心功能客观检查结果，如 EF 值等。

B.27 肝衰竭分期

a）早期　①极度疲乏，并有厌食、呕吐和腹胀等严重消化道症状；

②黄疸进行性加重（血清总胆红素 ≥ 171μmol/L 或每日上升 17.1μmol/L；③有出血倾向，30% <凝血酶原活动度（PTA）≤ 40%；未出现肝性脑病或明显腹水。

b）中期　在肝衰竭早期表现的基础上，病情进一步进展，并出现以下情况之一者：①出现Ⅱ度以上肝性脑病和（或）明显腹水；②出血倾向明显（出血点或瘀斑），且 20% <凝血酶原活动度（PTA）≤ 30%。

c）晚期　在肝衰竭中期表现的基础上，病情进一步进展，并出现以下情况之一者：①有难治性并发症，例如肝肾综合征、上消化道出血、严重感染和难以纠正的电解质紊乱；②出现Ⅲ度以上肝性脑病；③有严重出血倾向（注射部位瘀斑等），凝血酶原活动度（PTA）≤ 20%。

B.28 肾功能损害分期

肾功能损害是指：①肾脏损伤（肾脏结构或功能异常）≥ 3 个月，可以有或无肾小球滤过率（GFR）下降，临床上表现为病理学检查异常或者肾损伤（包括血、尿成分异常或影像学检查异常）；② GFR < 60mL/（min·1.73m^2）达 3 个月，有或无肾脏损伤证据。

慢性肾脏病（CKD）肾功能损害分期见表 B-3。

表 B-3　肾功能损害分期

CKD 分期	名称	诊断标准
1 期	肾功能正常	GFR ≥ 90mL/（min·1.73m^2）
2 期	肾功能轻度下降	GFR60~89mL/（min·1.73m^2）≥ 3 个月，有或无肾脏损伤证据
3 期	肾功能中度下降	GFR30~59mL/（min·1.73m^2）
4 期	肾功能重度下降	GFR15~29mL/（min·1.73m^2）
5 期	肾衰竭	GFR<15mL/（min·1.73m^2）

B.29 肾上腺皮质功能减退分度

B.29.1 功能明显减退

a）乏力，消瘦，皮肤、黏膜色素沉着，白癜，血压降低，食欲不振；

b）24h 尿中 17-羟类固醇 < 4mg，17-酮类固醇 < 10mg；

c）血浆皮质醇含量：早上 8 时，＜ 9mg/100mL；下午 4 时，＜ 3mg/100mL；

d）尿中皮质醇＜ 5mg/24h。

B.29.2 功能轻度减退

a）具有功能明显减退之 b）、c）两项者；

b）无典型临床症状。

B.30 生殖功能损害分度

a）重度　精液中精子缺如；

b）轻度　精液中精子数＜ 500 万 /mL，或者异常精子＞ 30%，或者死精子与运动能力很弱的精子＞ 30%。

B.31 尿道狭窄分度

B.31.1 尿道重度狭窄

a）临床表现为尿不成线、滴沥，伴有尿急、尿不尽或者遗尿等症状；

b）尿道造影检查显示尿道明显狭窄，狭窄部位尿道内径小于正常管径的 1/3；

c）超声检查示膀胱残余尿阳性；

d）尿流动力学检查示严重排尿功能障碍；

e）经常行尿道扩张效果不佳，有尿道成形术适应证。

B.31.2 尿道轻度狭窄

a）临床表现为尿流变细、尿不尽等；

b）尿道造影检查示尿道狭窄，狭窄部位尿道内径小于正常管径的 2/3；

c）超声检查示膀胱残余尿阳性；

d）尿流动力学检查示排尿功能障碍；

e）有尿道扩张治疗适应证。

注：尿道狭窄应以尿道造影等客观检查为主，结合临床表现综合评判。

B.32 股骨头坏死分期

a）股骨头坏死 1 期（超微结构变异期）　X 线片显示股骨头承载系统中的骨小梁结构排列紊乱、断裂，出现股骨头边缘毛糙。临床上伴有或不伴有局限性轻微疼痛；

b）股骨头坏死 2 期（有感期）　X 线片显示股骨头内部出现小的囊变影，囊变区周围的环区密度不均，骨小梁结构紊乱、稀疏或模糊，也可出现细小的塌陷，塌陷面积可达 10%~30%。临床伴有疼痛明显、活动轻微受限等；

c）股骨头坏死 3 期（坏死期）　X 线片显示股骨头形态改变，可出现边缘不完整、虫蚀状或扁平等形状，部分骨小梁结构消失，骨密度很不均匀，髋臼与股骨头间隙增宽或变窄，也可有骨赘形成。临床表现为疼痛、间歇性跛行、关节活动受限以及患肢出现不同程度的缩短等；

d）股骨头坏死 4 期（致残期）　股骨头的形态、结构明显改变，出现大面积不规则塌陷或变平，骨小梁结构变异，髋臼与股骨头间隙消失等。临床表现为疼痛、功能障碍、僵直不能行走，出现髋关节脱位或半脱位，可致相应膝关节活动部分受限。

注：本标准股骨头坏死是指股骨头坏死 3 期或者 4 期。若股骨头坏死影像学表现尚未达股骨头坏死 3 期，但临床已行股骨头置换手术，则按四肢大关节人工关节置换术后鉴定致残程度等级。

B.33 再生障碍性贫血

B.33.1 再生障碍性贫血诊断标准

a）血常规检查　全血细胞减少，校正后的网织红细胞比例＜ 1%，淋巴细胞比例增高。至少符合以下三项中的两项：Hb ＜ 100g/L；BPC ＜ 50×10^9/L；中性粒细胞绝对值（ANC）＜ 1.5×10^9/L。

b）骨髓穿刺　多部位（不同平面）骨髓增生减低或重度减低；小粒空虚，非造血细胞（淋巴细胞、网状细胞、浆细胞、肥大细胞等）比例增高；巨核细胞明显减少或缺如；红系、粒系细胞均明显减少。

c）骨髓活检（髂骨） 全切片增生减低，造血组织减少，脂肪组织和（或）非造血细胞增多，网硬蛋白不增加，无异常细胞。

d）除外检查 必须除外先天性和其他获得性、继发性骨髓衰竭性疾病。

B.33.2 重型再生障碍性贫血

a）骨髓细胞增生程度 < 25% 正常值；若 ≥ 25% 但 < 50%，则残存造血细胞应 < 30%。

b）血常规需具备下列三项中的两项：ANC < 0.5×10^9/L；校正的网织红细胞 < 1% 或绝对值 < 20×10^9/L；BPC < 20×10^9/L。

注：若 ANC < 0.2×10^9/L 为极重型再生障碍性贫血。

B.33.3 非重型再生障碍性贫血

未达到重型标准的再生障碍性贫血。

附录 C

（资料性附录）
常用鉴定技术和方法

C.1 视力障碍检查

本标准所指的视力均指"矫正视力"。视力记录可采用小数记录或者5分记录两种方式。正常视力是指远距视力经矫正（包括接触镜、针孔镜等）达到 0.8 以上。

中心视力好而视野缩小，以注视点为中心，如视野半径小于10度而大于5度者相当于盲目3级，半径小于5度者相当于盲目4级。

周边视野检查要求：直径 5mm 的白色视标，检查距离 330mm，视野背景亮度为 31.5asb。

视力障碍检查具体方法参考《视觉功能障碍法医鉴定指南》（SF/Z JD 0103004）。

C.2 视野有效值计算

视野有效值计算公式：

$$实测视野有效值（\%）= \frac{8\,条子午线实测视野值的总和}{500}$$

视野有效值换算见表 C–1。

表 C–1　视野有效值与视野半径的换算

视野有效值（%）	视野度数（半径）
8	5°
16	10°
24	15°
32	20°
40	25°

视野有效值（%）	视野度数（半径）
48	30°
56	35°
64	40°
72	45°

C.3 听力评估方法

听力障碍检查应符合《听力障碍的法医学评定》（GA/T 914）。听力损失计算应按照世界卫生组织推荐的听力减退分级的频率范围，取 0.5、1、2、4kHz 四个频率气导听阈级的平均值。如所得均值不是整数，则小数点后之尾数采用 4 舍 5 入法修为整数。

纯音听阈级测试时，如某一频率纯音气导最大声输出仍无反应时，以最大声输出值作为该频率听阈级。

听觉诱发电位测试时，若最大输出声强仍引不出反应波形的，以最大输出声强为反应阈值。在听阈评估时，听力学单位一律使用听力级（dB HL）。一般情况下，受试者听觉诱发电位反应阈要比其行为听阈高 10~20dB（该差值又称"校正值"），即受试者的行为听阈等于其听觉诱发电位反应阈减去"校正值"。实施听觉诱发电位检测的机构应建立本实验室的"校正值"，若尚未建立，建议取参考平均值（15dB）作为"校正值"。

纯音气导听阈级应考虑年龄因素，按照《声学 听阈与年龄关系的统计分布》（GB/T 7582）听阈级偏差的中值（50%）进行修正（见表 C-2）。

表 C-2 耳科正常人随年龄增长超过的听阈偏差中值（GB/T 7582）

年龄	男				女			
	500	1000	2000	4000	500	1000	2000	4000
30~39	1	1	1	2	1	1	1	1
40~49	2	2	3	8	2	2	3	4

续表

年龄	男				女			
	500	1000	2000	4000	500	1000	2000	4000
50~59	4	4	7	16	4	4	6	9
60~69	6	7	12	28	6	7	11	16
70~	9	11	19	43	9	11	16	24

C.4 前庭功能检查

本标准所指的前庭功能丧失及减退，是指外力作用于颅脑或者耳部，造成前庭系统的损伤，伤后出现前庭平衡功能障碍的临床表现，自发性前庭体征检查法和诱发性前庭功能检查法等有阳性发现（如眼震电图／眼震视图，静、动态平衡仪，前庭诱发电位等检查）。应结合听力检查与神经系统检查，以及影像学检查综合判定前庭功能障碍程度。

C.5 阴茎勃起功能评定

阴茎勃起功能应符合 GA/T 1188《男性性功能障碍法医学鉴定》的要求。

C.6 体表面积计算

九分估算法：成人体表面积视为 100%，将总体表面积划分为 11 个 9% 等面积区域。即：头（面）部与颈部共占 1 个 9%，双上肢共占 2 个 9%，躯干前后及会阴部共占 3 个 9%，臀部及双下肢共占 5 个 9% + 1%（见表 C-3）。

表 C-3　体表面积的九分估算法

部位	面积（%）	按九分法面积（%）
头	6	（1×9）= 9
颈	3	
前躯	13	（3×9）= 27
后躯	13	
会阴	1	

续表

部位	面积（%）	按九分法面积（%）
双上臂	7	
双前臂	6	（2×9）=18
双手	5	
臀	5	
双大腿	21	
双小腿	13	（5×9＋1）=46
双足	7	
全身合计	100	（11×9＋1）=100

手掌法：受检者五指并拢，一掌面约相当其自身体表面积的1%。

公式计算法：体表总面积 S（m²）=0.0061× 身长（cm）+0.0128× 体重（kg）−0.1529。

注：12岁以下儿童体表面积：头颈部%＝［9＋（12−年龄）］%，双下肢%＝［46−（12−年龄）］%。

C.7 肢体关节功能评定

先根据受损关节活动度大小及关节肌群肌力等级直接查表（见表C-4~表C-9）得出受损关节各方位功能丧失值，再将受损关节各方位功能丧失值累计求和后除以该关节活动方位数（如肩关节活动方位为6）即可得出受损关节功能丧失值。

注：(1) 表C-4~表C-9仅适用于四肢大关节骨关节损伤后遗关节运动活动度受限合并周围神经损伤后遗相关肌群肌力下降所致关节功能障碍的情形。单纯中枢神经或者周围神经损伤所致关节功能障碍的情形应适用专门性条款。(2) 当关节活动受限于某一方位时，其同一轴位的另一方位功能丧失值以100%计。如腕关节掌屈和背屈，轴位相同，但方位不同。当腕关节活动限制在掌屈10度与50度之间，则掌屈以40度计（查表求得功能丧失值为30%），而背屈功能丧失值以100%计。(3) 伤侧关节功能丧失值应与对（健）侧进行比较，即同时用查表法分别求出伤侧和对侧关节功能丧失值，并用伤侧关节功能丧失值减去对侧关节功能丧失值，其差值即为伤侧关节功能实际丧失值。(4) 由于本方法对于关节功能的评定已经考虑到肌力减退对于关节功能的影响，故在测量关节运动活动度时，应以关节被动活动度为准。

C.7.1 肩关节功能丧失程度评定（见表 C-4）

表 C-4　肩关节功能丧失程度（%）

关节运动活动度		肌力			
	≤ M1	M2	M3	M4	M5
前屈 ≥ 171	100	75	50	25	0
151~170	100	77	55	32	10
131~150	100	80	60	40	20
111~130	100	82	65	47	30
91~110	100	85	70	55	40
71~90	100	87	75	62	50
51~70	100	90	80	70	60
31~50	100	92	85	77	70
≤ 30	100	95	90	85	80
后伸 ≥ 41	100	75	50	25	0
31~40	100	80	60	40	20
21~30	100	85	70	55	40
11~20	100	90	80	70	60
≤ 10	100	95	90	85	80
外展 ≥ 171	100	75	50	25	0
151~170	100	77	55	32	10
131~150	100	80	60	40	20
111~130	100	82	65	47	30
91~110	100	85	70	55	40
71~90	100	87	75	62	50
51~70	100	90	80	70	60
31~50	100	92	85	77	70
≤ 30	100	95	90	85	80

关节运动活动度		肌力				
		≤ M1	M2	M3	M4	M5
内收	≥ 41	100	75	50	25	0
	31~40	100	80	60	40	20
	21~30	100	85	70	55	40
	11~20	100	90	80	70	60
	≤ 10	100	95	90	85	80
内旋	≥ 81	100	75	50	25	0
	71~80	100	77	55	32	10
	61~70	100	80	60	40	20
	51~60	100	82	65	47	30
	41~50	100	85	70	55	40
	31~40	100	87	75	62	50
	21~30	100	90	80	70	60
	11~20	100	92	85	77	70
	≤ 10	100	95	90	85	80
外旋	≥ 81	100	75	50	25	0
	71~80	100	77	55	32	10
	61~70	100	80	60	40	20
	51~60	100	82	65	47	30
	41~50	100	85	70	55	40
	31~40	100	87	75	62	50
	21~30	100	90	80	70	60
	11~20	100	92	85	77	70
	≤ 10	100	95	90	85	80

C.7.2 肘关节功能丧失程度评定（见表 C-5）

表 C-5　肘关节功能丧失程度（%）

关节运动活动度	肌力				
	≤ M1	M2	M3	M4	M5
屈曲 ≥ 41	100	75	50	25	0
36~40	100	77	55	32	10
31~35	100	80	60	40	20
26~30	100	82	65	47	30
21~25	100	85	70	55	40
16~20	100	87	75	62	50
11~15	100	90	80	70	60
6~10	100	92	85	77	70
≤ 5	100	95	90	85	80
伸展 81~90	100	75	50	25	0
71~80	100	77	55	32	10
61~70	100	80	60	40	20
51~60	100	82	65	47	30
41~50	100	85	70	55	40
31~40	100	87	75	62	50
21~30	100	90	80	70	60
11~20	100	92	85	77	70
≤ 10	100	95	90	85	80

注：为方便肘关节功能计算，此处规定肘关节以屈曲 90 度为中立位 0 度。

C.7.3 腕关节功能丧失程度评定（见表 C-6）

表 C-6　腕关节功能丧失程度（%）

关节运动活动度		肌力			
	≤ M1	M2	M3	M4	M5
掌屈 ≥ 61	100	75	50	25	0
51~60	100	77	55	32	10
41~50	100	80	60	40	20
31~40	100	82	65	47	30
26~30	100	85	70	55	40
21~25	100	87	75	62	50
16~20	100	90	80	70	60
11~15	100	92	85	77	70
≤ 10	100	95	90	85	80
背屈 ≥ 61	100	75	50	25	0
51~60	100	77	55	32	10
41~50	100	80	60	40	20
31~40	100	82	65	47	30
26~30	100	85	70	55	40
21~25	100	87	75	62	50
16~20	100	90	80	70	60
11~15	100	92	85	77	70
≤ 10	100	95	90	85	80
桡屈 ≥ 21	100	75	50	25	0
16~20	100	80	60	40	20
11~15	100	85	70	55	40
6~10	100	90	80	70	60
≤ 5	100	95	90	85	80
尺屈 ≥ 41	100	75	50	25	0
31~40	100	80	60	40	20
21~30	100	85	70	55	40
11~20	100	90	80	70	60
≤ 10	100	95	90	85	80

C.7.4 髋关节功能丧失程度评定（见表 C-7）

表 C-7　髋关节功能丧失程度（%）

关节运动活动度		肌力			
	≤ M1	M2	M3	M4	M5
前屈 ≥ 121	100	75	50	25	0
106~120	100	77	55	32	10
91~105	100	80	60	40	20
76~90	100	82	65	47	30
61~75	100	85	70	55	40
46~60	100	87	75	62	50
31~45	100	90	80	70	60
16~30	100	92	85	77	70
≤ 15	100	95	90	85	80
后伸 ≥ 11	100	75	50	25	0
6~10	100	85	70	55	20
1~5	100	90	80	70	50
0	100	95	90	85	80
外展 ≥ 41	100	75	50	25	0
31~40	100	80	60	40	20
21~30	100	85	70	55	40
11~20	100	90	80	70	60
≤ 10	100	95	90	85	80
内收 ≥ 16	100	75	50	25	0
11~15	100	80	60	40	20
6~10	100	85	70	55	40
1~5	100	90	80	70	60
0	100	95	90	85	80

关节运动活动度	肌力				
	≤M1	M2	M3	M4	M5
外旋 ≥41	100	75	50	25	0
31~40	100	80	60	40	20
21~30	100	85	70	55	40
11~20	100	90	80	70	60
≤10	100	95	90	85	80
内旋 ≥41	100	75	50	25	0
31~40	100	80	60	40	20
21~30	100	85	70	55	40
11~20	100	90	80	70	60
≤10	100	95	90	85	80

注：表中前屈指屈膝位前屈。

C.7.5 膝关节功能丧失程度评定（见表 C-8）

表 C-8 膝关节功能丧失程度（%）

关节运动活动度	肌力				
	≤M1	M2	M3	M4	M5
屈曲 ≥130	100	75	50	25	0
116~129	100	77	55	32	10
101~115	100	80	60	40	20
86~100	100	82	65	47	30
71~85	100	85	70	55	40
61~70	100	87	75	62	50
46~60	100	90	80	70	60
31~45	100	92	85	77	70
≤30	100	95	90	85	80

续表

关节运动活动度	肌力				
	≤ M1	M2	M3	M4	M5
≥ −5	100	75	50	25	0
−6~−10	100	77	55	32	10
−11~−20	100	80	60	40	20
−21~−25	100	82	65	47	30
伸展　−26~−30	100	85	70	55	40
−31~−35	100	87	75	62	50
−36~−40	100	90	80	70	60
−41~−45	100	92	85	77	70
≤ −46	100	95	90	85	80

注：表中负值表示膝关节伸展时到达功能位（直立位）所差的度数。考虑到膝关节同一轴位屈伸活动相互重叠，膝关节功能丧失程度的计算方法与其他关节略有不同，即根据关节屈曲与伸展运动活动度查表得出相应功能丧失程度，再求和即为膝关节功能丧失程度。当二者之和大于100%时，以100%计算。

C.7.6 踝关节功能丧失程度评定（见表 C-9）

表 C-9　踝关节功能丧失程度（%）

关节运动活动度	肌力				
	≤ M1	M2	M3	M4	M5
背屈　≥ 16	100	75	50	25	0
11~15	100	80	60	40	20
6~10	100	85	70	55	40
1~5	100	90	80	70	60
0	100	95	90	85	80
跖屈　≥ 41	100	75	50	25	0
31~40	100	80	60	40	20
21~30	100	85	70	55	40
11~20	100	90	80	70	60
≤ 10	100	95	90	85	80

C.8 手、足功能丧失程度评定

C.8.1 手、足缺失评分（见图 C-1 和图 C-2）

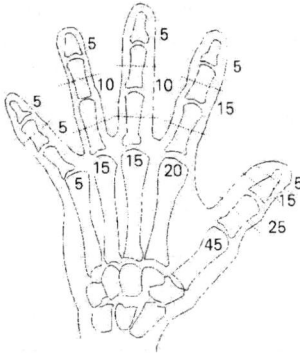

图C-1 手缺失评分示意图
图中数字示手指缺失平面相当于
手功能丧失的分值

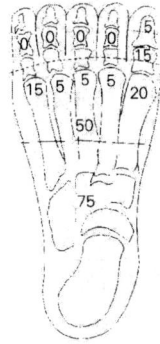

图C-2 足缺失评分示意图
图中数字示足缺失平面相当于
足功能丧失的分值

C.8.2 手指关节功能障碍评分（见表 C-10）

表 C-10 手指关节功能障碍相当于手功能丧失分值的评定

受累部位及情形		功能障碍程度及手功能丧失分值		
		非功能位强直	功能位强直或关节活动度 ≤ 1/2 参考值	关节活动度 > 1/2、但 ≤ 3/4 参考值
拇指	第一掌腕 / 掌指 / 指间关节均受累	40	25	15
	掌指、指间关节均受累	30	20	10
	掌指、指间单一关节受累	20	15	5
示指	掌指、指间关节均受累	20	15	5
	掌指或近侧指间关节受累	15	10	0
	远侧指间关节受累	5	5	0
中指	掌指、指间关节均受累	15	5	5
	掌指或近侧指间关节受累	10	5	0
	远侧指间关节受累	5	0	0

373

受累部位及情形		功能障碍程度及手功能丧失分值		
		非功能位强直	功能位强直或关节活动度≤1/2参考值	关节活动度＞1/2、但≤3/4参考值
环指	掌指、指间关节均受累	10	5	5
	掌指或近侧指间关节受累	5	5	0
	远侧指间关节受累	5	0	0
小指	掌指、指间关节均受累	5	5	5
	掌指或近侧指间关节受累	5	5	0
	远侧指间关节受累	0	0	0
腕关节	手功能大部分丧失时腕关节受累	10	5	0

注1：单手、单足部分缺失及功能障碍定级说明：（1）手、足缺失及功能障碍量化图表不能代替标准具体残级条款，条款中有列举的伤情应优先依据相应条款确定残级，只有在现有残级条款未能列举具体致残程度等级的情况下，可以参照本图表量化评估定级；（2）图C-1中将每一手指划分为远、中、近三个区域，依据各部位功能重要性赋予不同分值。手部分缺失离断的各种情形可按不同区域分值累计相加，参考定级。图C-2使用方法同图C-1；（3）表C-10按手指各关节及腕关节功能障碍的不同程度分别赋予不同分值，各种手功能障碍的情形或合并手部分缺失的致残程度情形均可按对应分值累计相加。

注2：双手部分缺失及功能障碍定级说明：双手功能损伤，按双手分值加权累计定级。设一手功能为100分，双手总分为200分。设分值较高一手分值为A，分值较低一手分值为B，最终双手计分为：A+B×（200-A）/200。

注3：双足部分缺失定级说明：双足功能损伤，按双足分值加权累计定级。设一足功能为75分，双足总分为150分。设分值较高一足分值为A，分值较低一足分值为B，最终双足计分为：A+B×（150-A）/150。